교실로 ON
유형별
최신 교육과정 재구성의 실제

홍후조 · 조호제 · 김자영 · 민부자·임유나 · 임재일 · 최은아 공저

"선생님, 어떤 비법이 있으신 건가요?"

우리 반과 달리 아이들이 특별히 잘 뭉치고, 뭐든 열심히 하는 반이 있어 그 반 선생님께 여쭸다.

"그냥 하는 거예요."

겸손하게 '그냥'이라 하시지만 더 여쭤보면 선생님이 '예전에 공부했던 것', '아이들 가르치면서 시행착오로 배웠던 것' 등이 줄줄이 사탕처럼 나온다. 교사들은 동료교사들과 늘 수업 이야기를 나누고 수업을 돌아보며 구상한다. 그러나 막상 그 속 깊이 있는 원천, 즉 교사가 수업을 하면서 왜 이것을 가르쳐야 하는지, 수업을 통하여 학생들에게 구현되기를 바라는 교육의 효과나 방향이 무엇인지에 대해서는 상대적으로 간과되어 왔다.

이 책은 이러한 생각에서 시작되었다. 교사들은 국가교육과정기준 문서가 제시하는 방향과 목표, 각론 구성, 실행 지침 등에 따라 학교교육과정 문서를 개발하며, 이에 따라 수업을 비롯한 학교의 교육활동은 구현된다. 학교교육의 문지기인 교사들은 교육과정에 대한 이해를 바탕으로 다양한 재구성 노력을 기울이고 있으며, 이를 통해 학교교육의 질을 높이는 데에도 중요한 역할을 하고 있다. 이 책은 교과, 학습자, 사회라는 교육과정 결정의 세 가지 요소를 바탕으로 하는 교육과정의 유형별 이론들을 탐색하고, 그에 따라 실제로 수업할 수 있도록 교육과정 재구성 사례를 구체화해 본 것이다.

학문으로서의 교육과정학은 학교를 비롯한 교육기관에서 가르치고 배울 만한 가치가 있는 것이 무엇인가를 탐구하는 분야이다. 이러한 교육과정은 시대에 따라 교육목표, 교육내용과 활동경험, 교수·학습 방법, 교육평가의 의미와 내용을 달리하며 발전해 왔다. 그 과정에서 중요한 요소로 작동하는 것이 교과(학문), 학습자(개인과 집단), 사회(산업, 국가, 세계)이다. 이 세 요소는 현대 학교교육제도를 모색한 20세기 초반에는 따로, 최근에는 서로 영향을 주고받으며 교육과정을 만들어 왔다. 이들은 교육과정에 대한 개념 정의, 종류, 유파별 기원과 특색 등의 근간이 되고 있으며, 각각 고유한 역사적 기원, 인간관, 사회관, 학교관, 수업관, 평가관을 아우르는 교육과정 관점을 낳았다.

먼저 '교과(학문)'는 인류가 축적한 문화유산 중에서 다음 세대에게 물려줄 가치가 있는 것들의 정수(精髓)로, 교육과정의 핵심이 되는 내용을 제공한다. 교과는 '학문'이라고 알려진 지식 체계 중 학생을 수련시키는 가치가 있는 것이면서 동시에 교사가 가르칠 수 있고 학생이 배울 수 있는 교수·학습 가능성이 높은 것들만 정련한 것이다. 이 책에서는 교과를 중심으로 한 교육과정 유형으로 **교과중심, 학문중심, 성취중심 교육과정과 그 재구성**에 대해 다룬다. 교과의 지식과 내용은 교사와 학생이 만났을 때 주고받을 수 있는 가장 중요한 매개체이며, 기본으로 돌아가자고 할 때 맨 먼저 떠올리게 되고, 교육의 효과와 효율을 평가할 때 기준이 되는 매우 강력한 영향력이다. 지식, 내용, 교과서 등을 지나치게 강조하면 교육의 일반목표의 원천인 학습자와 사회의 교육적 요구가 소홀히 될 수 있다.

'학습자'는 교육의 궁극적인 목적이 학습자의 능력과 소질, 적성을 개발하고 그들의 요구와 진로를 만족시키는 교육적 배려라는 면에서 매우 중요한 요소이다. 모든 학생은 각자의 소질, 능력, 장애, 진로희망 등이 다르고, 궁극적으로는 교육받은 학습자가 미래 사회를 만들어간다는 점에서 학습자 탐구에 대한 중요성은 두말할 필요가 없다. 이 책에서는 학습자 관련 교육과정 유형으로 **경험중심, 인간중심, 인지주의 교육과정과 그 재구성**에 대해 다룬다. 개인의 잠재력을 최대한 발달시키는 것은 자유민주주의의 요체이며, 각 사람이 제 갈 길을 찾아 제구실하는 것은 교육의 주요 성과가 된다. 각자에게 맞는 개별화교육을 통해 학습자의 적극적 지식구성력을 기대하지만, 공교육의 특성상 학급과 같은 집단을 대상으로 하여 개인차에 일일이 대응하는 데에는 한계가 있다.

'사회'는 산업, 국가, 세계 등으로 그 지속가능한 발전을 위해 교육에 실용적 기능을 요구한다. 학교교육은 일정한 사회적 틀 속에서 이루어지고 학교를 통해서 길러진 학습자가 사회 속에서 활동한다는 점에서 사회의 교육과정적 의미가 크다. 이 책에서는 사회를 중심으로 한 교육과정 유형으로 **사회적응, 사회개조, 직업 교육과정과 그 재구성**을 다룬다. 자유 자주 독립적인 개인의 창의성과 협력은 사회 발전의 요체이나, 경제의 발전을 앞세워 개인을 도구화하거나 공동체라는 미명하에 전체주의로 흐를 위험성에도 주의할 필요가 있다.

그런데 다양한 교육활동을 교과, 학습자, 사회라는 준거로 명확하게 구분하기는 쉽지 않다. 즉, 특정 교육과정 유형을 한 가지 관점이나 입장, 기준으로만 분류하기도 어렵다. 세 가지 기준을 종합하려는 노력도 꾸준히 있어 왔다. 이 책에서는 이러한 교육과정 유형 중 **중핵, 구성중심, 개념기반, 이해중심, 역량중심, IB PYP 교육과정과 그 재구성**에 대해 다룬다. 국제 공인 교육과정인 IB PYP는 종합적인 교육과정으로 향후 우리 유·초등학교 교육과정이 지향할 바를 많이 담고 있어 학교교육과정의 실례로 다루었다. 오늘날 교육과정은 매우 종합적으로, 핵심개념에 대한 깊은 이해(deep understanding)와 핵심역량을 익히는 높은 수행(high performance)을 아우르고 있다.

이 책에서는 다양한 교육과정 유형의 기본 관점, 등장 배경, 주요 학자, 의의와 한계, 교육과정 재구성의 방향 등 이론적인 측면을 안내하였다. 각 교육과정 유형에 대한 이론적 탐색은 교실수업의 실제를 구안하는 탄탄한 밑거름이 될 것이다. 다음으로 각 교육과정 유형의 지향점, 핵심적인 내용, 특징적인 교수·학습 전략, 평가기법 등을 반영한 재구성 사례를 개발하여 제시하였다.

기존의 교육과정이나 재구성 관련 서적들이 이론이나 실제 중 어느 한 측면을 다룬 경향이 있다면, 이 책은 이론과 실제를 조화롭게 구성하여 교육과정 유형별 이론이 실제 교실 수업에서 어떻게 구현될 수 있는지를 재구성 사례로 제시한 것이 특징이다. 즉, 시대 변화와 교육과정 결정의 원천(교과, 학습자, 사회)에 따라 어떻게 교육과정 유형을 나누어 접근하는지, 또 이론에서 실제까지 하나로 연결되는 교육과정의 온전한 모습이 무엇인지를 담아내고자 하였다. 교육과정 유형별 재구성 사례는 주로 현장수업 전문가인 선생님들이 집필하여 개발하였다.

흔히, 이론과 실제는 다르다고 말한다. 하지만 이론과 실제는 하나의 연속체 선상에 있는 하나의 몸체이다. 좋은 이론은 좋은 실천을 낳고, 뛰어난 실천은 뛰어난 이론을 만드는 바탕이 된다. 교육이론은 알지만 적용력이 없으면 이론가에 머물고, 적용력은 있지만 이론을 모르면 기술자에 불과하다. 이론이 깊으면 현장에 적용하는 관점이 형성된다. 이 책은 이론과 실제를 통합할 수 있는 관점을 형성하여 통합된 모습이 학교 교실 수업에서 구현되기를 바라는 마음을 담아 펴낸 것이다. 또한, 교육과정 재구성에 능숙한 현장 전문가를 육성하는 데 도움이 되기를 바라는 마음에서 시작된 것이기도 하다. 교사가 수업을 하면서 왜 이것을 가르쳐야 하는지, 수업을 통하여 학생들에게 구현되기를 바라는 교육 효과나 방향이 무엇인지를 설정하지 않고 수업을 전개한다면 귀항지 없이 표류하는 배와 같다고 할 수 있다. 저자들의 이러한 교육적 고민에 동의하는 교사들, 또 장차 교사가 되길 희망하는 예비교사들이 이 책을 통하여 이론과 실제를 통합하는 관점을 형성하고, 실제 수업을 통하여 교육자로서 철학을 구현할 수 있기를 바란다.

이 책이 나오기까지 도움을 주신 박영스토리 노현 대표님, 김한유 과장님, 배근하 차장님 등 관계자 여러분께 감사드린다. 이후에 독자들의 의견을 반영하여 한층 수준 높은 책으로 발전될 수 있기를 기대한다.

2023년 8월
저자 일동

제 1 부
교육과정 재구성

제 2 부
교과를 중심으로 한 교육과정 재구성

제 3 부
학습자를 중심으로 한 교육과정 재구성

제 4 부
사회를 중심으로 한 교육과정 재구성

제5부
최근 강조되는 교육과정 재구성

CONTENTS
차 례

제 1 부

교육과정 재구성

제 1 장 서론: 교사는 교육과정 재구성을 통해
수업을 시작한다.

제 1 장

서론 :
교사는 교육과정 재구성을 통해 수업을 시작한다.

제1절 | 교육과정 결정의 세 가지 요소와 그 특징

　일반적으로 교육과정 결정의 3요소는 사회, 학습자(개인과 집단), 교과(학문)이다. 사회, 학습자, 교과는 교육과정에 대한 개념 정의, 접근 관점, 이론 유형, 실천 형태 등을 낳는 원천이다. 교사는 이를 재구성하는 조절자이다. 교과는 전통적인 핵심 개념, 원리, 이론 등을 다음 세대에게 전하려고 노력한다. 학습자는 자신의 타고난 관심과 흥미, 소질과 적성을 발현하고자 하며, 이를 가능하게 하는 능력을 개발하여 진로를 개척하려고 한다. 사회는 교육을 통해 그 전통적 가치와 구조를 다음 세대에 전하고, 현대 사회의 문제와 쟁점을 이해하고 나아가 이를 해소하여 미래를 대비하거나 창조하기를 바란다.

　교과나 학문은 체계적인 지식 전수를 통해, 해당 분야의 언어와 도구를 통해 학습자들이 세계를 이해하도록 이끈다. 사회는 공동체의 유지 발전을 위한 유용성 측면에서, 학습자는 잠재력 개발, 전인의 형성, 자아실현을 위한 발판을 교육과정에서 얻으려 한다. 교과의 구조와 체계, 학습자의 지식과 의미 구성력, 사회의 유용성 요구를 종합하고 절충하는 것이 교육과정 재구성이고, 그 주체는 교사이다. 사회, 학습자, 교과는 교육과정을 결정하되, 이들은 동격이 아니다. 사회와 학습자는 공교육으로서 학교교육의 궁극적이고 일반적인 교육 목적과 목표를 규정한다. 이 목적과 목표를 잘 달성하는 데 시대적·사회적으로 가장 적합한 수단으로서 특정한 교과목이 동원된다. 결국 교과목이 학습자와 사회를 위해 있는 것이지, 학습자와 사회가 교과목을 위해 있는 것은 아니다. 결국 사회와 학습자는 주로 총론에, 교과는 주로 각론에 관련된다.

교육과정의 유형 구분도 3요소에 의해 이루어진다. 교과의 요구를 반영한 교육과정에는 교과중심, 학문중심, 성취중심(행동주의) 교육과정이 있고, 학습자의 요구를 존중하는 교육과정에는 경험(아동)중심, 인간중심, 인지중심 교육과정이 있으며, 사회의 요구를 반영하는 교육과정은 생활적응, 사회개조 교육과정이 있다. 또한 종합적이면서 최근 교육계에서 많은 관심을 받고 있는 중핵, 구성주의, 이해중심과 역량중심 교육과정과 IB PYP 교육과정도 이 책에서는 다루고 있다.

이 책에서는 기존의 다른 저서와는 달리 이러한 교육과정 유형에 따른 교육과정 재구성을 시도해보고자 하였다. 이를 위해 우선 앞서 제시한 여러 교육과정 유형의 특징, 즉 주요 관점, 등장 배경, 관련 학자, 교수학습의 특징, 평가에서의 강조점 등을 파악하고, 이를 기반으로 교육과정 재구성 사례를 제안하였다.

제2절 | 교육과정 유형별 주요 특징 요약

교과 중심 교육과정 유형

교과중심의 교육에서는 교과 교육을 통해 '인간의 이성' 개발을 지향한다. 인간의 이성을 개발함으로써 보다 인간다운 인간이 될 수 있고 사회 문명은 발달한다고 가정하며, 이성을 개발하는 데 필요한 지식은 해당 분야의 최고의 학자들에 의해 문화유산 가운데 정수(精髓)들만 선정 조직되고, 성인인 교사에 의해 미성년자인 학생들에게 가르쳐진다. 따라서 이 교육과정의 주요 질문은 '전래의 문화유산 가운데 보존되어야 할 가장 중요한 내용은 무엇인가'이고, 그 대답은 교과에 담긴 내용과 가치에서 찾을 수 있다고 본다.

교과중심 교육과정은 서양의 그리스, 로마 시대부터 시작하여 중세에 한창 성행했던 7자유학과(seven liberal arts)가 그 전통의 핵심이다. 대표적인 학자로는

16세기 P. Ramus, 19세기 Yale Report를 작성한 교수들, 20세기 초반의 W. T. Harris 등을 들 수 있다. 전통적인 교과는 사실적 지식을 넘어 인간 이성의 여러 부분, 즉 상상력, 논리적 사고력, 추론력, 비판적 사고력, 문제해결력, 창의력 등을 연마하는 효과를 가졌다는 능력심리학(Faculty psychology)과 형식도야이론(Mental Discipline Theory)에 근거한다. 주요 교육내용은 가장 전통적인 교육으로 문화유산의 내용, 교과의 논리적 체계, 형식도야, 지적인 인격 형성, 세계를 보는 눈 형성 등에 관한 내용이 주를 이루고 있다. 수업 방법으로는 해당 교과에 정통한 교사가 학생들을 지도하는 교사 중심의 교육을 전개한다. 평가에서는 정보 획득, 기본 기능 숙달 등을 지필고사를 통해 측정하며, 사실, 지식, 기능 및 가치가 효과적으로 전달되었는지를 확인한다.

학문중심 교육과정은 학생들이 지식의 구조를 교과의 탐구 방법을 통해 학습하게 함으로써 이를 심층적으로 이해하여 새로운 문제 사태에 쉽게 전이할 수 있도록 한다. 학문중심 교육과정에서 교육과정이란 지식의 구조와 지식 탐구과정의 조직을 뜻한다. 각 교과는 핵심 개념과 원리, 법칙, 이론 등을 요소로 한 견고한 구조로 조직될 필요가 있고, 학생들은 이를 익혀서 해당 현상이나 세계를 그 관점으로 파악하기를 기대한다. 학문중심 교육과정은 1957년 세계 최초의 인공위성인 스푸트니크(Sputnik 1호)가 소련에 의해 발사되면서 미국교육의 개혁을 촉진하는 과정에서 등장하였다. 전미과학재단 등의 후원으로 1959년 Woods Hole(MA.) 회의가 개최되었고, 회의 결과는 J. Bruner의 회의보고서(1960)인 「교육의 과정 (The Process of Education)」으로 출간되었는데, 이 저서에서 '학문의 구조'라는 관점에 기반을 둔 교과 지식 체계화 및 탐구원리를 제공하였다. 대표적인 학자로는 J. Bruner, H. S. Broudy, P. H. Phenix 등이 있다. 교수학습 방법으로는 교사가 최소의 사실을 제시하면 학생들이 탐구와 토의를 통해 구조와 체계의 발견을 이끌어내도록 하고, 학습자가 학자와 같은 탐구 방법으로 교육활동에 참여하게 한다. 평가에서는 학습자가 학문의 지식의 구조를 파악하였는가, 탐구과정이나 발견학습과정을 익혔는가를 중시하며, 평가 방법으로는 학생들이 해결해야 할 문제, 설계해야 할 실험과제 등이 제시된다.

성취중심의 행동주의 교육과정은 인간 행동의 변화를 목적으로 하는데, 근본적인 학습 원리는 특정 자극을 지속적으로 가하여 특정 반응을 나타내도록 자극과 반응을 연합시키는 것이다. 이 연합과정이 충분한 반복을 통하여 점증적으로 강화되면 특정 자극에 대하여 학습자는 특정의 행동을 나타내게 된다. 이 교육과정은 지식의 구조만을 강조하여 학생들에게 그것을 반영한 자료를 제공하는 것보다는 제공된 자료를 효과적으로 전달하는 교육과정 개발에 훨씬 더 많은 투자를 해야 한다고 본다. 이는 체계화된 행동주의 심리학의 학습이론을 기초로 학생들의 학습이 환경 내의 사건들을 통제함으로써 촉진될 수 있다는 가정을 근거로 한다. 복잡한 지식과 정보를 분할하여 제공하고, 관련된 질문을 주어 학생들이 올바로 대답하면 넘어가고 답이 틀리면 교정과 재학습을 거치는 프로그램 학습을 통한 완전학습에 이르도록 한다. 행동주의 심리학의 창시자는 E. L. Thorndike이지만 이를 교육에서 활용한 사례는 R. Tyler이다. 이후 B. Bloom, R. Mager와 F. Keller는 행동적 원리에 따라서 교사들이 수업을 재설계하기 위해 사용할 수 있는 청사진을 제시하였다. 이 교육과정에서는 구체적인 성취 수행 목표를 제시하며, 행동을 유발하는 자극과 반응을 연쇄할 수 있도록 강화와 벌을 사용하고, 프로그램 학습, 완전학습 모형 등을 활용한다. 평가에서는 기능의 실행을 가장 중요시하므로 목표 지향, 준거 지향 평가를 실시하며, 계열화된 과제를 마칠 때마다 평가를 실시하고 피드백을 제공하는 과정을 거친다.

학습자 중심 교육과정 유형

경험중심 교육과정은 사회적 존재로서 개인 경험의 계속적 성장에 관심을 두며, 학교교육이 학생들의 흥미와 문제, 그들의 일상생활의 경험과 더욱 긴밀하게 연결될 때 학생들의 경험은 더욱 성장할 것이고 더 좋은 시민이 될 것으로 본다. 이 교육과정은 자연주의 교육사상가들의 영향을 크게 받았지만 가장 체계적으로 영향을 받은 것은 J. Dewey의 교육이론이라고 볼 수 있다. 이 교육과정은 실용주의, 도구주의, 실험주의 등의 교육철학을 배경으로 하고 있으며, 심리주의, 행동주의의 성격을 띠고 있는 진보주의 교육개혁가들의 사상적 배경을 이루게 된다. 대표적인 학자로는 J. Dewey, 프로젝트 학습법을 제안한 W. Kilpatrick 등이 있다. 교수학습 방법으로는 'learning by doing', 즉 '우리는 생활한 혹은 경험한 바를 배운다.'라는 학습 원리를 강조한다. 경험이란 아동의 지적, 정의적, 신체적 및 기타의 모든 부분이 유기적인 관계를 맺음으로써 일어나고, 그 결과 경험의 계속적인 성장을 가져오는 것이다. 그런데 경험을 통제하고 이들 관계를 통합하는 과정은 문제해결 과정을 통하여 일어난다. 따라서 문제해결 과정은 그 자체가 반성적 사고과정이 된다. 한편, 경험중심 교육과정은 교과목의 엄격한 구분보다 아동의 경험에 의한 통합을 지향하며, 대집단으로 편성된 경쟁적인 학습 분위기보다 소집단별 협동학습 분위기를 강조한다. 또, 비교적 긴 시간이 소요되는 과제, 장기 프로젝트를 중심으로 활동을 조직한다. 평가에서는 프로그램의 효과성을 결정짓기 위해서 성과중심 평가를 필요로 하며, 동시에 학생들이 겪은 경험의 질을 결정짓기 위해서 내재적 평가방식을 활용한다.

인간중심 교육과정은 학습자의 긍정적 자아개념 형성과 자아실현을 지향하며, 인간을 인간답게 해주는 제반 조건을 조성하고, 개인의 잠재적 가능성을 최대한 발현하도록 돕는 데 초점을 맞춘다. 또한 개인적·사회적 이유로 상처받은 학생들에게 대안적 치유와 회복의 길을 제시한다. 이에 따르면 인간은 본래 성장을 위한 잠재력과 변화의 가능성을 갖고 있으며, 이를 실현하기 위한 방향성과 선한 의지가 있다. 인간중심 교육의 흐름은 르네상스 이후 J. J. Rousseau, J. H. Pestalozzi를 거쳐 F. Froebel과 M. Montessori 등으로 이어진다. 특히 현대적 의미의 인간중심 교육과정은 1970년대에 출현한 인간중심 심리학(Humanistic Psychology)에 바탕을 두고 있다. 대표적인 학자로는 G. W. Allport, A. Maslow, C. Rogers 등이 있다. 또한 공교육으로는 적절히 배려할 수 없는 상처받은 아동과 청소년을 위한 Summer Hill과 같은 대안학교를 운영한 A. S. Neill 등이 있다. 교수학습 방법으로는 인지적, 신체적, 정서적 욕구를 반영하고 표현할 수 있으며, 다른 사람과 상호작용할 수 있는 편안한 환경을 발달단계별로 제공하고, 교사와 학생의 상호존중, 협동학습, 비지시적 학습과 상담 등이 중심이 된다. 평가에서는 자유로운 분위기에서 학습자가 경험하고 성취하는 과정에 대한 종합적 평가가 이루어지도록 하며, 자기평가, 질적 평가, 준거지향 절대평가, 성장참조평가 등을 활용한다.

인지중심 교육과정은 사고과정 혹은 인지과정으로서 지식의 습득과 그 방식,

즉 정보처리 과정과 능력에 강조점을 둔다. 인지중심의 교육에서는 인간은 본성적으로 사고하는 능력 혹은 기제를 가지고 태어난다고 가정한다. 1950년대 말 학습이론은 기존의 행동주의 패러다임으로 설명할 수 없었던 인간의 복잡한 인지과정과 학습과정에 주목했다. 당시 학습이론의 주류인 행동주의로 설명되지 않는 상황을 보고 인지과학에서 해답을 찾고자 하였다. 즉, 인지중심 교육과정은 행동주의와는 달리 자극과 반응의 중간 과정인 인간의 인지과정 혹은 사고과정 자체를 연구 대상으로 한다. 과학이 발달함에 따라 행동주의를 반박할 만한 실험 결과들이 나오면서, 교육학자들과 심리학자들은 명백하게 관찰 가능한 행동보다 사고, 언어, 개념 형성 및 정보 처리, 문제 해결, 창의력과 같이 더 복잡한 인지과정에 주목하였다. 인지주의자들은 인간의 두뇌작용을 직접 관찰하지 않더라도 얼마든지 객관적−과학적 연구가 가능하다고 본다. 이러한 과정은 합리적 절차적 탐구력, 비판적 사고력, 문제 해결력, 창의적 사고력 등으로 표현된다. 특히 인지심리학의 영향으로 개념적 지식의 중요성을 강조한다. 즉, 사전지식이 있어야 그 다음에 새로운 지식이 들어와 동화되거나 조절한다고 본다. 인지주의 이론의 대표적인 학자에는 J. Dewey, J. Piaget, N. Chomsky 등이 있다. 교수학습 방법으로는 교육내용을 학습자의 인지 발달 수준에 따른 학습 내용으로 조직하고, 탐구수업, 기억술, 개념도 작성, 예상하기(heuristic) 등의 전략을 활용한다. 평가에서는 문제 해결력, 탐구력 등이 평가 대상이고, 성찰 노트, 포트폴리오, 수행평가 등의 방법을 사용한다.

🔵 사회 중심 교육과정 유형

생활적응 교육과정은 성인과 학습자가 항상 직면하고 있는 생활 장면을 분석해서 교육과정을 구성하고자 하는 이론이다. 이 교육과정은 아동과 성인의 생활, 사회기능, 청년의 요구와 문제 및 항상적 생활 장면 등을 분석하는 목표의 질적 분석 방법을 도입함으로써 구체적 교육목표를 제시하며, 개인적 자아실현, 가족성원으로서 역할, 대인관계, 직업적 기능, 시민으로서 공공적 책임감 등을 강조한다. 생활적응 교육과정은 미국에서 1920년대에서 1950년대 초에 이르기까지 활발했던 교육과정으로 '과학적 연구'라는 형태로 나타나기도 하였는데, 당시는 교육과정이 전문적이고 과학적인 연구 분야로 연구되기 시작한 때였다. 여기서 '과학적'이라는 용어는 종래 형식도야이론에서 한 것과는 달리, 아동의 문제나 사회적 필요를 실지로 조사한다는 의미이다. 대표적인 학자로는 F. Bobbitt, F. B. Stratemeyer 등이 있다. 사람은 누구나 관혼상제를 거치며, 가정에서 학교, 학교급의 진급, 학교에서 사회로 진출 등의 삶의 변곡점마다 유연한 적응력을 요구한다. 교수학습 방법으로는 목표 달성을 위한 학습경험은 학습자와 함께 선정하고, 효과적인 학습경험을 위해 계속성, 계열성과 통합성을 지향한다. 평가에서는 생활문제 처리능력, 문제해결력 등이 평가 대상이고, 성장 일지, 성찰 노트, 포트폴리오, 수행평가 등을 평가 방법으로 활용한다.

직업 교육과정은 넓은 의미로는 일반교육의 직업적 측면을 가리키는 말이다. 즉, 직업교육은 개인의 일의 세계를 탐색하여 자기의 적성·흥미·능력에 알맞은 일을 선택하고, 그 일에서 필요로 하는 지식·기능·태도·이해 및 판단력과 습관 등을 개발하는 교육을 말한다. 좁은 의미로는 특정 직업에 종사하기 위하여 필요한 지식, 기능을 습득시킬 목적으로 이루어지는 실업교육, 기능교육, 직업 훈련을 지칭한다. 따라서 직업 교육과정은 직업 훈련, 실업교육, 산업교육, 기술교육 등 각 직업과 관련된 수단적 측면에 대한 상위 개념으로서 그 자체가 하나의 목적이 되며, 개인이 자율적으로 직업을 이해하고 실천 방안을 터득하게 하는 보다 광의의 교육과정이다. 직업교육은 중세 유럽의 길드에서 장인을 길러내는 전통에서 유래하여 산업혁명 이후 공장제 생산의 과학기술적 기법을 더한 것이다. 직업에 대하여 보다 조직적이고 계획적인 교육은 1900년대 초에 사회사업적인 발상 아래 미국에서 시작되었으며, 유럽에서는 스코틀랜드와 독일에서 실시되었다.

1950년대에는 직업의식, 또는 직업의식의 발달이라는 의미로서 '진로(career)'라는 용어를 사용하였고, 1970년대에 이르러 진로도 성격, 지능, 도덕의식처럼 지적·정의적인 면에서 인간 발달의 한 측면이라고 보고, 진로발달이라는 관점으로 인식되었다. 자격과 면허 등 직무수행능력이 있음을 증명하는 증서 취득이 직업교육의 결과이다. 대표적인 학자로는 F. Parsons, J. Holland, E. Ginzberg, D. E. Super 등이 있다. 교수학습 방법에는 학습자 이해, 진로 정보의 활용, 진로상담의 적절한 실천, 직업적 체험 등으로 지도하고, 교과학습과 진로교육을 나누어 보거나, 교과통합적인 진로교육을 모색한다. 평가에서는 분절적인 학생의 평가보다는 개인이 삶을 살아가는 동안 진로를 계획하고 준비해 나가는 진로발달과 진로과업에 더 의미를 두며, 진로 포트폴리오 및 진로 프로젝트 등을 통해 삶의 역량을 키우고 정체성을 형성해주는 방향으로 평가한다.

사회개조 교육과정은 교육이 기존 사회 체제나 구조를 개선하여 새로운 사회를 건설하는데 견인차 역할을 해야 한다는 주장에서 출발한다. 근대사회의 시민혁명, 식민지에서 독립 직후의 국가 건설, 왕조사회에서 국민국가로 혹은 독재체제에서 민주사회로의 체제 변경 혹은 민주사회에서 독재사회로의 역행 등은 모두 사회개조에 해당하나, 자본주의 사회나 산업사회의 모순점에 대한 비판에서 더욱 두드러진다. 신마르크스주의자들은 학교교육을 통해 A. Gramsci가 제창한 자본주의 사회를 뒤엎어 공산 내지 사회주의 사회로 나가기 위해 사회 모든 분야에 크고 작은 진지를 구축할 혁명적 전사 양성을 제안한다. 이들에게 학교교육은 의식화 교육이며, 정치적 혁명전사 양성을 위한 것이다. 이러한 생각은 L. F. Ward, H. Rugg, G. S. Counts, T. Brameld 등에 의해 진행되었다. 이 교육과정에서 교수학습은 생활주변의 문제를 비판적으로 바라보고, 문제를 세계로부터 개인의 가치와 이상에 연결시키며, 이상을 현실화하기 위한 행동(시위, 항의활동, 캠페인, 불매운동, 홍보, 계몽활동)을 취하도록 하고 있다. 평가에서는 비판적 사고, 문제 해결력, 실천하는 능력 등이 평가 대상이고, 평가 방법으로 성찰 노트, 포트폴리오, 수행평가 등을 활용한다.

🌐 세 요소의 종합 반영과 최근 교육과정의 경향

중핵 교육과정은 교과, 개인, 사회의 3자를 중핵이라는 곳으로 통합시키려는 것으로서, 중핵과정(core course)과 주변과정(fringe course)이 동심원적으로 조직되는 것을 특징으로 한다. 진보주의의 영향으로 교과보다 학습자와 사회의 요구를 중시하며, 청소년이 관심있어 하는 사회적 문제와 쟁점이 중핵적인 학습주제가 된다. 본래 중핵 교육과정은 대학에서 시작되었다. 그 여파로 아직도 대학의 교양 교육과정을 편성할 때 중핵 교육과정은 광범위하게 이용된다. 이와 함께 소수집단의 민권운동, 정치적 차별 철폐의 PC(political correctness), 여성운동, 환경운동 등의 영향으로, 다양한 분야에서 중핵 교육과정이 등장했다. 중핵 교육과정은 진보주의가 확산된 초·중등학교에서도 유행하였다. 중등학교에서 중핵교육과정은 8년 연구(1933~41)로 크게 부각되었다. 이 연구는 초등교육에서 유행한 진보주의 교육운동을 중등학교로 확산하려는 것이었다. 특히 대입시의 영향을 많이 받는 교과중심적인 진학계 고교를 바꾸어 진보주의식 교육을 받고도 대학에서 성공적으로 학습하고 생활할 수 있는가를 가늠해본 연구였다. 중핵 교육과정의 대표적인 학자로는 L. T. Hopkins, H. B. Alberty, E. J. Alberty, J. Beane 등이 있다. 교수학습 방법으로는 학생이 관심을 가진 사회적 문제와 쟁점을 발굴 및 수집, 정리하고, 교사와 학생이 공동으로 협력하여 수업을 계획·진행·마무리하는데, 이때 학생들의 적극적, 능동적 참여와 협력이 요구된다. 중핵적인 주제를 중심으로 한 프로젝트 수행은 일반적인 차시수업보다 긴 블록타임과 여러 교과가 주제 통합적으로 관여되어 복수의 교사들이 팀티칭으로 참여한다. 평가에서는 사회적 쟁점의 비중과 탐구할 가치를 평가하고, 학생 참여의 능동성과 집단에서의 소통과 협력 정도를 평가하는 데 초점을 맞춘다.

구성주의 교육과정에서는 개인의 자아 성찰적, 인지적 작용과 사회적 참여를 통해 지속적으로 지식과 의미가 구성되는 것으로 본다. 학습자가 주체적이고 자기반성적으로 학습에 참여할 길을 열어 주며, 학교교육에서는 삶에서 직면하는 진짜 과제(authentic task)를 주체적으로 그리고 교사의 도움을 받아 가며 동료들과 협동적으로 탐구해 가도록 하는 데 중점을 둔다. 이 교육과정에서는 학습을 경험에 토대를 둔 능동적인 의미 형성과정, 기존 개념이나 아이디어의 수정 확대, 세계에 대한 개인의 해석으로 여기며, 학습자들이 자기 주도적인 학습 활동을 통하여 스스로 지식을 구성해 나가도록 돕는 것에 주안점을 둔다. 구성주의는 산업화 시대를 지배했던 실증주의, 행동주의, 과학주의로 대표되는 객관주의 인식론에 대한 대안으로 등장하였다. 또, 20세기 초 미국과 유럽 사회에서 현대 사회의 불안정성을 반영하며 다양한 분야에서 다양한 양상을 띠고 나타난 포스트모더니즘(post-modernism)의 세계관에 토대를 두고 있다. 이는 지식을 상대화하는 약점이 있다. 구성주의 교육과정의 대표적인 학자로는 J. Piaget, E. von Glasersfeld, L. S. Vygotsky 등을 들 수 있다. 교수학습에서는 학습자 스스로 의미를 구성하고 조직할 수 있는 시간과 공간을 제공해야 하고, 문제중심학습모형, 인지적 도제모형,

인지적 유연성모형 등을 활용한다. 평가에서는 지식과 의미를 구성하는 과정과 결과 및 문제해결력과 비판적 사고력이 주요 평가대상이며, 질적 평가, 절대 평가, 개별 학생의 수행평가, 포트폴리오 등의 평가 방법을 활용한다.

개념기반 교육과정은 1990년대 미국의 '기준중심 교육개혁'과 뇌 과학의 발전에 따른 인간의 학습 방식에 관한 관심이 고조되던 시기에 학문이나 교과의 핵심적인 아이디어에 대한 깊이 있는 이해를 추구하는 교육과정 설계 이론과 모형으로 소개되었다. 오늘날에는 사회의 불확실성과 모호성 등의 증가와 함께 비판적, 분석적, 평가적, 창의적 사고력 등이 중요한데, 교육과정과 수업에 개념적으로 접근하는 것이 21세기 학생 역량과 관련된 고차원적 수준의 사고와 이해를 촉진한다고 보기 때문에 더욱 주목받고 있다. 개념기반 교육과정을 구현하기 위해서는 학문이나 교과의 핵심적인 개념과 일반화 차원의 교육내용을 '이해'의 대상으로서 확인해야 하며, 교수·학습에서는 학생들이 개념들을 중심으로 학습하고, 지식을 특정 상황에 적용하게 함으로써 '사고하는 과정과 전이·적용하는 능력'을 익히게 하는 것이 중요하다. 즉, 교육과정에 대한 개념적 접근의 가장 중요한 목표는 학생들이 이해해야 할 대상에 대해 나름의 '개념적 이해(conceptual undetstanding)'를 형성하고, 이를 실세계로의 맥락과 상황으로 전이하여 사회 변화에 능동적으로 대응할 수 있는 지성인을 기르는 데 있다. 따라서 교사는 교육내용으로서의 지식 및 과정·기능과 관련하여 학생들이 이해해야 할 대상이 무엇인지를 명확히 하고, 귀납적 교수법과 탐구중심 학습 방법을 통해 학생들이 개념적 수준의 깊이 있는 이해를 형성하도록 지원해야 한다.

이해중심 교육과정은 1980년대부터 2000년대 초반까지의 미국의 교육개혁 운동과 밀접한 관련이 있다. 1980년대 미국 학생들의 수학 및 과학 성취도는 다른 나라의 학생들에 비해 현저하게 낮았다. 또한 시간이 지남에 따라 백인과 유색 인종의 학력 격차가 심화되었다. 이에 따라 미국 정부는 학생들의 학력 향상을 위한 다양한 방안을 마련하였는데, 그 중 대표적인 것이 2000년대 초반 부시 행정부가 발표한 낙오학생방지법(NCLB: No Child Left Behind)과 연간학력향상계획 (AYP: Adequate Yearly Progress)이다. 이 정책들은 학생의 학업성취도에 대한 학교와 교사의 책무성을 강조한다. 이에 따라 미국의 학교와 교사는 학생들의 학업성취도 향상을 위한 다양한 노력을 시도하였다. G. Wiggins와 J. McTighe는 평가 전문가로서, 성취기준을 기반으로 한 교육과정과 수업의 설계에 관심을 갖고, 학생들이 영속한 이해를 달성할 수 있는 이해중심 교육과정 개발 모형을 개발하였다. 여기서는 가르친 후 최종적으로 평가할 만한 것을 교육과정의 핵심으로 간주한다. 이 교육과정은 단원 설계의 목적을 학생들의 핵심 아이디어에 대한 영속한 이해로 설정하고, 이러한 단원 목표를 실현하기 위하여, 단원 설계의 절차를 '바라는 결과의 확인(목표 설정)', '수용 가능한 증거 결정(평가 계획)', '학습경험과 수업 계획(수업 계획)'으로 제시하였다. 그리고 단원 설계의 각 단계에서 요구되는 다양한 전략과 기법 및 요소들을 추출하고, 이를 종합적으로 구성하도록 제안하고 있다. 학생들이 핵심개념을 깊이 이해하는 것을 수업 목적으로 하면서, 수업을 흩어진 내용보다 핵심개념을 중심으로 선정 조직하되, 그 구체적인 단원 설계 절차를 UbD로 제안하고 있다. 여기서는 상대적으로 덜 중요한 것은 전통적인 지필고사로 대체하지만, 영속적으로 이해할 만한 핵심 원리는 수행과제와 프로젝트로 평가하고 확인한다.

역량중심 교육과정은 인지적인 측면 외에도 실제로 행하는 능력, 기꺼이 하고자 하는 기질, 동기, 태도, 감성, 사회성, 시민성 등의 비인지적 측면을 더욱 부각하고, 전인(全人)으로서의 인간의 고른 모습을 건강한 사회를 이끌어 나가는 역량으로서 강조하고 있다. 산업혁명 이후 각 직업에서 직무수행역량은 역량의 고전적 형태였다. 과학기술의 발달 및 세계화의 진전과 함께 온 21세기 사회는 기존의 산업사회를 지배해 오던 확실성이 흐려졌고, 불확실성과 모호성, 복잡성이 지배하는 사회로 변화하고 있다. 현대 사회에서 지식의 변화 속도는 급격해지고 있으며, 지식은 고정불변한 것이라는 통념을 깨고 좀 더 광범위하고 초학문적인 다양한 맥락 속에서 지식의 생성은 계속적으로 이루어지고 있다. 전통적으로 형성되어 있던 경계들이 모호해지면서 지식의 경계도 모호해졌고, 기존의 지식 중심의 교육은 학생들이 직면하게 될 불확실한 미래에 적절히 대응하며 살아가는 능력을 길러주는 데 충분하지 않다. 이러한 사회적 변화와 지식 생성 양식의 변화는 위계적으로 구조화되어 있는 분과학문적인 지식을 아는 것보다는 실제적 맥락에서 지식을 활용하고 새로운 지식을 창출해낼 수 있는 능력을 요구하고 있다.

20세기 말부터 21세기 사회에 적합한 교육의 방향이 무엇인가에 대한 탐색은 꾸준히 이루어져 왔다. OECD의 DeSeCo(Definition and Selection of Competencies) 프로젝트나 미국의 21st Century Skills 연구 등은 21세기 학교교육의 방향 설정에 큰 영향을 미쳤고, 교육목표의 재구조화나 학습의 개념, 내용, 방법, 평가, 환경 등 학교교육 변화의 중심에 미래 사회가 요구하는 '핵심 역량'을 두는 것이 세계적인 추세가 되었다. OECD는 2015년부터 '교육 2030 프로젝트(Education 2030)'를 새롭게 수행하며 1주기(2015~2018년)에는 2030년의 사회로 나아갈 학생들에게 필요한 핵심 역량과 프레임을 재설정했고, 2주기(2019년~)에는 국가가 역량 개발을 지원할 수 있는 교육 시스템과 학습 환경을 탐색하기 위한 연구 중에 있다. OECD 교육 2030 1주기 사업의 최종 결과물인 'OECD 2030 학습나침반'에는 2015년부터 진행되어 온 연구 성과가 종합적으로 집대성되어 있다. 역량 중심 교육과정에서 교수학습은 삶의 맥락 속에서 적용해 보는 경험, 타인과의 협력을 통해 의미를 재구성하는 경험을 제공하고 수업이나 학습, 평가 계획 및 과정에 있어서 학생의 적극적인 참여를 고려한다. 평가에서는 지식, 기능, 태도 등의 요소들을 분리하지 않고 삶과 관련되고 학생들에게 의미 있는 맥락에서의 평가 과제를 설계하며, 실제적 맥락의 범위에서 학습자가 역량을 적용하는 모습으로부터 얻을 수 있는 정보를 통해 평가하고자 한다.

IB 교육과정은 스위스 제네바에 기반을 둔 비영리 교육재단인 IBO(International Baccalaureate Organization)에서 1968년부터 개발 및 운영하고 있는 국제공인 교육과정이다. 서로 다른 문화 간 이해와 존중을 바탕으로 공정하고 평화로운 세계 구현에 기여할 수 있는 탐구적이고, 지적이며, 배려할 줄 아는 국제적 인재 양성을 목적으로 하고 있는 IB 교육과정은 세계 여러 나라 학교에서 채택하고 있다. 그중 PYP(Primary Year Programme)는 우리나라의 유·초등학교 과정으로, 그 핵심은 학습을 위해 구조화된 탐구(inquiry)를 수행한다는 것이다. '탐구'는 IB가 추구하는 학습자상의 하나이면서 다른 것들의 기초가 된다. PYP에서는 이를 위해 6개의 초학문적 주제(transdisciplinary themes), 6개의 교과 영역(subject areas), 5개의 필수요소(essential elements)를 제시하고 있다. IB 프로그램에서 강조하는 교수 방식은 탐구기반, 개념적 이해, 지역과 세계적 맥락으로 확장, 효과적인 팀워크와 협력에 집중, 학습에서의 장벽 제거하는 방향으로 설계, 평가에 따른 피드백이다. 학습 방식에서는 IB 교육과정에서 제시하는 기능(interrelated skills)을 통해 IB 교육을 받는 모든 학생들이 좋은(good) 질문을 할 수 있고, 효과적인 목표를 세우며, 자기주도적이면서도 소속감을 갖고, 비전을 추구해가는 능동적인 학습자가 될 수 있도록 하는 것에 주안점을 둔다. PYP는 각국이 이미 나름의 국가교육과정 기준 속에 구체적인 교과교육과정기준을 가지고 있거나, 최소한 분권화된 학교중심 교육과정 기준을 가진 상태에서, 들어오는 교육과정 틀(frameworks)이라 교육과정을 재구성해야 할 과제가 큰 편이다. PYP에서 평가의 주요 목적은 학습 과정에 대한 피드백을 제공하는 것이다. 학생은 상이나 벌을 받기 위한 것이 아니라 정보를 얻기 위해 피드백을 받아야 한다. 평가 전략과 도구에는 제안한 기준에 따른 성취도평가(rubrics), 일화 기록, 체크리스트, 포트폴리오 등이 있다.

다음 표는 위의 13가지 교육과정의 유형을 간략히 정리해 본 것이다.

표 1.1 각 교육과정 유형의 주요 특징

결정자	종류	핵심 질문	핵심 개념	교육목적, 인간상	주요 학자, 이념	관련 교과	소개	주요 수업 방법, 전략	주요 평가법
교과	교과	인류문화유산의 정수인 교과 지식은 무엇이고, 어떻게 전수할까?	subjects, content, knowledge	교과별 지식의 체계적 전수와 습득, 지식인	P. Ramus, W. T. Harris, R. Hutchins 항존주의	기본 교과, 역사, 문학 등	전통 교과서 내용 지식, 인문주의(선교전)	체계적 설명 해설을 통한 이해시키기	지필검사, 암송 결과 평가, 규준지향평가
	학문 교과	각 학문의 개념 원리, 법칙 이론으로 짜인 지식의 구조는 무엇이고 어떻게 탐구할까?	structure of discipline/ knowledge	수학, 과학 등 학문적 지식의 구조 발견 학자, 탐구자	J. S. Bruner, P. H. Phenix, P. H. Hirst, R. S. Peters 학문적 합리주의	과학, 수학, 심리학	수학의 증명, 과학의 실험 관찰, 사회의 조사탐구	지식의 구조 발견을 위한 탐구 과정	탐구과제 결과, 수행 보고서 평가
	성취	지식을 효율적으로 완전 학습시키려면 어떻게 학습시킬까?	standards-based, mastery learning, achievement	각 교과서 알아야 할 기초·기본 지식의 습득, 교과인, 부진아 방지	B. Bloom, R. M. Gagne 행동주의	사회, 수학, 과학	그 학년에서 꼭 알아야 할 지식, 부진아 지도 프로그램 학습지	체계적 학습과 복습	표준화시험 결과 평가, 도달과 성취에 피드백 제공
학습자 (개인)	경험	학생들의 흥미와 관심을 존중하여 경험을 계속적으로 재구성하게 하려면 어떻게 해야 할까?	Interest, experience, growth	학습자 흥미와 관심 협동적이고 행동하게 협력하는 사람, 동학자	J. Dewey, W. Kilpatrick 진보주의	사회, 기술, 창체	사회적 흥미, 일상사, 프로젝트, 직업	접지기, 기록 기르기, 식물 재배하기	포트폴리오, 프로젝트 과정과 완성품 평가
	인간	인간의 선한 본성을 회복하여 자아실현에 이르는 길은 무엇일까?	meaning, humanism, self-realization	자아실현, 상처의 치유, 성장하는 학생, 안내자로서 교사	A. Maslow, C. Rogers, A. S. Neill 인간중심	국어(문학, 연극, 사이코 드라마), 사회, 도덕, 예술, 창체	위기적 사건, 발달과업	이야기하기, 성찰하기, 소통하기	준거지향 평가, 성장참조 평가, 자기, 성찰
	인지	학습자들에게 이성적 노 리작용으로 사고하는 습관을 어떻게 길러줄까?	brain-based, cognition, thinking skills	두뇌발달, 체계적 탐구, 문제해결력, 과학자(율자), 인지심리학자	J. Piaget, D. Ausubel 인지주의	수학, 과학, 기술, 정보	지식과 정보(처리능력, 패턴 수련)	읽고리즘, 학습 방법의 학습	성찰노트, 포트폴리오

결정자	종류	핵심 질문	핵심 개념	교육목적/인간상	주요 학자, 이념	관련 교과	소재	주요 수업 방법, 전략	주요 평가법
사회	적응	변화하는 사회에 적응력을 기르려면 어떻게 해야 할까?	socialization, adaptation	사회적응, 생활문제해결력, 생활 교양인	F. B. Stratemeyer 개발주의	사회, 문화, 기술	생애주기별 과업 수행	도입기, 생존기, 전환기 행동	수행평가, 관찰평가
	개조	불합리한 사회를 구조적으로 바꿀 성찰적 실천가를 어떻게 기를까?	reform, reflective actor	불합리한 사회구조 개혁, 투사 전사, 의식화, 개혁운동가	H. Rugg M. W. Apple P. Freire M. F. D. Young 급진주의	정치/경제, 역사, 환경과학	소수자 차별, 환경, 정치, 노동 등의 문제와 쟁점	불합리한 정치, 경제 구조 파악하고 행동(캠페인)으로 바꾸기	수행평가, 성찰노트
	직업	직업 세계가 요구하는 지식, 기능, 태도를 어떻게 길러 줄까?	vocational skills, competency	직무수행능력, 직업인으로서 준비	F. Parsons J. Holland E. Ginzberg D. E. Super 공리주의	진로, 기술, 직업	유능한 직업기술	AI 로봇과 더불어 일하기, 인공지능의 일 익히기	진로 성숙도, 직무수행능력 숙련도 평가
종합	중핵	청소년들이 관심 있어 하는 사회의 쟁점과 문제는 무엇이고 어떻게 해결할까?	core problem, social issues, cooperation	청소년이 관심을 가진 사회문제, 사회연대활동가	L. T. Hopkins H. B. Alberty E. J. Alberty J. Beane 경험적 실용주의	사회, 인문학 통합교과	지역사회 문제, 초교과적 복합과제	문제와 과제의 협력적 해결과정(마을 담장 복원그리기)	과정평가, 성장평가, 총체적 평가
	구성	학생들이 개인적·사회적으로 의미 있는 지식을 능동적으로 구성하려면 어떻게 해야 할까?	active construction of knowledge & meaning	개인적·사회적 지식과 의미의 구성 능력, 적극적 의미구성자	E. von Glaserfeld L. S. Vygotsky 구성주의	사회, 과학, STEAM	STEAM 융합주제	토의 토론 조사 탐구를 통한 개념과 의미 구성하기	수행평가, 포트폴리오 평가
	개념	'개념적 이해'를 어떻게 형성할 것인가?	conceptual understanding, big idea, concept, transfer	사고를 바탕으로 한 앎을 지닌 사람, 탐구하는 사람	H. L. Erickson L. Lanning R. French 과학적 합리주의, 구성주의 합리주의, 학문중심	단일 교과 및 교과 간 통합	개념적 이해, 개념(변화, 시스템, 연결 등)	탐구학습	GRASPS 기법, 수행과제 평가

결정자	종류	핵심 질문	핵심 개념	교육목적, 인간상	주요 학자, 이념	관련 교과	소개	주요 수업 방법, 전개	주요 평가법
종합	이해	교과의 가치 있는 핵심 개념을 깊이 이해시키려면 어떻게 할까?	big idea, core concepts, deep understanding	핵심 개념과 질문, 깊은 이해, 지성인	J. McTighe G. Wiggins 과학적 이성주의	수학, 과학, 언어	교과의 핵심개념 (생명체의 본질 상호작용과 이존 등)	백워드 설계, 중핵 개념의 깊은 이해 학습우선순위	GRASPS 기반 과제수행 평가
	역량	21세기가 요구하는 핵심 역량은 무엇이고, 그 수행 능력을 어떻게 기를까?	core competency, quality performance	높은 수행력 핵심프로젝트, 과학기술자	A. Schleicher, OECD 기술적 공리주의	기술, 과학, 수학	중장기 핵심 프로젝트, 종합과제	이해 위에 종합적 수행력	과정중심 수행평가, 정의적 특성 평가
	IB PYP	세계 시민이 갖추어야 할 지식, 기능, 태도는 무엇일까?	globalization core concepts inquiry	국제적 관점 형성 탐구하는 사람 개방적인 사람	T. Burnell H. L. Erickson 세계주의	언어, 사회, 체육, 과학, 수학, 예술	초학문적 주제	학생 주도적 탐구 수업	수행평가 포트폴리오

재구성의 의미

교육과정 재구성에 대한 정의는 다양하다. 교육과정 재구성을 상급 교육기관에서 만든 교육과정을 학생, 학교, 지역의 특수한 사정에 따라 변경하는 것(김대현, 1994), 교육과정과 교과서를 학생의 필요와 학교의 실정에 맞게 반영하여 교재를 재형성하는 것(곽병선 외, 1989), 교사가 국가 교육과정과 교과용 도서의 학습 목표, 내용, 교수학습 방법, 평가를 학생 특성과 교육환경 및 상황에 맞게 변형하는 것(박윤경 외, 2016) 등이 모두 교육과정 재구성과 관련된 정의이다. 여기서도 교육과정 재구성을 '학습의 적절성을 확보하기 위하여 교사가 특정 교육과정 이론에 기초하거나 학교 밖의 교육과정 문서나 자료 등을 사용하여 하는 수업 준비'라고 정의한다. 비유컨대 온갖 재료를 사용하여 먹을 만한 영양가 있는 식사를 마련하는 것이다.

교육과정 재구성에 대한 논의에서 이윤미 외(2015)는 교육과정 실행 관점에서 볼 때 교육과정 재구성에서 교육과정의 실체가 국가 교육과정인지 교과서인지를 구분할 필요가 있다고 보았다. 현재 교사들이 교육과정 재구성이라고 하는 것은 대부분이 교과서 재구성이라는 것이다. 국가 교육과정이 재구성되는 것은 원천적으로 불가능하다고 보기 때문이다. 따라서 교육과정 재구성은 교과서 재구성이나 성취기준으로 수업 만들기로 구분해서 사용해야 한다는 입장이다. 사실 우리나라 교육과정 성취기준은 표준적 성격을 갖고 있기 때문에 교사가 교육과정 재구성에서 자율권을 발휘한다는 측면이 일정한 한계를 가질 수밖에 없다. 또한, 교육과정 재구성을 어디까지 해야 하는가에 대한 문제도 제기된다. 그러나 분명한 것은 교육과정을 재구성하는 목적은 학습의 적절성을 확보하기 위함이라는 것이다. 일찍이 Dewey (1902)는 교육을 통해 '논리적인 교과를 심리화하고 심리적인 아동을 논리화'시켜야 한다고 주장한 바 있다. Eisner(1985)는 학생들에게 다양한 학습기회가 제공되어야 한다고 주장하며 이때 필요한 것이 "교육적 상상력"이라고 표현한 바 있다.

교육 현장에서는 교사들이 실제 학생들에게 의미있고 만족스러운 다양한 학습기회를 제공할 수 있도록 교육목표와 교육내용을 학생들에게 적합한 형태로 변형하는 능력이 필요하다. 교사가 교육과정을 표현하는 의사소통 양식을 다양하게 활용하지 않으면 학생들의 교육기회를 부정하게 된다(홍후조, 2018). 즉, 앞에서 여러 학자들이 제시한 개발자, 교육과정에 대한 이해, 심리화, 교육적 상상력, 학습과 표현 방식의 다양화 등을 통하여 공통적으로 강조한 것을 우리 실정에 맞게 표현하면 한마디로 '재구성을 통한 학습의 적절성을 확보하기 위한 방법'이라고 할 수 있다. 학습의 적절성은 학습자의 특성, 즉 학습자 수준과 교육과정 수준의 연계, 학습 스타일과 교수학습 방법의 연계 등 복합적인 문제가 연계된다. 더욱이 수업을 했다면 그 결과는 학생의 성취나 전이, 그 평가까지 연계되어야 한다. 다시 말해서, 교육과정 재구성의 본질을 학습의 적절성이라고 한다면 학습목표, 학습 내용, 교수·학습 방법, 평가 등이 모두 연계되어야 할 것이다.

강현석(2012)은 교육과정 재구성에서 교사에게 주어진 구체적인 상황이 충분히 반영되지 않은 재구성은 허구라고 본다. 그가 제시한 교육과정 재구성에서 고려할 점을 살펴보면 다음과 같다.

교육과정 재구성이란,

첫째, 교사가 개인 혹은 집단으로 그 이론적 전문성과 실제적 경험에 기초하여(필요와 토대)

둘째, 국가에서 제시한 교육과정을 참고로(교과의 성격과 특성)

셋째, 주어진 상황을 잘 분석하고 조성하여(진단)

넷째, 그 상황에 맞는 교육목표를 설정하고(학습목표)

다섯째, 교육목표를 성취할 수 있는 내용을 선정하며(내용)

여섯째, 내용을 잘 전달할 수 있는 교사 자신의 방법을 모색하여(방법)

일곱째, 목표 도달을 어떻게 실질적으로 평가할 것인가(평가)를 계획하고 준비하는 것이다.

교육과정 재구성은 목표 분석에서 시작, 내용 구성, 새로운 방법의 적용, 평가 등으로 이루어진다고 할 수 있다. 이때 모든 과정에서 반드시 학습자의 실태를 반영해야 한다. 동시에 학습목표-내용-방법-평가의 일관성을 유지하여 상호 연관성을 갖도록 하는 것이 필요하다. 또한, 학습 범위나 수준 및 심도 등의 학습량에 대한 적정성도 고려할 필요가 있다. 교육과정 재구성을 했다면 이는 마치 병환의 차도에 따라 하나의 처방전으로 여러 번 반복적으로 약을 구입할 수 없는 이치와 같이, 학습자의 발달과 성취 수준, 경험, 관심, 흥미, 희망과 진로 등이 다르면 주기적이고 지속적인 재구성을 통하여 수업이 이루어져야 할 것이다. 교사의 재구성 능력에 대한 전문성과 교육목표의 책무성 달성에 대한 신뢰는 교육과정 자율성을 확대하는 통로가 된다.

재구성의 필요성

재구성은 교육과정에 대한 문해력(literacy)을 바탕으로 다른 사람이 만들어준 교육과정을 단순히 전달하는 전달자가 아닌 Dewey와 Eisner가 말하는 바와 같이 적합한 내용으로 전환하기 위해 교육과정을 목표부터 평가까지 재계획하고, 재설계하는 것이다. 재구성을 통해 교사가 개발한, 계획한, 설계한 교육과정은 수업을 통해 부분 분권형의 교육과정 결정 방식의 의미는 살아나게 된다.

교육과정 재구성이 필요한 첫 번째 이유는 학습자이다. 이는 교육이 학습자의 발달단계에 맞는 성취를 거두어야 하는 것과 관련된다. 유아교육에서는 미분화된 활동영역으로서 건강한 생활과 즐거운 생활을 기초로 바른 생활을 잡아나가는 재구성이 필요하고, 초등 저학년에서는 유치원의 학습 성과를 토대로 여전히 활동 중심의 통합 교육과정에서 일정한 분화가 필요하다. 국어, 산수(수학), 외국어 등의 학습도구를 갖추는 것도 중요하다. 기초학습부진이 일어나지 않도록 하는 것이 필요하고, 담임연임제 등을 통해 책무성이 강조될 필요가 있다. 초등학교 고학년에서는 개념 학습이 본격적으로 이루어지면서 학생들이 추상적 개념을 다룰 수 있도록 실제와 연결이 재구성에서 중요해진다. 기본 학습에서 부진이 일어나지 않도록 재구성에서도 유념할 필요가 있다.

중학교에서 학생들은 자기정체성을 찾아가며 또래들과 사회적 관계를 넓혀가면서, 국어, 외국어, 수학, 과학, 사회, 기술, 예술, 체육 등의 기본 교과에서 교사들의 개인적 집단적 재구성이 활발히 일어나게 된다. 또한 제2외국어와 같이 선택과목이 제공되기 시작한다. 무엇보다 학생들의 자아확립은 장차 종사할 직업에 닿아 있으므로 교과 내에서 진로의 탐색과 선택 기회를 주도록 재구성에 유념

해야 할 것이다. 직업계 고교에 가서 대학진학을 원하거나 진학계 고교에 가서 직업위탁교육을 원하는 것을 고려하면, 중학교에서 교과 내 진로교육을 위한 재구성은 더욱 강화되어야 할 것이다.

졸업 후 사회 직업이나 대학 전공으로 나아가는 고교부터는 학생의 적성과 진로에 따라 진로별 교육과정을 전개하게 된다. 교육과정 문서 자체가 학문적 성격의 과목으로 분화되어 나열되고 있어, 이를 교과별로, 진로별로 하위 과목을 재구성하여 제공할 필요가 높다. 이는 과목의 종류, 이수 순서, 이수 분량을 정하는 것에 연결되어 있다. 국가교육과정기준 문서 자체의 결함이거니와 이를 보완하는 현장의 노력도 미약하다. 불행히도 우리나라 진학계 고교에서는 진로별 교육과정 재구성이 거의 일어나지 않아, 대학에 진학한 학생들이 전공을 바꾸고 싶어하거나, 대학 졸업 후에 전공과 다른 직업에 종사하는 비율이 절반을 넘고 있다. 이점에서 고교에서 진로별 교육과정을 강화하기 위한 교육과정 재구성이 강조될 필요가 있다.

교육과정 재구성이 필요한 두 번째 근거는 교육 내용이다. 교수자는 교과, 교과 간의 학습주제, 교과 외의 창의적 체험활동 등에 따라, 즉 교육 내용이나 활동에 각각 다르게 대응할 필요가 있다. 교과의 경우에 학습과 일의 도구적 특성의 교과와 그 내용을 채워주는 교과, 방법과 가치를 전달하는 교과, 신체적 운동 기능을 숙달시켜주는 교과에 따라 재구성은 달라질 수 있다. 각 교과의 목표와 특성은 재구성에서 가장 중요한 고려 사항이다. 교과 간의 학습주제는 우리나라에서 범교과학습주제라고 하나, IB 등에서는 교과를 가로지르는, 교과를 구성하는 뼈대로서 핵심 개념을 중심으로 제시되고 있고, 교과의 내용과 방법에서 이를 다루도록 되어 있다. 자율, 동아리, 봉사, 진로 활동으로 구성된 창의적 체험활동도 학년군에 따라 그 비중이 달리 이루어질 수 있도록 재구성이 요구된다.

그러나 재구성의 문제는 복잡성이 동반되는 문제이다. 무엇보다 재구성은 교육과정 적합성 문제와 연계된다. 여기서 적합성이란 교수·학습 환경에 반영되는 상황으로 이는 곧 학습자가 갖는 경험, 흥미, 관심도, 발달, 진로 등에 따른 교육목표, 내용, 방법, 평가의 적합성에 대한 문제이다. 네 가지는 배타적 개념이 아니며 연속체적인 측면에서 이해해야 한다. 동시에 지역적 특성을 반영하는 측면도 고려되어야 한다. 근대 공교육체제에서는 공통적인 규범과 지식을 익히는데 목표를 두었지만, 이제 학습자 개인의 성장을 강조하는 학습사회의 도래에 따라 교육의 개별화와 다양화가 중요한 가치로 부각되었다(조석훈, 2018). 따라서 개인의 성장을 이끄는 학습을 위해 재구성은 필수적이다.

☺ 재구성의 범위와 유형

교육과정을 재구성하는 기저에는 통합 수업, 교과 융합 수업, 범교과 주제 학습, 교과 체험 학습, 프로젝트 수업 등을 시도하는 정도에 따라 범위와 유형이 다양하게 전개될 수 있다.

(1) 재구성 범위

① 주제 중심 재구성   학습자가 속해 있는 공동체에서 사회적 관심의 대상이 되고 있는 문제나 테마를 중심으로 교과 교육과정을 재구성하는 경우이다. 개인적 차원의 문제와 사회적 차원의 문제를 모두 망라하여 윤리적 문제를 다루고, 다양한 관점들을 균형적으로 고려하는 태도의 함양을 목표로 교육과정이 구성된다. 학습자의 관심도, 학습자의 이해 가능성, 자료의 적절성, 사회적 중요성, 창의적 문제해결 요청 정도 등을 들 수 있다.

② 수업 방법 중심 재구성   주제에 따른 수업 운영 방법과 수업 전략을 어떻게 설정할 것인지를 염두에 두고 교육과정을 재구성하는 방법이다. 협동학습, 프로젝트학습, 탐구학습, PBL 등 적용하고자 하는 수업 방법을 용이하게 운영하기 위해 사전에 교과 교육과정을 분석하고 단원별 핵심요소를 파악하여 단원별 목표를 중심으로 학습 전개 순서를 재배열하는 방법과 같은 경우이다.

③ 핵심 역량 증진 중심 재구성   창의적 문제해결력, 의사 소통력, 시민의식 등 미래 사회에 필요한 핵심 역량을 증진시키기 위해 이를 목표로 교과 교육과정을 재구성하는 방법이다. 예를 들면, 창의적 문제해결력 함양을 위한 교육과정은 문제의 발견 및 아이디어 양산과 같은 창의적 측면을 강조해야 하므로, 이를 위해서 개방적이거나 비구조화된 문제 상황이나 딜레마를 중심으로 내용을 재구성하여 학습자에게 제시하는 방법이다.

(2) 재구성 유형

교육과정을 재구성하는 유형은 일반적으로 재구성을 어떻게 하는가에 따라서 다음과 같이 구분할 수 있다.

표 1.2 재구성의 유형과 방법

재구성 유형	재구성 방법
목표 재구성	단원 목표, 성취기준 등의 순서를 바꾸거나 축약하여 통합함으로써 이하 내용, 방법, 평가 등에서 재구성이 잇따라 일어나는 시원적 재구성
내용 순서 재배열	교사들이 여러 교과의 수업에서 계절이나 절기 등을 고려하여 단원의 순서를 바꾸거나 한 단원 내에서 전개 순서를 바꾸어 재구성
내용 추가	단원 내용의 특성과 학생의 수준, 지역 및 학교의 특성을 고려하여 내용을 추가하는 재구성
내용 대체	학생의 수준이나 흥미, 실생활과의 연계성 등을 고려하여 단원 내용의 일부가 부적절하다고 판단하여 이를 교과서 이외의 다른 내용으로 대체하는 내용 재구성
내용 생략	학습 목표를 고려하거나 학생의 수준에 맞추기 위하여 혹은 교과 전문 지식이 부족하거나 실기 및 실험 시설이 미비하여 단원이나 단원의 일부 내용 혹은 종목을 생략한 재구성
내용 축약	자신의 전공 영역이 아니어서 전문 지식이 부족한 단원은 일부 내용을 보다 충실히 구성한 경우, 혹은 전체 영역을 다루기에는 시수가 부족하여 일부 단원의 내용을 축약한 재구성
타 교과와 융합	학습 주제와 관련되는 여러 교과 내용을 통합적으로 구성한 경우 예) STEAM 융합교육과정을 통한 재구성
구성적 재구성	학습자의 흥미와 관심을 좇아 학습자의 경험과 교육 내용이 만나도록 하여 나름의 지식과 의미를 형성할 수 있도록 재구성
실용적 재구성	학습자의 사회적 진로를 좇아 그 진로를 탐색, 발견, 준비하도록 교육 내용을 재구성
지역사회 재구성	학교 밖의 지역사회의 인적, 물적 자원을 교육 내용에 접합하고 활용하기 위한 재구성
방법적 재구성	문제 해결의 절차와 방법을 익히기 위해 다양한 통로를 마련하여 훈련할 수 있도록 재구성
평가적 재구성	평가를 통해 확인되는 결과적 성취 달성을 높게 하기 위해 마련한 재구성

출처: 김평국(2005). 중등학교 교사들의 교육내용 재구성 실태와 그 활성화 방향. 교육과정연구, 23(4), 91-130. 본서에 맞게 추가하고 재구성한 것임.

😊 재구성의 기대 효과

재구성의 기대 효과를 교과(학문), 학습자, 교사, 사회 측면에서 살펴보면 다음과 같다.

(1) 교과(학문) 측면

교과(학문) 측면에서 볼 때 재구성은 학습 내용을 재구조화하는 과정과 관련된다. 재구성을 통해 학습의 범위, 수준, 심도, 분량의 조절이 가능하다. 무엇보다 학습의 효과성을 기대할 수 있다. 재구성을 하는 방식에 따라 다르겠지만 교과서에 나열된 파편화된 지식을 모두 가르치기보다 개념에 기반한 재구성을 통하여 학습의 경제성도 높일 수 있다. 다시 말해, 좁고 깊게 가르침으로써 학습의 전이 효과를 높일 수 있다.

(2) 학습자 측면

학습은 개인의 성장과 발달을 촉진시키는 것이 목적이다. 재구성은 무엇보다 내용적인 측면에서 학습된 결과가 개인에게 있어서 유의미성을 갖게 해야 한다. 학습자는 배운 내용이 자신에게 의미가 있을 때 학습에 대한 동기를 유지할 수 있다. 학습자 입장에서 재구성된 내용은 학습자에게 개별화 학습을 촉진시키기 때문에 궁극적으로 다양한 경험을 통하여 자아실현 등의 성장으로 이끌게 된다.

(3) 교사 측면

교육 여건이나 환경은 교사의 의지와 상관성이 낮으나, 교육 내용을 선정하거나 이를 조직하여 전달하는 교수·학습 방법은 교사의 의지와 매우 높은 상관성을 갖는다. 이와 같이 재구성은 교사의 교수역량을 발휘할 수 있는 동시에 전문가로서의 역량을 발휘할 수 있는 영역이다. 재구성을 통하여 교사는 학생을 성장시키는 보람은 물론 자신도 성장과 발달을 도모할 수 있는 계기를 마련할 수 있다.

(4) 사회 측면

교육의 기능은 사회에 적응력을 기르고 모순을 개선하며 잘못된 관행을 개선하는 관점을 기르도록 해준다. 이를 통하여 사회는 유지되고 발전할 수 있다. 재구성은 학생이 처한 주변 환경, 나아가 지역사회에서 개선해야 할 문제에 대한 비판적 관점과 대안을 마련하는 시각을 형성할 수 있다. 유능한 시민을 육성하는 것은 내 주변의 문제를 해결하는 올바른 관점에서 시작되기 때문에 학습 내용에서 학생 주변의 사회적 문제를 포함시키는 것은 재구성을 통해서만 가능하다.

제 **2** 부

교과를 중심으로 한
교육과정 재구성

제 2 장 교과중심 교육을 위한 교육과정 재구성
제 3 장 학문중심 교육을 위한 교육과정 재구성
제 4 장 성취중심 교육을 위한 교육과정 재구성

제 **2** 장

교과중심 교육을 위한 교육과정 재구성

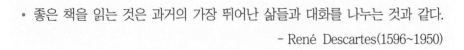

- 좋은 책을 읽는 것은 과거의 가장 뛰어난 삶들과 대화를 나누는 것과 같다.

　　　　　　　　　　　　　　　　　　- René Descartes(1596~1950)

제1절 ┃ 기본 관점

　　교과중심 교육과정은 전통적인 문화유산 중 각 분야의 엄선된 지식을 체계적으로 엮은 교과에 초점을 두고 있는 교육과정이다. 이 교육과정은 인류가 지내온 경험을 통하여 발견된 사실이나 진리를 학습자들에게 잘 설명하여 이해시키고, 그들이 훌륭한 성인으로 성장할 수 있도록 전통 문화유산을 가르침으로써 교육기관으로서 학교의 목적을 정당화시킨다. 따라서 교과중심 교육과정은 문자가 발명되고 책이 엮어진 이후 가장 오래된 교육과정 유형으로써 인류의 축적된 지식을 모든 학습자가 이용할 수 있게 만들어 준다. W. T. Harris(1989)의 『교육의 심리학적 기초』에 따르면, 교육은 '개인이 인간으로 발전되어 가는 과정'이고, 주요한 문화유산을 전달하는 데 그 초점을 둔다고 말하였다.

기본 입장은 전통적 문화유산과 학문적 성취 가운데 항존적이고 본질적인 것을 선정하여 교과로 조직하고 이를 학습자에게 전달하여 학습자의 이성을 계발하는 것에 주된 관심이 있다. 이 교육과정은 국어, 영어, 수학, 과학, 사회 등 학생들에게 가르치는 교과목으로 대표된다. 교과목 목록, 교수요목, 학과과정, 교과과정은 교과중심 교육과정과 동의어로 쓰이기도 한다(김종서, 1988; 한국교육과정학회, 2017).

여기서 교과란 학생교육을 목적으로 인류의 문화유산을 논리적·체계적·핵심적·종합적으로 조직한 묶음이다. 따라서 인류 경험 유산의 고유한 논리가 곧 교과의 중요한 내용이 되며, 교과 조직은 지식의 논리적 체계를 이룬 개념, 사실, 원리, 법칙, 이론 등을 구성요소로 이루어진다. 그리고 누구나 알아야 하는 사실, 기본 지식과 기능, 전통적 가치 등에 초점을 두어 교과를 논리적·체계적으로 조직한다.

교사는 해당 교과를 가장 잘 아는 전문가이고, 학생은 이를 잘 모르고 미성숙하므로 교사의 설명과 학생의 암기는 주요한 교육방법이 된다. 수업은 기본적인 것을 가르치는 것을 주된 임무로 삼고, 기본적인 읽기, 쓰기, 계산 기능의 숙달과 모든 교육받은 사람이 알아야 하는 기본적인 사실과 전문 용어와 지식, 선량한 시민이 되는 데 필요한 공통되고 기본적인 가치를 가르쳐야 한다.

교과중심의 교육에서는 '인간의 이성' 개발을 지향한다. 이성이란, 합리성, 객관성, 타당성을 비롯한 논리성과 일관성을 낳게 하는 원천이라고 본다 (이경섭, 1991). 교과중심 교육과정은 이성을 개발함으로써 보다 인간다운 인간이 될 수 있다고 가정하며, 이성을 개발하는 데 필요한 지식은 해당 분야의 최고의 학자들에 의해 선정 및 조직되고, 성인인 교사에 의해 미성년자인 학생들에게 가르쳐진다. 따라서 이 교육과정의 주요 질문은 '전래의 문화유산 가운데 보존되어야 할 가장 중요한 내용은 무엇인가'이고, 그 대답은 교과에 담긴 내용과 가치에서 찾을 수 있다고 본다.

🗓 등장 배경

　교과중심 교육과정은 교육과정에서 가장 오래되고 가장 지속적으로 영향을 주는 교육과정이다. 서양의 그리스, 로마 시대부터 시작하여 중세에 한창 성하였던 7자유학과(seven liberal arts)가 그 전통의 핵심이다. 전통적 교과인 7자유학과는 인간의 정신능력을 고양시키기 위해 적합한 교과목으로 문법, 수사학, 변증법, 산술, 기하, 천문, 음악을 강조하였다. 이러한 교과들은 마음의 능력인 심근을 발달시키는 데 매우 효과적인 수단이 되며, 이것을 공부함으로써 얻어지는 능력들은 일상생활의 문제를 해결하는 데 도움이 될 뿐만 아니라 마음의 양식과 인격 함양에도 도움이 된다고 보았다. 이는 동양에서도 4서3경이나 13경 등으로 성현의 저작을 책으로 엮어 학교에서 교육되고 과거시험의 과목이 되어 왔다.

　예일대학 보고서(Yale Report, 1828)에서는 전통적 고전과 과목들을 가르쳐야 하는 이유가 정당화되었다. 이 보고서는 대학에서 고전을 가르치는 이유로 정당화하는 내용으로 이루어져 있는데, 육체를 단련하여 근육이 생기듯 정신의 근육도 특정 고전 교과목에 의해 단련될 수 있다는 정신도야론(mental discipline theory)을 강조하였다. H. Spencer(1860)는 「교육론: 지, 덕, 체(Education: Intellectual, Moral and Physical)」에서 교과는 인간의 전면적, 포괄적, 다면적 발달을 도모하는 것이라고 하였다. 철학의 정신도야론에 해당하는 능력심리학이 1860~1890년대 구미에서 유행하였다. 1892년 7월 미국교육협회(National Education Association)는 Charles Eliot을 중심으로 10인 위원회를 결성하여 고전어 과정 등과 같은 교과목 중심의 교육가치(mental training)를 정당화했다. 1895년 Harris를 중심으로 한 15인 위원회에서도 같은 관점에서 교과목 중심의 교육과정을 강조하는 보고서를 발표하였다. 이들은 학교교육이 이성의 발달을 최우선으로 하여 학생의 올바른 습관 형성과 교양교육을 통한 인류의 지혜를 전수해야 한다고 주장하였다. Harris는 인간의 영혼을 여는 5개의 창으로 교과의 중요성을 강조하였다.

　19세기 말 미국에서 파견된 기독교 선교사들의 영향을 받은 관립 육영공원, 배재학당, 이화학당, 원산학사 등은 모두 교과목을 중심으로 교육과정이 이루어졌다. 조선시대와 달리 음악과 체육, 실과, 외국어 등이 학교 교과로 들어왔다. 아울러 조선시대의 신분제 사회의 신민과 전혀 다른 근대국민국가를 이루는 자유로운 개인과 시민의 형성이 강조되었다.

일제강점기를 지나 광복 이후 대한민국의 교육과정은 식민지교육을 청산하고 새로운 자유민주주의 체제를 정착시키면서 현대적 의미의 교과교육이 시작되었다. 우리나라에서는 미군정의 과도기(1945.8 – 1946.9), 교수요목기(1946.9 – 1954), 제1차 교육과정기(1954 – 1963)에 교과중심 교육과정이 정착되었다(이경섭, 1996). 제 1차 교육과정인 교육과정 시간 배당 기준령(1954년 4월 20일 문교부령 제35호)에서 "본령에서 교육과정이라 함은 각 학교의 교과목 및 기타 교육활동의 편제를 말한다."고 하여, 교육과정은 곧 교과중심임을 알 수 있다(함종규, 1983).

💬 주요 학자 및 이론

16세기 P. Ramus(1515 – 1573)는 교과중심 교육과정을 7자유학과에 기초하여 효과적인 교수법을 구안하였고, 'Curriculum'이라는 용어를 처음 사용한 학자이다. 그는 7자유학과(3학 4과, 학예)를 1) 정신, 이성, 마음의 질서(논리학, 수사학, 변증법), 2) 사물, 자연 현상의 질서(산술, 기하학, 천문학, 음악), 3) 고등학문(신학, 철학, 자연철학, 법학, 의학 등)으로 나누어 제시하였고, 교과 내용은 참일 것(law of truth), 교과를 분할할 것(discreteness of subjects), 조직적으로 배열할 것(pedagogical arrangement of topics) 등을 중심으로 그 원리를 제안하였다(이지헌, 김희봉 역, 2016). 나아가 3학 4과를 효율적으로 배우는 방법으로 1시간 강의(수업), 2시간 개인공부(실습, 자기 글로 정리 등), 이후 교수 앞에서 발표 및 시험을 보고 최종적으로 토론 논쟁을 하면서 적용하는 방법으로 진행할 것을 제안하였고, 이를 실천하여 개신교 국가들의 교육에 변화를 초래하였다. 이러한 맥락에서 그는 실천적인 목적으로의 공부를 강조한 것이며, 실제적인 연습을 중시한 것으로 성실히 공부함으로써 모든 어려움을 이겨낼 수 있다(hard work conquers all)고 하였다.

Harris는 1898년 「교육의 심리학적 기초」를 통해 학교교육이 이성의 발달을 최우선으로 하여 학생의 올바른 습관 형성과 교양교육을 통한 시대의 지혜를 전수하는 역할을 해야 한다고 주장했다. 문화의 기본적인 교과로 언급한 '영혼의 5개의 창(窓)'은 1) 언어의 기술적·과학적 연구로서 문법, 2) 문학과 예술, 3) 수학과 물리학, 4) 생물학, 5) 일반사회, 지리, 역사를 중심으로 교사는 학생이 질서, 시간 엄수, 정숙, 근면의 기본적 임무를 지키도록 훈련시켜야 한다고 보면서 교과목을 중심으로 교육의 가치를 강조하였다.

교과중심의 교육과정이 다른 유형보다 매우 오랫동안 계속되면서 현재에 이르기까지 행해지고 있는 이유는 교과교육을 뒷받침해 주는 여러 가지 이론들이 오늘날에도 많이 논의되고 있기 때문이다. 이 중 교과중심 교육과정을 지지하고 있는 이론으로 '형식도야설'(mental/formal discipline theory)을 꼽을 수 있다.

이것은 J. Locke가 주장한 백지설과 능력심리학에 토대를 두며, 전이효과와 연결시켜 생각해 볼 수 있다. 이 이론에 따르면 기본 능력인 기억력, 추리력, 의지력, 상상력 등만 잘 훈련되면 그 효과는 여러 가지의 특수한 분야에 걸쳐서 일반적으로 전이된다. 즉, 수학을 배우면 수학 자체의 내용을 배우는 것이 중요한 것이 아니라 수학을 배우는 과정을 통하여 추리력, 논리력, 문제해결력 등이 발달되어 이것이 다른 문제사태에 전이된다. 팔의 근육을 단련시키는 것처럼 기억, 추리, 상상 등과 같은 기본적 정신기능이 적합한 교과의 학습을 통하여 훈련되고 도야되어 또 다른 곳에 전달되어 영향을 미친다고 가정한다.

형식도야설은 의지, 기억, 주의, 판단, 추리력과 같은 인간의 지적 능력이 특별한 교과의 학습을 통해 형성된다고 본다. 형식도야설에서 교육의 목적은 심근을 단련시키는 것이고, 그 결과는 정신을 도야시키는 것으로 본다. 그리고 이 방법은 능력의 반복적인 연습이다. 훈련의 전이가 자동적으로 보장되기 때문에 소수의 능력을 학습해도 훌륭한 인간을 길러낼 수 있다고 본다. 따라서 교육내용은 심근을 발달시키는 데 효과적인 7자유학과로 내용보다는 '형식'을 중요시한다. 결국, 인간의 마음이 지각, 기억, 상상, 추리, 감정 및 의지 등과 같은 정신능력으로 구성되어 있으므로 이를 단련시키는데 적합한 이론적 교과를 선정하여 반복적으로 연습시킴으로써 어느 생활 분야에도 적용될 수 있는 일반적인 능력을 도야시킨다는 교육관으로 볼 수 있다.

이처럼 신체가 운동을 통해 단련되는 것과 같이 정신도 마찬가지로 훈련을 통해 단련될 수 있다는 형식도야설에 따르면, 인간의 제(諸)능력이 교과의 학습에 의해 적절히 도야될 수 있으며, 그로부터 얻은 힘은 다른 교과목의 학습으로 전이될 수 있다. 뿐만 아니라 그 전이는 생활의 복잡한 문제 장면까지 나아가게 된다는 관점을 주지시켜 왔다. 따라서 인간의 제능력을 도야하기 위해서는 무엇보다도 교과 내용의 선정과 조직이 잘 이루어져야 한다는 결론에 이르게 된다. 이 이론은 전이 실험을 거치면서 부정되었으나, 최근 뇌의 능력별 담당 부위나 훈련을 통한 가소성(plasticity)에 의해 지지되기도 한다.

😊 의의 및 한계

교과중심 교육과정의 의의는 다음과 같다. 첫째, 인류의 문화유산을 효과적으로 전달하는 데 용이하다. 보편타당한 전통적인 지식은 선대들의 경험의 결과이고 검증받은 것이므로 후대 학생들에게 주로 강의법이나 암송법으로 전달한다.

둘째, 교과중심 교육과정 조직은 단순하고 간편하다. 즉, 교육과정의 체계적인 조직이 간단명료하고, 이해하기 쉽게 짜여 있다는 것이 특징이다. 이것은 전달하고자 하는 교과내용이 명확하며 가르치는 사람이 수월하게 교육과정을 편성·운영할 수 있다는 장점이 있다.

셋째, 교과별로 정리되어 체계적으로 가르치기 쉬우며, 필요에 따라 간단히 변경이 가능하다. 교과중심 교육과정은 지식이나 개념 또는 원리를 중심으로 체계적이고 논리적으로 정리된 것이기 때문에 단일 교과 내 한정된 범위 내에서 간단히 위치를 재배치, 재배열하여 재구성할 수 있다.

넷째, 교과중심 교육과정은 평가하기 쉽다. 교수·학습 결과에 대한 평가가 용이하고 객관적인 측정이 쉽다. 따라서 학생들이 얼마나 지식을 배웠고, 기능을 익혔는지 즉각적인 판단을 할 수 있으며, 이것은 내용의 숙달에 필요한 연습이 성취에 큰 영향을 미친다는 것을 알 수 있다.

다섯째, 교과중심 교육과정은 교사나 부모가 전통적 교육을 받은 세대이기 때문에 이런 교육을 받아온 학생들로부터 지지를 받는다. 즉, 기존의 질서와 사고방식, 삶의 문화양식을 그대로 전수받게 하여 교육이 사회문화 재생산의 역할을 도울 수 있게 한다.

한편, 교과중심 교육과정의 한계는 다음과 같다. 첫째, 가장 비판의 대상이 되는 지점은 인류의 문화유산을 타율적 학습으로 소극적으로 수용해야 하므로 능동적, 적극적인 학생의 활동을 기대할 수 없다는 것이다. 단편적인 지식 주입으로 인해 학생들은 수동적인 학습 태도를 가지게 되고, 사고력과 창의력 등과 같은 고등정신능력 함양이 어렵다. 일률적으로 교재가 부여되고 학습 활동은 한정된 교과 영역에서만 행해지므로 교육의 획일화, 기계화, 전제화를 면할 수 없다. 따라서 학생의 적극적이고 능동적인 의견제시와 토의토론 등과 같은 수업방법을 적용하기가 요원하고 한정적이다.

둘째, 교사 중심 수업이어서 학생들의 흥미, 능력, 요구가 무시당할 가능성이 높다. 정해진 계획과 조직으로 출발하기 때문에 모든 수업의 통제는 교사의 손에 달려 있다. 따라서 지식과 기능의 신장에 중점을 두게 되므로 학생 개인의 의견이나 문제, 욕구 등을 반영할 수 없다(장인실 외, 2007).

셋째, 현대 학교의 교과는 예술, 체육, 실과를 포함하고 있으나, E. Eisner가 비판한 대로 여전히 국어, 영어, 수학, 과학 등 전통적이고 논리이성적인 주지교과를 우선적으로 강조하고, 감정과 정서, 몸과 건강, 사회성 개발 등을 돌보는 활동이나 프로젝트를 소홀히 한다.

넷째, 교과가 과거 문화유산을 조직한 것이기 때문에 현대 사회문제와는 동떨어진 과거의 지식교육만 강조한다는 비판을 받는다(한국교육과정학회, 2017). 전통 문화유산은 과거의 지식 틀 안에 갇혀 있어 현재 상황에 적합하지 않을 경우 힘을 발휘하지 못하게 된다. 과거에 얻은 지식은 현재에 살고 있는 학생들의 문제 해결을 위한 자료이자 수단이지, 지식 그 자체가 목적이 아니기 때문이다. 또한, 앞으로 일어날 미래에 대한 예측과 상상력을 신장시키는 것은 매우 어렵다.

다섯째, 민주적 가치관을 습득하는 것이 어렵다. 민주적인 학교는 학생에게 사회성, 협동성, 관용성 등과 같은 다양한 민주적 특성을 길러 주려고 하지만, 학생들의 구체적인 생활경험을 떠나서 교과목에 종속되어 지식을 습득하는 것은 민주적인 배움을 경험하기 어렵다. 여러 나라의 교과에는 국가의 체제를 옹호하는 정치이념적인 교과나 종교적 신앙을 강조하는 교과를 강조한다. 이로써 학생들은 기존 사회의 전통을 옹호할 수 있으나 자주독립적인 개인으로 성장하는 데 제약을 받는다.

여섯째, 직업적이고 실용적인 교과목을 소홀히 한다. 누구나 직업교육을 받아야 하지만, 인문교과를 중시하는 전통적인 교과교육에서는 이들을 중요하게 보지 않는다. 현대 과학기술과 직업기술 및 생활기술을 실험, 실습, 실기를 통하거나 손발과 온몸을 움직여서 익혀야 하지만 활동중심의 교육 훈련은 전통적인 교과교육에 밀려서 학교교육에서 상대적으로 낮은 지위와 작은 비중을 차지하고 있다.

교육의 목적과 내용

교과중심 교육과정은 인간을 이성적·논리적 존재로 만드는 것을 교육의 목적으로 본다. 또한 인간을 사회적 존재로 만들어주는 문화전통의 전수를 주된 목표로 삼는다. 문화유산의 전수를 목표로 삼는 교과중심 교육과정에서는 '교수 목적을 위해 인류문화 유산의 핵심적인 것을 체계적으로 조직해 놓은 것'을 교과로 본다. 즉, 학생이 학교에서 학습하기로 정해진 교과 체계인 교수요목(syllabus)을 교육내용으로 규정한다.

따라서 교육내용은 가장 전통적인 교육으로 문화유산의 내용, 교과의 논리적 체계, 이성의 단련, 형식도야, 지적인 인격형성 등에 관한 내용이 주를 이루고 있다. 우리나라의 2015 개정 교육과정에서는 단원별로 성취기준을 설정하여 교과의 내용과 활동이 견고한 모습을 보이고 있다. 현대의 교육과정은 학습자와 사회의 요구를 존중하고 있으나 여전히 학교의 일정은 교과 수업을 중심으로 이루어져 있고, 주요한 시험과목들은 교과목명으로 공지된다. 교과 외에도 교과 사이의 간 학문적 통합적·융합적 학습주제가 가능하고, 교과 외에 창의적 체험활동이나 특별활동이 가능하다고 해도 이는 여전히 특별한 경우에 사용하거나 학교교육과정의 주변부에 머문다.

수업 방향과 원리

교과중심 교육과정 조직과 운영의 핵심인 교과란, 교수 목적을 위해 인류의 문화유산을 체계적·논리적으로 조직한 것이다. 교과중심 교육과정은 각 교과 자체의 논리와 체계를 조직적으로 학습자에게 교수하는 것이 교사의 주된 역할이며, 교육과정 설계에 있어서도 강의식, 주입식 방법에 의해 학생에게 전달하는 것을 주된 원칙으로 삼는다(오천석, 1979).

교과에 기반을 둔 교육내용의 가치를 옹호하는 사람들은 교과의 체계적인 내용조직이 인간의 경험을 효과적으로 해석하는 데에도 꼭 필요하다고 본다. 과학자가 새로운 조사를 행하고 새로운 의미를 발견하는 도구로서 사실적인 지식과 원리들의 체계적인 조직을 이용하는 것과 같이, 개인은 구축된 여러 개념과 법칙에 자신의 현재 경험을 관련지어 해석해봄으로써 교과교육의 내용이 현재의 경험을 해석할 수 있는 체계를 마련해 줄 수 있다고 본다.

교과중심 교육과정에 기초한 수업 방향과 원리는 인류의 문화유산이 담긴 교과 전수가 교육의 목적이 될 때, 해당 교과에 정통한 교사는 학생보다 월등히 많은 지식을 갖게 되는 교사 중심의 교육을 전개한다. 해당 교과에 정통한 교사가 전문지식이 없는 학생들에게 논리적으로 체계적인 교과를 전달하는 방식을 가능하게 하며, 수업은 교사의 설명을 중심으로 강의법 및 암송법을 중심으로 진행하게 된다(양미경, 2020). 체계적이고 논리적으로 조직한 문화유산인 교과이기 때문에 교과의 선(線)을 중시하는데, 단일 교과에 초점이 맞추어져 있고, 교과서와 교재를 중심으로 수업에서 한정된 영역의 학습이 이루어진다.

교과중심 교육과정의 조직은 원칙적으로 교과별로 내용이 조직되고, 교과별 지식의 체계가 중시된다. 하지만 각 교과가 가지고 있는 내용이 다른 교과의 내용과 너무 괴리됨으로써 교육의 효율성과 효과성을 거두기 힘들다는 비판이 제기될 수 있다(김재복, 1991). 그리하여 이를 극복하기 위한 노력으로 여러 가지 서로 관련된 조직 유형이 나타났다. 이를 나누어 보면 다음과 같이 분과형 교육과정, 상관형 교육과정, 광역형 교육과정으로 나누어 살펴볼 수 있다.

첫째, 분과형(separated) 교육과정은 각 교과 또는 과목들이 다른 교과 또는 과목과 횡적인 연관이 전혀 없이 분명한 종적인 체계를 가지고 조직된 교육과정을 말한다. 즉, 교과 간에 전혀 연관이 없도록 조직된 형태의 교육과정이다. 이러한 형태의 교육과정 조직 형태는 교과 내 개념이나 내용들이 간단한 것에서 복잡한 것으로, 구체적인 것에서 추상적인 것으로, 쉬운 것에서 어려운 것으로, 가까운 것에서 먼 것으로, 그리고 필요에 따라서 연대순으로 조직된다. 분과형 교육과정은 교과 또는 과목이 분리 독립되어 하나의 완전한 체계를 이루고 있기 때문에 계열성이 다른 어느 형태보다도 분명하다는 것이 특징이다. 이처럼 분과형 교육과정은 교과 내의 고유한 가치 체계와 위계를 가지고 있기 때문에 교과가 지식을 논리적인 방법으로 습득할 수 있게 하고 이로 인해 깊이 있는 내용의 추구가 가능하며, 이것은 인간에게 필요한 여러 측면의 정신 능력 가운데 특정한 능력을 계발시킬 수 있다는 원리를 제공한다.

둘째, 상관형(co-related) 교육과정은 교과 내용을 무너뜨리지 않으면서 두 개 또는 그 이상의 교과나 과목을 서로 관련시켜 내용을 조직하고 가르치는 교육과정(inter/multi-disciplinary)을 말한다. 이러한 형식의 교육과정은 각 교과목이나 교재가 상호 분리되고 고립되면 가르치는 데에 통일성이 없기 때문에 분산적인 교육내용을 서로 관련시켜 가르치려는 데서 비롯되었다(윤성한, 2017). 내용을 서로 상관시키는 형식으로는 ① 사실적 내용을 둘러싼 지식과 정보의 상관, ② 공통적인 통칙이나 원리를 활용하는 원리의 상관, ③ 도덕적인 것이 강조되는 규범의 상관을 살펴볼 수 있다(김재복, 1996). 이러한 상관의 형태들은 사전 계획과 내용 조직을 위해서 상관되는 내용을 동일한 시대나 계절, 또는 월간 및 주간에 배정하여, 필요에 따라 팀티칭으로 가르칠 수 있다.

셋째, 광역형(broad-fields) 교육과정은 상관형 교육과정보다 한층 더 교과목 간의 구분을 해소하고 보다 넓은 영역에서 사실이나 개념 또는 원리들을 조직하는 교육과정(trans-disciplinary)이다. 이것은 영국의 Thomas Huxley에 의해 제창되어 1920년대부터 많이 활용되었다. 즉, 같은 교과 영역의 부류에 속하는 여러 세부적인 과목의 내용을 분석해서 세부적인 과목의 체계에 따르지 않고, 이들을 포괄할 수 있는 주제를 설정하여, 이 주제와 관련된 지식이나 개념 또는 원리들을 관련시켜 조직하는 방식이다. 이러한 방식은 초등 저학년의 통합교과, 중등학교의 통합사회, 통합과학에서 그 예를 찾아볼 수 있다. 사회과는 하위과목을 어떤 주제나 원리 아래 통합한 것이며, 과학은 물리, 화학, 생물, 지구과학 등에서 중요 내용을 선정하여 조직한 것이다. 따라서 오늘날 다양한 하위과목을 아우른 사회, 과학, 기술, 예술 등은 이러한 광역형 교육과정에 속하며, 특히 과학과의 STEAM도 이에 속한다.

교과중심 교육과정은 지식을 전달하는 데 그 주된 목적이 있기 때문에 적합한 수업방법으로는 강의법, 토의법, 관찰법, 탐구법 등이 있다. 분석적이고 계열적인 수업 접근 방법이 필요하며, 학생들에게 필요한 구체적 지식, 기능을 밝히고 이들을 난이도에 따라 위계를 구성한 다음 가장 효과적인 교수·학습 방법을 모색한다. 공학적 접근 과정으로 수업체제 설계, 프로그램 수업, 연습과 훈련 등과 같은 수업모형도 모색된다.

교과중심 교육과정에 가장 대표적인 수업모형으로는 한국교육개발원에서 개발한 모형을 들 수 있다(한국교원연수원, 2011). 이 모형은 교수학습이 다인수 학급에서 이루어지고 있는 우리나라의 현실을 고려한 것으로 Glaser의 수업모형과 절차를 중시한 교육공학적 모델을 사용한 것이다. 이 수업모형은 5단계로 구성되는데, 5단계는 계획, 진단, 지도, 발전, 평가 단계로 다음과 같이 제시되었다.

표 2.1 한국교육개발원 수업모형

단계	Ⅰ 계획단계	Ⅱ 진단단계	Ⅲ 지도단계	Ⅳ 발전단계	Ⅴ 평가단계
주요 내용	• 진단, 지도, 발전 평가, 네 단계 계획 세우기	• 과제 수행 전 학생들의 학습할 준비 확인하기	• 도입, 전개, 정리단계로 수업 진행하기	• 수업을 통한 목표 달성 확인 및 환류하기	• 학생들이 성취한 학습결과 최종 평가하기

🌐 평가 방향

평가는 지필 검사용 시험지를 사용하여 정기적으로 평가하며, 학업 성취 정도나 학생의 집단 속의 상대적 서열을 강조하고 평점을 강조하는 특성을 가지고 있다(홍후조, 2018). 따라서 교과중심 교육과정은 학생들이 정보를 획득하였는지, 기본 기능을 숙달하였는지, 그리고 합의된 가치들을 내면화하였는지를 측정해 내는 일이 평가의 주요 과제다. 평가는 사실, 지식, 기능 그리고 가치가 효과적으로 전달되었는지를 결정하려는 목적을 띠게 된다.

교육과정 재구성 시 고려 사항

교육과정
- 인간을 이성적, 논리적 존재로 만드는 것을 교육의 목적으로 삼고, 인간을 사회적 존재로 만들어주는 문화전통의 전수를 주된 목표로 삼음.
- 교과는 교수 목적을 위해 인류문화 유산의 핵심적인 것을 체계적으로 조직해 놓은 것임.

교수·학습
- 교과 자체의 논리와 체계를 조직적으로 학습자에게 교수하는 것이 교사의 역할임.
- 강의식, 주입식 방법에 의해 문화유산의 내용을 전달하는 방식을 취함.

평가
- 지필 검사 방식의 정기적 평가를 중심으로 학업 성취 정도나 평점을 강조함.
- 정보 획득, 기본 기능 숙달 등을 측정하며, 사실, 지식, 기능 및 가치가 효과적으로 전달되었는지를 확인함.

제3절 | 교육과정 재구성 사례

 ▶▶ ● 개요

주제	인권 존중과 정의로운 사회	학년(군)	5~6학년
관련 교과	교과내 (○) 교과통합 ( )	관련 유형	교과중심 교육과정
성취기준	[6사02-01] 인권의 중요성을 인식하고 인권 신장을 위해 노력했던 옛사람들의 활동을 탐구한다. [6사02-02] 생활 속에서 인권 보장이 필요한 사례를 탐구하여 인권의 중요성을 인식하고, 인권 보호를 실천하는 태도를 기른다. [6사02-03] 인권 보장 측면에서 헌법의 의미와 역할을 탐구하고, 그 중요성을 설명한다. [6사02-04] 헌법에서 규정하는 기본권과 의무가 일상생활에 적용된 사례를 조사하고, 권리와 의무의 조화를 추구하는 자세를 기른다. [6사02-05] 우리 생활 속에서 법이 적용되는 다양한 사례를 제시하고, 법의 의미와 성격을 설명한다. [6사02-06] 법의 역할을 권리 보호와 질서 유지의 측면에서 설명하고, 법을 준수하는 태도를 기른다.		
교육과정 유형과 재구성 방향	• 교과중심 교육과정은 지식의 분야를 체계적으로 엮은 교과에 의존하고 있다. 이것은 인류가 지내 온 경험을 통하여 발견된 사실이나 진리를 학습자들에게 잘 설명하여 이해시키고, 그들이 훌륭한 성인으로 성장할 수 있도록 가르치는 데 목적을 둔다. • 교과중심 교육과정의 기본 입장은 전통적 문화유산과 학문적 성취 가운데 본질적인 것을 선정하여 교과로 조직하고 이를 학생에게 전달하여 학생의 이성을 계발하는 것에 주된 관심이 있다. 따라서 인류 경험의 유산인 지식의 논리적 체계를 이룬 개념, 사실, 원리 등이 핵심 내용이 된다. • 교과중심 교육과정은 지식이나 개념 또는 원리를 중심으로 체계적이고 논리적으로 정리된 것이기 때문에 단일 교과 내 한정된 범위 내에서 간단히 위치를 재배치, 재배열하여 재구성할 수 있다.		
재구성을 통한 기대 효과	• 역사를 돌아보면 인권 침해는 주로 지배층의 횡포나 사회적 차별에서 비롯되었다. 이러한 인권 침해를 막기 위해 선포된 '세계 인권 선언문'은 국민들의 인권을 법으로 보장할 것을 요구하고 있다. 즉, 국민의 기본권을 보호하기 위한 가장 확실한 방법은 자유민주국가의 헌법인 것이다. 이어 최상위법인 헌법에 따라 하위법들이 제정되고 이를 지킴으로써 인권을 보장받을 수 있는 것이다. • 그런데 본 단원의 내용을 살펴보면 첫 주제인 '인권의 의미와 중요성'에 이어 '법의 의미와 역할'에 대해 다루고 마지막 주제로 '헌법'에 대해 학습하도록 구성되어 있다. 그러나 이러한 순서는 기본권 보장과 헌법의 역할을 관련 짓기 어렵고 학습의 흐름도 어색하다. 따라서 학습 내용의 맥락에 맞게 '인권의 의미와 중요성', '헌법의 의미와 역할', '법의 의미와 역할' 순으로 수업을 재배치할 때 인권과 인권 보장에 대한 개념을 명확하게 이해할 수 있을 것이다.		

기존 차시별 수업 재구성

기존 내용				재구성 내용		
주제	차시	차시별 학습 활동		주제	차시	차시별 학습 활동
단원 도입	1	단원 학습 내용 예상하기		단원 도입	1	단원 학습 내용 소개 및 평가 계획 안내
① 인권을 존중 하는 삶	2	인권이란 무엇인지 알아보기		① 인권과 인권 보장	2	인권이란 무엇인지 알아보기
	3	인권 신장을 위해 노력했던 옛 사람들의 활동 살펴보기			3	인권 보장은 어떻게 이루어지는지 알아보기
	4	인권 신장을 위한 옛날의 여러 제도 알아보기		② 헌법과 인권 보장	4	헌법이란 무엇인지 알아보기
	5	인권이 침해된 사례 찾아보기			5~6	인권 보장을 위한 헌법의 역할 알아보기
	6	인권 보장을 위한 노력 알아보기			7~8	헌법에 나타난 국민의 기본권과 의무 알아보기
	7	인권 보호를 생활에서 실천하기			9	바람직한 권리와 의무의 관계 알아보기
② 법의 의미와 역할	8	법이란 무엇인지 알아보기		③ 법의 의미와 역할	10	법이란 무엇인지 알아보기
	9~10	우리 생활 속에서 법 찾아보기			11~12	우리 생활 속에서 법 찾아보기
	11	법의 역할 알아보기			13	법의 역할 알아보기
	12~13	법을 준수해야 하는 까닭 알아보기			14~15	법을 준수해야 하는 까닭 알아보기
③ 헌법과 인권 보장	14	헌법의 의미 알아보기		④ 인권을 존중 하는 삶	16	인권이 침해된 사례 찾아보기
	15~16	인권 보장을 위한 헌법의 역할 알아보기			17	인권 보장을 위한 노력 알아보기
	17~18	헌법에 나타난 국민의 기본권과 의무 알아보기			18	인권 신장을 위해 노력했던 옛사람들의 활동과 옛날의 여러 제도 알아보기
	19	바람직한 권리와 의무의 관계 알아보기			19	인권 보호를 생활에서 실천하기
단원 정리	20~21	단원 학습 내용 정리 및 사고력 학습		최종 수행 과제	20~21	'인권과 인권 보호'를 주제로 하는 홍보용 6컷 만화 만들기 (A4 크기로 개별 제작)

재구성 차시별 수업

차시	학습 활동	주요 교수·학습 활동 내용	시간	자료
1차시	단원 도입	단원 학습 내용 소개 및 평가 계획 안내	40분	평가계획서
2~3차시 (인권)	인권의 의미와 인권 보장	• 인권 문제가 대두되게 된 이유 알기 • 인권의 의미와 구체적인 인권 보장 내용 알아보기 • 인권 보장이 어떻게 이루어지는지 알아보기	80분	사진자료 동영상자료
4~9차시 (헌법)	헌법의 의미	• 헌법을 제정한 이유를 알아보기 • 헌법에 담겨진 내용 알아보기	40분	헌법 내용 자료
	인권을 위한 헌법의 역할	• 헌법이 인권을 보장해주는 사례를 알아보기 • 헌법 재판소의 역할 알아보기 • 두 권리가 충돌할 때 어떻게 결정해야 하는지 토론하기	80분	인권 보장 사례
	국민의 기본권과 의무	• 헌법으로 보장되는 국민의 기본권 알아보기 • 헌법에서 정한 국민의 의무 알아보기	80분	관련 동영상 자료
	권리와 의무의 관계	• 권리와 의무가 일상에서 어떤 모습으로 나타나는지 알아보기 • 권리와 의무가 충돌할 때 해결 방안 토의하기	40분	권리와 의무 충돌 사례
10~15차시 (법)	법의 의미	• 사례를 통해 법이 무엇인지 알아보기 • 다른 규범과 비교하며 법의 성격 알아보기	40분	법이 적용되는 사례
	우리 생활 속의 법 찾기	• 우리 생활에 적용되는 법 자세히 살펴보기 • 일상에서 필요한 법 생각해 보기 • '착한 사마리아법' 알아보기	80분	일상에 적용되는 법 사례
	법의 역할	• 개인의 권리보장과 사회질서가 지켜지지 않는 경우 알아보기 • 법의 필요성 탐색하기	40분	법의 역할 사례
	법을 준수해야 하는 까닭	• 법을 지키지 않아 발생하는 문제 알아보기 • 법을 지키지 않았다면 어떤 일이 발생할지 생각해 보기 • 법을 위반한 사례로 모의재판 시연하기	80분	모의재판 대본

차시	학습 활동	주요 교수·학습 활동 내용	시간	자료
16~19 차시 (인권 존중)	인권 침해 사례 찾기	• 인권 침해 사례 알아보기 • 우리 주변에서 일어나는 인권 침해 사례 찾아보기	40분	인권 침해사례
	인권 보장을 위한 노력	• 인권 보장을 위한 우리 사회의 노력 알아보기 • 국가인권위원회에 대해 알아보기	40분	인권 보장의 사례
	인권 신장을 위한 옛사람의 노력	• 인권 신장을 위해 노력했던 옛사람들의 활동 알아보기 • 인권 신장을 위한 옛날의 여러 제도 알아보기	40분	인권 신장에 힘쓴 인물, 제도
	인권 보호의 실천	• 인권 보호를 위한 실천 방법 알아보기 • 인권을 보호하기 위한 여러 방법을 생활에서 실천하기	40분	인권 보호 실천방안
20~21 차시 (수행 평가)	수행평가	• '인권과 인권 보호'를 주제로 하는 홍보용 6컷 만화 만들기(A4 크기로 개별 제작)	80분	색연필 사인펜

본시 주제	인권의 의미와 인권 보장	차시	2~3/21
성취기준	[6사02-01] 인권의 중요성을 인식하고 인권 신장을 위해 노력했던 옛사람들의 활동을 탐구한다. [6사02-02] 생활 속에서 인권 보장이 필요한 사례를 탐구하여 인권의 중요성을 인식하고, 인권 보호를 실천하는 태도를 기른다.		
학습 목표	인권이 무엇이며 어떻게 지켜지는지 설명할 수 있다.		
수업 의도	본 차시는 인권에 대한 개념과 인권 보장이 어떻게 이루어지는가를 명확하게 이해하도록 하는 데 주안점을 두었다. 특히 인권을 보장해주어야 하는 주체가 국가와 사회임을 알고 인권 보장은 법치, 곧 법을 통해 보호한다는 인권 보장의 원리에 대해 쉽게 이해할 수 있도록 수업을 설계하였다.		

단계	교수·학습 활동 내용		교수·학습 자료
동기유발	■ 동기유발 • 사진 속의 사람들에게 필요한 최소한의 것은 무엇이라고 생각하는가? • 이러한 것들이 꼭 필요하다면 그 이유는 무엇이라고 생각하나? • 우리가 사람답게 살기 위해 필요한 것들은 무엇이며 어떻게 보장받는지 알아보자.	– 음식, 옷, 안전... – 사람이 살기 위해서 꼭 필요한 것이니까	■ PPT 자료
학습문제 확인	■ 학습 문제 　인권이 무엇이며 어떻게 지켜지는지 설명해보자. ■ 학습 활동 〈활동1〉 인권이란 무엇인가? 〈활동2〉 인권은 어떻게 지켜지는가?		
인권의 개념 이해	〈활동1〉 인권이란 무엇인가? 〈전체활동〉 ■ 사람답게 살기 위해 필요한 것 • 사진 속의 사람들을 보고 이 사람들이 사람답게 살기 위해서 필요한 것들을 생각해 보자.	– 사람이 사람답게 살기 위해 필요한 것 생각해 보기	■ 포스트잇 보드마카

단계	교수·학습 활동 내용		교수·학습 자료
인권의 개념 이해	■ '인권'의 의미 이해하기 • 여러 사람이 생각한 내용을 보고 공통점을 찾아보자. • 이렇게 사람이 사람답게 살기 위해 필요한 것을 가질 권리를 '인권'이라고 한다. ■ 세계인권선언에 대해 알아보기 • 위에서 본 사진의 내용으로 보아 인권을 보호받기 어려운 때는 언제일까? • 1, 2차 세계대전 후 인권 보장의 필요성을 깨닫고 '세계 인권 선언'을 하게 됨	– 의식주 생활에 필요한 것 – 자유, 평등 – 행복하기 위해 필요한 것 – 전쟁이 일어났을 때 – 인권선언을 하게 된 이유 이해	■ PPT 자료 ■ 세계인권 선언문 인권선언 동영상
인권 보장의 원리 이해	〈활동2〉 인권은 어떻게 지켜지는가?		
	■ 인권을 보장해주는 주체 • 다음 삽화로 보아 사람들이 인권을 보호해달라고 요구하는 대상은 누구인가? ■ 인권은 어떻게 지켜지는가? • 국가나 사회가 인권을 반드시 보장하게 하려면 어떻게 해야 할까? • 인권을 보장하는 법–헌법 • 좀 더 세세한 인권을 보호하려면 어떻게 해야 할까? • 헌법과 법 외에 인권 보장을 위해 할 수 있는 일은?	– 국가와 사회 – 법으로 정한다. – 법을 좀 더 자세히 만든다. – 인권을 보장해야 한다는 생각을 갖게 하는 것(홍보, 공익광고 등)	■ PPT 자료 ■ 인권을 위해 노력하신 분들 관련 동영상
정리·평가 및 차시 예고	■ 학습내용 정리 및 평가 • 오늘 학습한 내용을 정리, 기록하고 설명해보자. • 인권의 의미는 무엇인가? • 인권은 어떻게 지켜지는가? ■ 차시 예고–헌법의 의미	– 사람이라면 누구나 갖는 사람답게 살 권리 – 법을 통해 보장하고 사람들이 인권을 보호해야 한다는 생각을 갖게 한다.	■ 개인 활동지에 서술평가 ■ 짝 활동으로 구술평가

■ 평가 및 피드백

교과중심 교육과정의 수업 내용은 주로 지식의 논리적 체계를 이룬 개념, 사실, 원리 등이 핵심 내용이 된다. 본 차시에서는 인권에 대한 개념과 인권 보장의 원리를 명확하게 이해하도록 하는 데 주안점을 둔다.

따라서 평가 역시 인권의 의미와 인권이 어떻게 보장되는가에 대한 이해 정도라고 할 수 있다. 평가 방법은 학생들이 목표하는 정보를 획득하였는가를 측정할 수 있는 서술이나 구술을 활용한다. 학생들은 배운 내용을 개별학습지에 서술하고 이를 교사가 피드백하여 검증된 서술 내용을 짝 활동을 통해 구술하여 상호 평가가 이루어지도록 한다.

■ 수업 tip

본 수업은 학생들이 인권에 대한 개념을 명확하게 하고 인권 보장의 주체와 그 주체가 어떠한 방법으로 인권을 보장해주어야 하는가를 이해하는 데 주안점을 둔다. 인권 관련 수업은 초등학교 고학년이라고 해도 쉽게 이해할 수 있는 주제는 아니다. 그럴수록 그 개념과 관련된 원리를 명확하게 지도할 필요가 있다.

본 수업에서는 인권이라는 추상적인 개념을 구체화하기 위해 학생들에게 사람답게 살기 위한 기본적인 조건들을 찾도록 하고 학생들이 발표한 내용에서 인권 보장 요소를 스스로 찾도록 지도한다. 또한 설명보다는 교과서 삽화를 활용하여 인권 보장의 주체나 헌법에 의한 인권 보장 등을 쉽게 이해할 수 있도록 설계한다.

제 3 장

학문중심 교육을 위한 교육과정 재구성

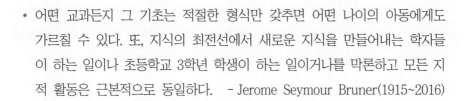

• 어떤 교과든지 그 기초는 적절한 형식만 갖추면 어떤 나이의 아동에게도 가르칠 수 있다. 또, 지식의 최전선에서 새로운 지식을 만들어내는 학자들이 하는 일이나 초등학교 3학년 학생이 하는 일이거나를 막론하고 모든 지적 활동은 근본적으로 동일하다.   - Jerome Seymour Bruner(1915~2016)

제1절 ┃ 기본 관점

　학문중심 교육과정은 학문의 기본 아이디어를 강조하고, 학생들로 하여금 학자들이 자신의 연구를 수행하는 것과 유사한 방법으로 탐구활동에 참여하게 하는 교육과정이다. 여기에서는 지식의 구조와 지식 탐구 과정의 조직을 교육과정으로 본다. 즉, 학생들이 지식의 구조를 교과의 탐구 방법을 통해 학습하도록 함으로써 지식의 구조를 심층적으로 이해하여 새로운 문제 사태에 쉽게 전이할 수 있도록 하는 교육과정이다. 이것은 교과중심 교육과정을 고도화한 것이다. 여기서 '지식의 구조'란 교과의 성격을 드러내는 핵심 개념과 원리를 포함하는 근본적인 아이디어의 체계를 의미하며, 지식의 구조를 학습한다는 것은 해당 분야의 사물이나 현상이 어떻게 관련되어 있는가를 학습하는 것이다. 지식의 구조는 다음과 같은 의미를 가진다(Bruner, 1960).

첫째, 지식의 구조는 학습 내용을 쉽게 이해할 수 있도록 해준다. 이는 다양한 구체적인 사례를 보는 안목을 제공하며 이러한 안목은 그 내용을 쉽게 이해할 수 있도록 해준다.

둘째, 학습 내용을 오래 기억할 수 있게 해준다. 원리나 개념을 중심으로 개별적 사실들을 조직하고, 그 원리나 개념에서 다시 개별 사실들을 추리해냄으로써 학습 내용을 오래 기억할 수 있게 해준다.

셋째, 새로운 사태에 적용할 수 있다. 개별적 사실들을 연결하여 얻게 된 일반적인 원리는 다른 새로운 개별적 사실이나 현상에 쉽게 적용할 수 있다.

넷째, 초등지식과 고등지식의 간극을 줄일 수 있다. 학문의 기본 원리인 지식의 구조와 그 탐구 방법을 익히게 되면 초보자도 전문 학자들이 하는 것과 같은 종류 혹은 수준의 일을 하게 되는 것이므로 초등지식과 고등지식의 간극을 줄일 수 있다.

> 학문중심 교육과정은 학생들이 지식의 구조를 교과의 탐구 방법을 통해 학습하게 함으로써 이를 심층적으로 이해하여 새로운 문제 사태에 쉽게 전이할 수 있도록 한다. 학문중심 교육과정에서 교육과정이란 지식의 구조와 지식 탐구 과정의 조직을 뜻한다. 각 교과는 핵심 개념과 원리, 법칙, 이론 등을 요소로 한 견고한 구조로 조직될 필요가 있고, 학생들은 이를 익혀서 해당 현상이나 세계를 그 관점으로 파악하기를 기대한다.

등장 배경

국가 간 비교나 경쟁이 치열할 때에는 학생들이 얼마나 알고 있느냐가 교육 성과의 주요 지표로 등장한다. 1920~30년대 미국에서는 교과중심 교육과정이 경험 중심의 진보주의에 의해 위축됨에 따라 자연스럽게 교과가 전달하려는 내용이나 지식의 상대적 비중이 약화되고 이에 따라 학생들의 학력은 저하되었다. 그러다가 1957년 세계 최초의 인공위성인 스푸트니크(Sputnik 1호)가 소련에 의해 발사된 것이 미국의 기존 교육과정을 개혁하는 촉진제가 되었다. 냉전시절 옛 소련과의 경쟁에서 미국이 결정적인 우세를 획득하지 못한 것에 대한 희생양을 찾던 전통적 보수주의자들은 경험주의 교육, Dewey 교육의 일상적 실천, 생활과 구분되지 않는 비교적 쉬운 학습 과제가 주어지는 생활적응 교육과정을 지목했다. 특히 산업사회에서 국가 경쟁력 향상에 중요한 현대 수학과 과학 분야가 제대로 가르쳐지지 않은 것을 비판하고, 새롭게 구조화하여 가르칠 것을 제안하였다.

이러한 경향에 따라 과학재단 등의 후원으로 1959년 Woods Hole(MA.) 회의가 개최되었다. 이 회의에는 당시 미국의 과학, 수학, 심리학 등의 석학 30여 명이 모여 교육의 새로운 방향을 논의하였다. 회의 결과는 J. Bruner의 회의보고서(1960)인 「교육의 과정(The Process of Education)」으로 출간되었으며, 이 저서에서 '학문의 구조'라는 관점에 기반을 둔 교과 지식 체계화 및 탐구 원리를 제공하였다. 저서의 주요 내용은 교육과정에 포함될 교과 내용의 핵심이 되는 기본 구조를 찾아내고 그것을 학습자 스스로 탐구하도록 조직하는 것이다. 한마디로 교과는 '학문'이어야 한다는 것이다. 또한 과학 기술의 발달로 인한 지식의 폭발적 증가는 한정된 학교교육 기간 동안 수많은 지식 가운데 어떤 것을 엄선하여 가르칠 것이냐 하는 문제를 제기하게 되었고, 그 결과 학문에 내재해 있는 전이가 높은 지식과 기술을 가르쳐야 한다고 하였다.

우리나라의 경우 제3차 교육과정(1973~1981)부터 학문중심 교육으로의 접근을 지향하였다. 이 교육과정에서는 각 학문에 내재한 지식의 구조와 그 지식을 탐구하는 과정에 관심을 기울였다. 이를 위해 각 교과의 주요 개념이나 그들 사이의 관계로서 원리 등 지식의 구조를 밝히고, 학생들이 지식의 구조를 탐구를 통해 발견할 수 있도록 교과연구자들은 그 교과의 지식을 체계화하는 일에 열중하였다. 그런데, 이는 수학, 과학 교과 등에 더 적절한데 다른 모든 교과에 확대 적용하여 각 교과의 지위를 공고화하는 데 사용되면서, 도리어 새로 출현하는 지식과 기능을 수용하기 어려워졌다.

😀 주요 학자 및 이론

학문중심 교육과정의 주장은 Woods Hole 회의의 종합보고서인 Bruner의 「교육의 과정」에서 시작하여 H. S. Broudy, P. H. Phenix P. Hirst, R. S. Peters 등을 거쳐 발전해 갔다. 학문중심 교육과정을 주창한 Bruner는 다음과 같은 주장을 하였다(Bruner, 1960).

첫째, 지식의 구조를 중심으로 교육과정을 운영하여야 한다. 지식을 꿰뚫는 기본 개념 및 원리인 지식의 구조를 파악하는 것은 한 가지 현상을 여러 가지 현상과의 관련에서 이해하고 그 여러 현상들이 서로 어떻게 관련되어 있는지를 구조적으로 학습하는 것이다.

둘째, 학습자 스스로 탐구 학습하는 발견학습을 중요하게 여겼다. 발견학습은 지식의 구조를 학습자들이 스스로 발견하고 그것을 다양한 문제에 생산적으로 적용하도록 하는 학습 방법으로, 학습자 자신의 적극적인 탐구활동을 통해 발견적으로 습득해 나가는 것을 의미한다. 발견학습의 과정은 일반적으로 탐구문제의 제기-현상 설명의 가설 설정-가설의 체계적 검증-탐구 결과의 해석 및 적용으로 이루어진다.

셋째, 나선형(spiral) 교육과정을 통해 어떠한 내용이라도 표현만 달리하면 어느 수준의 아동에게나 가르칠 수 있다고 보았다. 나선형 교육과정은 지식의 기본 개념과 원리를 반복하되 발달 단계가 높아짐에 따라 질적으로 심화되고 양적으로 취급 범위가 넓어지는 나선 조직을 의미한다.

지식의 구조와 관련하여 이홍우 (2006) 역시 교과를 가르친다고 하는 것은 학생들이 탐구하고 이해하는 일이어야 하며, 교과에 대한 안목, 즉 보이지 않는 것을 보는 힘을 기르는 것이어야 한다고 강조하였다.

그림 2.1 나선형 교육과정

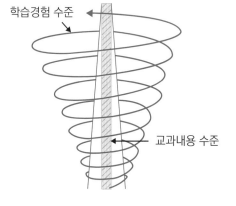

학습경험 수준

교과내용 수준

🙂 의의 및 한계

학문중심 교육과정의 의의는 다음과 같다.

첫째, 기억과 학습 전이가 용이하다. 전이는 이전의 학습이 새로운 학습 혹은 문제 해결에 영향을 미치는 것을 의미하는데, 학문중심 교육과정은 기본적이고 핵심적인 개념, 원리를 학습하여 기억이 쉽고 전이가 용이하다.

둘째, 체계화된 지식의 교육내용을 선정하여 교육과정을 구성하므로 능률적인 교수 및 학습이 가능하다. 이를 통해 질 높은 교육을 기대할 수 있다.

셋째, 학문의 탐구에서 얻어지는 희열은 강력하고 지속적인 내적 동기를 유발시킨다. 이를 통해 학문 자체에 대한 즐거움을 누릴 수 있다.

넷째, 자기주도적 학습 능력과 창의성 신장에 도움이 된다. 학습자들이 학자들의 연구와 유사하게 능동적으로 구체적인 사례들을 탐구하고 이를 연결하여 지식의 구조를 발견하는 과정에서 자기주도적인 학습 능력과 창의성이 길러질 수 있다.

이에 비해 학문중심 교육과정의 한계는 다음과 같다.

첫째, 학생들에게는 매우 높은 정도의 읽고 쓰는 능력과 추상적 관념을 다룰 수 있는 능력, 탐구활동을 지속할 만한 내적 동기 등이 필요하다. 학년의 수준에 맞게 해석되지 않으면 이해 불능 상태가 되므로 학업 성취도가 떨어지는 학생에게는 어려운 교육과정이다.

둘째, 개별 교과의 지위를 공고히 하여 교과 간 단절이 심화될 수 있다. 개별 교과의 핵심적인 개념인 지식의 구조를 강조하기 때문에 다른 교과와 통합되기 어려워 교과 간의 단절을 심화시킬 수 있다. 또, 이 교육과정은 수학, 과학 분야의 교과목을 중심으로 한 일부 교과에 더욱 적합한데, 거의 모든 교과에 무차별적으로 적용되어 각 교과가 그 지위를 공고히 하는 데 사용되었다. 그래서 새로운 분야의 지식이나 기능이 새로 교육과정에 포함될 가능성이 낮아졌다.

셋째, 지식의 구조에 대한 중시는 정의적 교육을 소홀하게 하는 원인이 된다. 즉, 학습자의 마음 상태(흥미, 관심, 소질, 적성 등)를 소홀히 한다.

넷째, 교사들은 가르칠 교과의 학문 및 탐구 방법에 대해 상당한 정도의 특별 훈련이 필요하다. 초임교사나 교과를 구조적으로 배우지 않은 교과의 교사들은 가르치기가 쉽지 않다.

즉, 학문중심 교육과정은 교육과정 자체로서는 높은 수준의 완성도를 지니지만, 그것은 학생의 형편이나 교사들이 실제 처한 형편을 미처 고려하지 못한 것으로, 교실 밖의 전문가들에 의해 각종 교수학습 자료가 개발된 만큼 전문성은 높았으나, 실제 개발 과정에 참여하지 못한 교사들은 이를 교실에서 잘 가르치기 어렵다는 평가를 받고 있다.

제2절 | 교육과정 재구성 방향

교육의 목적과 내용

학문구조 중심 관점에 따르면, 교육의 기본 목적은 지식의 구조를 파악함으로써 학습자의 지력을 개발하는 것이다. 탐구(inquiry)를 어떻게 하면 학문의 구조를 발견할 수 있고 그러한 과정을 통해 학습자의 지력이 개발될 수 있을까? 만약 학생들이 개별 교과의 학문적 구조, 지식의 구조를 이해한다면 이해를 더 빨리할 수 있고, 자연을 이해하기 위하여 자연 속에 있는 모든 것에 일일이 부딪혀 볼 필요가 없다. 지식을 이해하는 과정에서는 그 분야의 전문가들이 하는 일이나 어린 학생들이 하는 일 모두 원리의 탐구라는 근본적인 성격에 있어서는 같은 것이다. 그러므로 어떤 교과든지 그 기초적인 것(기본 구조)을 잘 조직하여 표현(번역)하면 어떤 연령에 있는 어떤 아동에게도 가르칠 수 있다고 본다.

각 학문(교과)은 나름의 독특한 기본 개념, 주제, 원리, 법칙, 공식, 일반화의 아이디어가 어떤 법칙 하에 상호 관련되어 특정 의미를 띠는 구조를 갖고 있다. 학문의 구조는 선정된 기초적인 요소들이 상호관련성을 지니는 일정한 틀을 제공한다. 이에 따라 학문중심 교육과정에서는 급변하는 사회에 적극적으로 대처하고 발전의 흐름을 주도하기 위해서 학습자의 지적 수준을 높이는 것이 필요하다고 보며, 따라서 학생들에게 학자들이 하는 것과 같은 일, 즉 지식의 기본 원리(지식의 구조)와 학문의 탐구과정을 익히도록 하는 것을 목적으로 삼는다.

학문중심 교육과정에서 교육내용은 구조화된 지식이다. 교과의 기본적인 개념을 담고 있는 지식의 구조를 중요 내용으로 본다. 이는 지식의 구조가 개별 사실을 이해·기억·응용할 수 있게 해 학습의 전이를 용이하게 해 준다고 보기 때문이다. 조직은 내용의 선정을 전제로 한다. 학문중심 교육과정은 각 학문의 기본 아이디어를 교육과정 개발의 출발점으로 삼고 있어서 보다 근본적인 개념을 찾아낸 뒤 기본 아이디어를 중심으로 그 내용들을 조직해 간다. 이렇게 학교급에 따라 교육과정 내용의 깊이와 폭을 더해 가도록 지식을 구조화하는 것을 나선형(spiral) 조직 방식이라 부른다. 나선의 경우 학교급별 혹은 여러 학년별로 크게 반복·확대할 수도 있고, 학년 혹은 학기 내에서 작게 반복·확대할 수도 있다.

학문중심 교육과정의 교육내용 선정 준거로는 내적 준거와 외적 준거가 있다. 먼저 내적 준거로는 첫째, 기초적인 것(학문의 기초가 되는 것은 중요하고 기본적인 것으로, 이를 알면 적용 범위가 넓고 새로운 지식을 더욱 많이 만들어낼 수 있다.), 둘째, 학문의 구조(선정된 기초적인 요소들이 상호관련성을 가지게 하는 일정한 틀을 제공한다.), 셋째, 경제성(지식과 정보를 처리함에 있어 요약, 순차성, 기호화 등을 통해 단순하게 하여 경제적으로 습득되도록 해야 한다.)이 있다. 다음 교육내용 선정의 외적 준거로는 교육목표와의 관련성, 학습자의 학습 가능성, 사회에의 적합성 등이 고려된다.

수업 방향과 원리

학문중심 교육과정에서는 지식의 구조를 가르친다. 지식의 구조를 가르친다는 것은 학생들로 하여금 학자들이 하는 일과 본질상 동일한 일을 하도록 한다는 것을 의미한다. 수업에서는 학자들이 하는 일, 관심 분야를 탐구하는 일을 하도록 해야 하므로 당연히 탐구과정이 중시된다. 학문의 탐구과정에서 얻게 되는 발견의 희열은 내재적 동기가 되어 탐구과정을 지속시킨다. 지식의 구조를 습득하면 학습자들은 학습내용을 이해하기 쉽고, 기억하기 쉬우며, 학습 이외의 사태에 전이 혹은 적용할 수 있고, 초보지식과 고등지식의 간극을 좁힐 수 있게 된다.

학문은 저마다 탐구대상이 다르며 이를 탐구하는 최적의 기법, 즉 탐구 방법 또한 다르다. 교과의 구조를 가장 적절하게 파악할 수 있는 최적의 탐구 방법은 내용 못지않게 중요하다. 그러므로 조사, 토론, 실험, 실습, 관찰, 실기 등과 같은 탐구활동도 학문의 내용을 선정할 때 함께 선정되어야 한다.

학문중심 교육과정을 기반으로 한 수업을 설계할 때의 특징은 다음과 같다(홍후조, 2018).

① 단일 교과 내에는 단일 학문으로 제한하여 조직한다.

② 소수의 근본적인 개념 혹은 원리를 정선하여 구조화한다.

③ 학습자의 인지 발달 단계와 지식의 표현 양식을 관련시킨다.

④ 지식의 탐구 절차, 자료 제시 순서, 실험실 활용 등을 통해 학습자의 능동적인 탐구와 발견을 강조한다.

⑤ 학습자의 학습 성향 파악과 동기유발, 문제 해결 과제, 해석할 자료, 설계해 볼 실험과제를 제시하여 학습자가 교과의 구조에 관한 통찰력과 탐구행위를 경험하게 한다.

⑥ 교사는 정보를 제공하는 자원으로 활동하기보다는 학문적 탐구활동을 시범으로 보여 주는 사람이어야 한다.

한편 학문중심 교육과정에서는 나선형 조직을 중요시한다. 나선형 교육과정은 교육내용을 반복하여 제시하되 그 교육내용의 깊이와 폭을 더해가도록 지식을 구조화하는 것이다. 학문중심 교육과정에서는 교육내용인 지식의 구조가 학문의 기본적인 것이므로 초등수준과 고등수준에 질적인 차이가 있을 수 없으며, 학년별, 학교별 수준에 따라 깊이와 폭이 달라질 뿐이라고 본다.

학문중심 교육과정을 적용한 학습모형의 예로 '탐구학습 모형'을 들 수 있다. '탐구'는 학습자 스스로 어떤 물리 현상을 설명하는 가설을 설정하고, 그 가설을 체계적으로 검증하여 결과를 해석하는 방법을 터득하는 가운데 결론이나 일반화에 이르도록 하는 것으로, 탐구학습 모형의 일반적인 절차는 다음과 같다(한국교육연수원, 2011).

표 2.2 탐구학습 모형의 일반적인 절차

단계	문제 파악	가설 설정	탐색	증거 제시	결론 및 일반화
주요 내용	• 문제의 발견 및 동기 유발 하기	• 변인을 파악하여 가설 세우기	• 가설을 뒷받침하는 자료 조사 및 탐구 방법 선택하기	• 가설을 사실과 결부하여 분석하기 등	• 가설의 타당성 확인하기

학문중심 교육과정에서 활용하는 탐구 방법으로는 발견학습이 있다. 발견학습은 학습과 관련된 세 가지 활동, 즉 사실을 아는 획득 과정, 사실을 다루는 변형 과정,

자신의 아이디어를 점검하는 평가 과정이 동시에 일어나도록 구안된다. 일반적으로 학생들에게 구체적 사례나 문제를 제시한 후 교사의 도움으로 학생들 스스로 지식의 구조를 발견하도록 하는 과정을 말한다. 한 가지 예로 '고대 문명'은 거의 대부분 비옥한 큰 강 연안에서 발생했다는 최소 사실을 제시하면 학생들은 토의를 통해 그 이유와 산악, 사막 등의 지역에서 문명이 발생하기 어려운 까닭을 발견할 수 있다.

이때 교사는 문제와 관련된 적절한 질문을 함으로써 학생의 발견을 이끌어 내야 한다. 그렇게 하기 위해 교사는 가르치고자 하는 교과의 구조에 정통해야 하고, 스스로 해당 교과에 대한 탐구심을 가지고 있어야 하며, 학생의 직관적 사고와 분석적 사고를 탐구과정에 활용하는 방법을 알아야 한다. 또한 발견학습, 탐구학습에서 그 교과의 원리학습에 도움이 될 수 있는 적절한 교구와 절차 및 방법을 사용해야 한다.

😃 평가 방향

평가에서는 학생들이 획득한 지식, 학생들이 경험한 탐구의 본질, 교사들이 가르칠 내용의 개별적 구조를 측정해 내려고 노력한다. 또한 학생들이 학문의 개념적 구조에 관해 통찰력을 획득했는가, 학생들이 실제 탐구행위를 경험하는가와 같은 문제들이 평가의 주된 관심거리다. 평가 방법으로는 학생들에게 해결해야 할 문제를 제안하거나 해석할 자료, 설계해야 할 실험과제 등을 제시한다.

교육과정 재구성 시 고려 사항

교육과정	• 소수의 근본적인 개념이나 원리를 정선하여 구조화함. • 학문의 기본 아이디어인 지식의 구조와 지식 탐구 과정의 조직을 강조함.
교수·학습	• 교사가 최소 사실을 제시하면 학생들이 탐구와 실험, 조사, 토의를 통해 발견을 이끌어내도록 함. • 학습자가 학자와 같은 탐구 방법으로 교육활동에 참여하게 함.
평가	• 학습자가 학문의 지식의 구조를 파악하였는가, 탐구 과정이나 발견학습 과정을 익혔는가를 평가 대상으로 함. • 평가 방법으로 학생들이 해결해야 할 문제, 설계해야 할 실험과제 등을 제시함.

개요

주제	시원한 학교 만들기	학년(군)	5~6학년
관련 교과	교과내 ( ) 교과통합 (○)	관련 유형	학문중심 교육과정
성취기준	[6과01-01] 일상생활에서 온도를 어림하거나 측정하는 사례를 조사하고 정확한 온도 측정이 필요한 이유를 설명할 수 있다. [6과01-02] 온도가 다른 두 물체를 접촉하여 온도가 같아지는 현상을 관찰하고 물체의 온도 변화를 열의 이동으로 설명할 수 있다. [6과01-03] 고체 물질의 종류에 따라 열이 전도되는 빠르기를 관찰을 통해 비교하고 일상생활에서 단열을 이용하는 예를 조사할 수 있다. [6과01-04] 액체나 기체에서 대류 현상을 관찰하고 대류 현상에서 열의 이동을 설명할 수 있다. [6미02-03] 다양한 자료를 활용하여 아이디어와 관련된 표현 내용을 구체화할 수 있다.		
교육과정 유형과 재구성 방향	〈교육과정 유형과 수업 접목〉 • 학문중심 교육과정을 과학과에 접목한다. • 학문중심 교육과정은 학습 내용을 쉽게 이해하면서 내용을 오래 기억하고 그것을 바탕으로 새로운 사태에 적용하는 것으로, 탐구 방법을 통해 지식의 구조를 심층적으로 이해하고 새로운 문제 사태에 쉽게 전이할 수 있도록 하는 것이다. • 학습내용을 쉽게 이해하고 오래 기억하기 위해 과학의 열의 이동, 온도, 단열 등의 핵심 개념을 실험을 통해 학습하였고, 실험 전에 프로젝트의 미션을 제시하여 배운 지식이 프로젝트를 해결하기 위한 탐구임을 학생들이 느끼도록 한다. 〈재구성 방향〉 • 물체의 상태(고체, 액체, 기체)에 따른 열의 이동 방식과 특징을 '시원한 학교 만들기'라는 프로젝트로 연결시킨다. • 단열이 잘 되지 않는 학교에 적용한 프로젝트이다. • 오래된 우리 학교는 머지 않아 리모델링을 할 것이다. 학교 건물을 어떻게 리모델링하면 더운 여름에도 에어컨을 많이 사용하지 않는 친환경 건물이 될 것인가?를 미션으로 제시하여 학생들이 배운 지식을 문제 해결로 연계하고 내적 동기에 의한 학습이 되도록 한다. • 열과 온도 관련 성취기준 4개와 창의적 표현을 위해 미술의 표현 영역의 성취기준을 수업에 적용한다. • 미술의 성취기준을 가져오긴 했으나 예술적인 면보다는 과학적 지식을 바탕으로 한 표현이 더 중요하다.		
재구성을 통한 기대	이 수업은 획득한 과학적 지식이 우리의 삶과 관련이 있음을 알고 학생들이 탐구하는 자세를 갖는 기회가 되도록 디자인한다. 단순한 지식 습득이 아닌 문제를 해결하기 위해 여러 가지 실험을 하고 그것을 바탕으로 실생활에서 어떻게 적용할 것인가에 대해 토론, 조사, 관찰, 실험을 계획하고 탐구하는 자기주도적 수업을 경험하기를 기대한다.		

성취기준 풀기

성취기준	성취기준 풀기	
	내용기준	수행기준
[6과01-02] 온도가 다른 두 물체를 접촉하여 온도가 같아지는 현상을 관찰하고 물체의 온도 변화를 열의 이동으로 설명할 수 있다. [6과01-03] 고체 물질의 종류에 따라 열이 전도되는 빠르기를 관찰을 통해 비교하고 일상 생활에서 단열을 이용하는 예를 조사할 수 있다. [6과01-04] 액체나 기체에서 대류 현상을 관찰하고 대류 현상에서 열의 이동을 설명할 수 있다.	온도, 대류, 전도	대류 현상 설명하기, 단열을 이용하는 예 조사하기
[6미02-03] 다양한 자료를 활용하여 아이디어와 관련된 표현 내용을 구체화할 수 있다.	아이디어 표현	단열이 되는 학교 디자인하기

주요 핵심 개념 추출

학생들이 성취해야 하는 핵심 지식	학생들이 성취해야 하는 기능
학생들은……을 알 것이다.	학생들은……을 할 수 있을 것이다.
• 단열, 대류, 열의 이동의 개념 • 단열이 이용되는 예	• 단열에 대한 자료를 수집하고 분석하기 • 단열이 되는 학교를 디자인하고 제작하기 (표현하기)

학습요소

주요 학습요소	• 온도, 전도, 대류, 열의 이동, 단열	교과역량	• 문제해결 • 의사소통	기능	• 문제 인식 • 탐구 설계와 수행 • 자료의 수집·분석 및 해석

평가계획

평가 기준 / 성취 수준	대류의 개념을 설명할 줄 알며 단열의 예를 조사하여 시원한 학교 모형을 제작할 수 있다.		
	대류의 개념과 열의 이동 설명하기	단열의 예 조사하기	시원한 학교 모형 제작하기
상	대류의 개념을 알고 대류 현상에서 열의 이동을 설명할 수 있다.	여러 자료 중에서 단열의 예를 두 가지 이상 조사할 수 있다.	단열과 대류의 개념을 바탕으로 시원한 학교 디자인을 구체화하여 제작할 수 있다.
중	대류의 개념을 알고 있으나 대류 현상에서 열의 이동에 대한 설명이 정확하지 않다.	여러 자료 중에서 단열의 예를 한 가지 정도 조사할 수 있다.	단열과 대류의 개념을 바탕으로 시원한 학교 디자인을 하였으나 모형 제작이 되지 않았다.
하	대류의 개념을 잘 알지 못하고 대류 현상에서 열의 이동을 설명하지 못한다.	여러 자료 중에서 단열의 예를 찾지 못한다.	단열과 대류의 개념을 바탕으로 시원한 학교 디자인이 되지 않았고 모형 제작도 되지 않았다.

차시	학습 주제	주요 활동 내용	학습전략
1	탐구문제제기	• 학교에서 에어컨을 가장 많이 사용하는 곳은 어디일까? • 우리 교실(고학년교실)은 여름에 다른 곳보다 왜 더 더울까? • 시원한 학교를 어떻게 만들 수 있을까? • 오래된 우리 학교가 리모델링이 된다면 어떤 방법으로 시원한 학교가 될 수 있을까?	문제제시
2	장소에 따른 온도 조사하기	• 학교에서 가장 온도가 낮은 곳과 높은 곳 예상하기 • 예상한 장소 여러 곳을 다니며 온도를 재보기 • 장소마다 온도가 다른 이유 탐색하기 • 시원한 학교 만들기 프로젝트에 필요한 실험 찾기	조사
3~4	열의 이동 실험1(고체)	• 고체에서 열은 어떻게 이동할까? • 고체에서 열의 이동 실험 설계하기 • 고체에서 열이 이동하는 현상과 방법 설명하기 • 고체의 종류에 따른 열전도의 차이 찾아보기	개념 익히기, 지식쌓기 (실험활동1)
5	열의 이동 실험2(액체)	• 액체에서 열은 어떻게 이동할까? • 액체에서 열의 이동 실험 설계하기 • 온도가 다른 두 액체를 섞으면서 변화 살펴보기 • 어떤 변화가 일어났는지 탐색하기	개념 익히기, 지식쌓기 (실험활동2)
6	열의 이동 실험3(기체)	• 기체에서 열은 어떻게 이동할까? • 기체에서 열의 이동 실험 설계하기 • 기체에서 열의 이동의 특징 살펴보기(대류의 개념 이해하기) • 기체에서 열이 이동하는 현상과 방법 설명하기	개념 익히기, 지식쌓기 (실험활동3)
7	탐구문제 해결방법 찾기	• 탐구문제(시원한 학교 만들기)와 열의 이동과의 연관관계 찾기 • 시원한 학교디자인과 단열과의 관계 탐색하기 • 가설 세우기 　1. 여름에 에어컨을 많이 사용하지 않으면서 시원한 학교가 되려면 단열이 잘 되게 학교를 설계하면 될 것이다. 　2. 단열이 잘되는 것은 벽의 두께, 재질, 건물의 크기, 높이, 방향 등과 관련이 있을 것이다.	탐색

차시	학습 주제	주요 활동 내용	학습전략
8~9 (수업 예시)	시원한 학교 디자인 (설계도 작성)	• 자료검색(단열이 잘 되어 있는 건축물과 그 특징) • 학교 건물의 위치, 단열, 주변 상황 생각하여 시원한 학교 디자인하기 – 시원한 학교가 될 수 있는 방법을 설계도에 넣어보기	아이디어 생성
10	디자인의 문제점과 수정 방법 찾기	• 시원한 학교를 위한 우리 모둠의 설계도 설명하기 • 다른 모둠이 디자인한 학교의 문제점 찾아 표현하기 • 다른 모둠이 지적한 문제점을 수정할 수 있는 방법 토의하기 • 설계도 수정하기	검증
11~12	시원한 학교 만들기	• 수정된 설계도를 바탕으로 시원한 학교 모형 제작하기 • 시원한 학교모형 만들기에 필요한 다양한 자료를 제공하기 • 설계도(평면)를 입체로 어떻게 표현할 것인지 생각하여 표현하기 • 계속적인 토의를 통해 모둠협력 학습으로 작품 완성하기	탐구문제 해결
13	전시회	• 전시회장에 작품 설치하기 • 제작한 작품에 대한 설명서 작성하기 • 다른 모둠의 작품 평가하기 • 프로젝트 소감 나누기	내면화

4 ▶▶ **수업 사례**

▶▶ 수업 개요

본시주제	시원한 학교를 위한 설계도 만들기
성취기준	[6과01-03] 고체 물질의 종류에 따라 열이 전도되는 빠르기를 관찰을 통해 비교하고 일상생활에서 단열을 이용하는 예를 조사할 수 있다. [6미02-03] 다양한 자료를 활용하여 아이디어와 관련된 표현 내용을 구체화할 수 있다.
학습 목표	단열 방법을 생각하여 시원한 학교의 설계도를 그릴 수 있다.
수업 의도	시원한 학교 만들기 프로젝트를 실현하는 수업이다. 지금까지 학습한 열의 이동에 대한 개념을 단열과 연계시켜 여러 아이디어를 모아 시원한 학교 제작을 위한 설계도를 제작하는 수업이다. 설계도라고 해서 정교하거나 전문적인 설계의 방법을 사용하는 것이 아니라 단열을 중점으로 학교의 건물을 간단한 디자인으로 표현하는 수업이다. 이 수업은 과학적 지식과 창의적 생각을 접목하여 표현하는 수업이다. 모둠별로 제작하는 것이므로 모둠토의를 바탕으로 하는 협력적 수업이 이루어지면 더욱 효과적이다.

▶▶ 수업 활동

주요 학습 활동 순서

학습미션제시 ▶ 자료검색 (태블릿pc 활용) ▶ 설계를 위한 모둠별 토의 ▶ 시원한 학교 디자인하기

수업 안내

■ **학습문제(미션)제시(동기유발 및 학습문제 제시)**

> 우리 교실은 하루종일 에어컨을 사용해야 하는 교실이다. 왜 우리 학교는 이렇게 더울까? 더운 여름에도 에어컨을 적게 사용할 수 있는 친환경적인 학교를 만들려면 어떻게 해야 할까? 이것을 위해 지금까지 여러 실험을 바탕으로 더운 바깥의 열기가 실내로 들어오지 못하게 하는 방법을 생각하여 시원한 학교를 만들기 위한 설계도를 제작해보자.

- **자료검색(개별학습)**
  - 시원한 학교 설계를 위해 참고할 것을 검색해보자.(태블릿 활용)
  - 단열이 잘 되어 있는 건축물을 찾아보자
  - 다른 자료도 찾아보자.

- **시원한 학교 설계를 위한 토의(모둠토의)**
  - 내가 검색한 자료를 친구들과 공유해보자.
  - 우리 학교를 시원한 학교로 만들려면 무엇이 가장 필요할까?
  - 내가 생각하는 시원한 학교의 조건을 말해보자.

- **시원한 학교 디자인하기(모둠작업)**
  - 학교 건물의 위치, 단열, 주변 상황을 생각하여 학교 설계도를 그려보자.
  - 역할 분담하기(의견 정리, 설계도 그리기, 수정 및 보완 등등)

- **평가 및 피드백**

  이 활동에서는 교사의 관찰 평가가 계속적으로 이루어져야 한다. 평가의 관점은 열의 이동에 대한 기본 지식이 정립되어 있는지 단열에 대한 개념을 갖고 있는지에 대한 개별 점검이 있어야 한다. 설계도 제작 시 모둠별로 활동하므로 교사는 학생들의 적극적인 참여를 위해 긍정적인 독려와 필요한 자료를 제공하면 좋다.

- **수업 tip**

  이 활동은 자신이 습득한 지식을 바탕으로 창의성이 강조되는 수업이므로 교사가 단편적인 지식이나 자세하고 친절한 안내는 피하는 것이 좋다. 스스로 고민하고 표현할 수 있는 편안한 교실 분위기를 조성하는 것이 필요하다. 활동 전 기본 지식을 쌓기 위한 실험과 자료조사가 필요하다. 활동시간이 예상보다 많이 걸릴 시에는 미술시간과 연결해도 좋다. 모둠별로 한 장의 설계도를 그리는 작업이므로 무임승차의 가능성이 있다. 모둠 구성이 4명을 넘지 않도록 하는 것이 좋다. 역할 분담을 하여 의견을 내는 모둠원과 설계도를 그리는 모둠원으로 나누어도 좋다. 여건이 허락된다면 자료 검색을 위해 태블릿pc를 활용할 수도 있다.

장소별 온도 조사	프로젝트를 위한 검색	모둠 토의	설계도 그리기
설계도	친구들의 반응 (동료평가)	단열을 위한 대처	모둠작업
학교의 컨셉 정하기	완성된 작품	전시회 준비	감상하기

제 4 장

성취중심 교육을 위한 교육과정 재구성

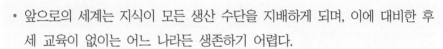

- 앞으로의 세계는 지식이 모든 생산 수단을 지배하게 되며, 이에 대비한 후세 교육이 없이는 어느 나라든 생존하기 어렵다.

  \- Alvin Toffler(1928~2016)

제1절 ㅣ 기본 관점

    학교교육에서 추구하는 바는 교육목표로 제시된 것을 학생들이 성취(achievement) 하는 것이다. 학생들의 학업적 성취를 보다 효율적이고 과학적으로 돕는 교육사조는 학습심리학이나 행동과학이다. 학교의 교육활동 전반을 성취중심이라고 표현할 수 있으나, 여기에서는 그중 학습 경험의 결과로 나타나는 학습자의 관찰 가능한 행동의 변화를 성취중심으로 정의하고자 한다. 이는 행동주의 교육과정을 바탕으로 한다.

    행동과학은 인간 행동이 어느 정도의 규칙성을 가지고 있다는 전제 하에 이를 과학적으로 연구하는 학문이다. 즉, 행동과학이란 교육학, 심리학, 사회학, 경영학 등이 상호 교차하는 영역에서, 인간의 개인적·집단적 행동 양식과 특성을 경험과학적으로 탐구하는 학문이다. 이를 바탕으로 한 행동주의 교육은 인간이 목적한 바에 따라 계획적으로 조작될 수 있는 존재라는 믿음을 바탕으로 한다. 행동주의에서는 변화의 방향과 목적을 찾는 일에 중점을 두는 것이 아니라 이미 교육 외부, 즉 사회, 기업, 문화, 국가 등에서 주어진 교육의 방향과 목적을 가지고 그 방향으로 변화시키는 일이 교육이라는 것에 중점을 둔다. 따라서 지식 습득의 결과로 나타나는 현상, 즉 행동의 변화에 그 목적이 있다고 볼 수 있다.

행동주의 심리학의 창시자는 E. Thorndike로 알려져 있다. 20세기 초의 정신 측정, 학습의 법칙, 수리심리학, 훈련의 전이 영역에서 그의 연구업적은 교육심리학 창시자로 그의 위치를 굳건하게 하였다. F. Bobbitt는 행동주의에 근거하여 교육과정 이론에 필요한 학술어(學術語)를 제공해 주었다. 그는 교육의 목표를 추출하고 내용을 선정하기 위해 성인생활을 분석하였고, '활동분석'이라는 용어를 사용하였으며, 이를 통해 구체적인 교육목표를 도출하였다(홍후조, 2018).

성취중심 교육과정은 인간 행동의 변화를 목적으로 하는데, 근본적인 학습 원리는 특정 자극을 지속적으로 가하여 특정 반응을 지속적으로 나타내도록 자극과 반응을 연합시키는 것이다. 이 교육과정에서는 인간 행동에 관한 과학적이고 체계적인 연구를 통해 인간의 특성을 규명하여 개인의 잠재능력을 최대로 개발하고, 집단의 능률향상을 도모하여 사회와 국가 발전에 기여하도록 하는 것을 의의로 삼는다.

등장 배경

1960년대에 교육과정의 큰 흐름이었던 학문을 중시하는 지식 위주의 교육과정에도 불구하고 학교에서는 수학과 과학을 제대로 가르치는 데 실패하고, 이전의 학습 방법으로 획득했던 많은 지식교육이 무시되고 있는 것에 대한 우려가 일기 시작하였다. 교사들은 지식의 구조만을 강조하여 그것을 반영한 자료를 학생들에게 제공하는 것보다는 제공된 자료를 효과적으로 전달하는 교육과정 개발에 훨씬 더 많은 투자를 해야 한다고 주장하였다. 그리고 교육과정 개발은 내용에 초점을 두는 것이 아니라 학생들이 학습한 행동과 학습의 조건에 초점을 두어야 한다고 보았다. 이는 체계화된 행동주의 심리학의 학습이론을 기초로 학생들의 학습이 환경 내의 사건들을 통제함으로써 촉진될 수 있다는 가정을 근거로 한다. 복잡한 지식과 정보를 분할하여 제공하고, 관련된 질문을 주어 학생들이 올바로 대답하면 넘어가고 답이 틀리면 교정과 재학습을 거쳐 완전학습에 이르게 한다는 것이다. 이처럼 학생들이 교과를 완전히 습득할 수 있도록 교육과정이 조직되어야 한다는 견해가 제시되었는데, 이것이 프로그램 수업(programmed instruction)을 통한 완전학습(mastery learning)이었다.

우리나라에서 성취중심의 행동주의 교육과정이 적용되기 시작한 시점을 정확하게 제시하기는 어렵다. 다만 1972년부터 이루어진 우리나라의 초중학교 교육발전사업으로 '새교육체제'가 개발되었는데, 여기에는 수업체제, 교육공학체제, 학교경영체제가 포함되며, 그중 수업체제에서 수업과정일반모형으로 '계획－진단－지도－발전－평가'의 5단계가 제시된 상황을 연관지어 볼 수 있다. 새로운 수업체제를 적용하기 위해 교사를 위한 수업지침서, 학생을 위한 배움책과 각종 평가자료가 개발되었는데, 배움책에는 진단학습 문항, 준비학습 자료, 수업 자료 및 연습 문제 등이, 평가자료에는 진단평가 문항, 형성평가 문항, 총괄평가 문항과 자료 등이 제공되어 학습자의 학업성취도 향상을 추구하였다(변영계, 전성연, 1977). 이는 행동주의 교육과정에서 제안하는 '수업 전－수업 중－수업 후'로 연계되는 일련의 과정을 반영한 것으로, 사실상 행동주의 원리가 반영된 성취중심의 교육과정 적용 사례로 볼 수 있다.

● 주요 학자 및 이론

행동주의 심리학의 창시자는 Thorndike이지만 이를 교육에서 활용한 사례는 Tyler부터로 볼 수 있다. Tyler(1949)는 1930년대 이후 공학적 산출지향 및 목표지향 교육과정이 발전하는 데 커다란 기여를 하였다. 그는 교육목표를 내용 차원과 행동 차원으로 분석하는 '이원목표분류법'을 제시하였고, 행동목표에 관한 그의 생각은 B. Bloom(1956)의 교육목표분류학의 선구적 토대로서 기능하였다. R.

Mager와 F. Keller는 행동적 원리에 따라서 교사들이 수업을 재설계하기 위해 사용할 수 있는 청사진을 제시하였다. 하나의 코스는 일련의 단계적인 행동으로 분석되고, 각 단계는 학생들이 다음 단계로 계속 나아가기 이전에 완전습득이 되어야 한다는 것이다.

행동주의 학습이론을 하나의 통합된 이론 체계로 설명하기는 어려우나 대부분의 행동주의 이론들이 인정하는 기본 가정들은 다음과 같다. ① 행동은 살아있는 유기체의 기본적인 특성이고, ② 대부분의 인간 행동은 학습된 것이며, ③ 행동과 환경자극 간에는 기능적 관계와 법칙성이 있고, ④ 행동의 형성, 유지 및 제거는 환경 자극에 좌우되며, ⑤ 행동의 변화는 유기체가 환경에 적응하는 방식으로 이루어진다는 것 등이다.

B. F. Skinner(1938)는 행동주의 심리학 분야에서 가장 대표적인 학자 중의 한 사람이다. 그는 실험심리학적 방법에 입각해서 인간 행동의 일반적 원리와 법칙을 찾아서 교육에 응용하는 데 공헌하였다. 이러한 공헌의 산물이 프로그램 수업이다. 흰 쥐를 이용한 실험 결과로 얻어진 그의 '작동적 조건 형성 모형'은 근본적으로 인간 행동은 어떤 외부의 영향력에 의해 어떤 형태로든 관찰할 수 있어야 하고 행동으로 드러날 수 있어야 한다고 가정한다. 작동적 조건 형성 모형을 구성하는 주요 변인은 '자극(stimulus) − 반응(response) − 강화(reinforcement)'의 세 가지인데, 반응적 행동이 일어나도록 하는 작동은 자연 자극의 통제와 강화의 제시 방식에 의해 결정된다. 인간 행동에 관한 이러한 실험적 분석의 근거 위에서 Skinner는 학교교육의 실제에 대한 예리한 분석과 비판을 함과 아울러 학교에서 수업의 효율화를 위한 방안으로 프로그램 학습을 제안하였다.

B. Bloom과 J. B. Carroll에 의한 완전학습모형, R. Gagné의 학습조건이론 등은 전형적인 행동주의 수업 모형이다. 이들은 매우 체계적인 수업 설계를 요구하는데, 대체로 교수목표 설정, 교수목표 혹은 학습과제 분석, 학습자 특성 규명, 교수환경 구성, 보충학습과 심화학습 기회 제공, 학업성취도 평가기준 마련, 표준화된 평가 결과에 따른 피드백 제공 등으로 이루어진다. 특히 Gagne(1974)는 9가지 수업 사태와 5가지 학습 결과를 제시하는데, 9가지의 수업 사태는 '주의집중 획득, 학습목표 제시, 사전학습 재생, 학습내용 제시, 학습 안내, 수행 유도, 피드백 제공, 수행평가, 전이/파지 촉진'이며, 5가지의 학습 결과는 '언어 정보, 지적 기능, 인

지 전략, 태도, 운동 기능'이다. J. M. Keller(1983)의 ARCS 모형, 즉 주의력(A), 관련성(R), 자신감(C), 만족감(S)도 학습동기유발을 위한 것이고, C. M. Reigeluth의 교수설계에서 정교화이론도 학업성취를 효과적으로 달성하기 위한 조직화 및 계열화 방법이다.

의의 및 한계

행동주의 이론을 바탕으로 한 성취중심의 교육과정이 갖는 교육적 의의로는, 첫째, 행동목표를 구체적이고 관찰 가능한 동사를 활용하여 진술함으로써 학습 결과를 분명하게 평가할 수 있도록 하였다는 점, 둘째, 학습 과제를 행동 목표로 진술하기 위해서는 구체적으로 측정이 가능한 지식이나 기능으로 분할해야 하는데 이는 교육목표의 분류, 완전학습 전략, 교육책무성 확대에 영향을 미쳤다는 점, 셋째, 수업의 과학화, 수업 전략 모색, 동기 유발과 강화 방법의 개발, 교수 설계 및 개별화 수업 모형 개발, 교수학습과정 전체의 체계적 평가 등을 발달시키는 데 기여하였다는 점 등을 들 수 있다.

반면, 행동주의 학습이론은 학습을 외현적이며 관찰 가능한 행동만으로 규정 지으려는 경향이 있고, 학습요소들 간의 관계를 해석함에 있어서 기계론적이며 결정론적인 입장을 취하고 있다. 학습목표의 진술에 있어서도 행동적인 경향이 지배적이며, 사전에 설정한 학습목표만 중요하게 여겨서, 문제해결적 목표나 진행 중 혹은 결과로 드러나는 성과를 소홀히 한다는 비판을 받고 있다. 또한 학습 과제의 위계적인 분석과 평가도구의 양적인 개발 및 기법에 있어 기술적인 처방을 하고 있다. 이와 같은 학습이론은 학습의 구성요소와 학습자가 처한 환경과의 상호작용적인 관계를 소홀히 다룸으로써 상황적 맥락과 관련이 없는 쓸모없는 지식의 학습을 조성한다는 점에서 비판의 대상이 되어 왔다. 또한 행동주의 경향의 교육 패러다임은 이론 구성에 대한 논리상의 문제와 실천적인 적용상의 문제로 인하여 한계점을 드러내게 되었다.

교육의 목적과 내용

　행동주의를 기반으로 하는 성취중심 교육과정의 궁극적 목적은 인간 행동의 변화이다. 이때 인간의 행동은 종착점 행동으로 기술되어야 하고 관찰가능한 행동으로 전환될 수 있는 기능이나 공식화된 내용으로 구성된다. 즉, 행동주의 관점에서 학습은 경험의 결과로 나타나는 관찰가능한 행동의 변화이며, 학습의 여부는 관찰 가능한 외현적 행동을 통해 확인할 수 있어야 하고, 학습이 이루어지는 현상을 과학적으로 이해하고 학습자의 환경을 통제하거나 변화시킴으로써 행동을 변화시키는 것이 중요하다.

　성취중심 교육과정에서 볼 때 교육목표에는 모호한 말들이 너무 많고, 교육과정 개발에 비체계적인 접근 방식들도 많다. 성취중심 관점에 의하면, 교육과정의 내용은 관찰 가능하고 측정 가능한 행동을 명세화한 진술문, 즉 '행동' 혹은 '성취수행' 목표로 기술된 일련의 기능들로 구성되어 있어야 한다. 성취중심 관점이 적용된 교육목표는 가치중립적·객관적으로 결정될 수 있으며, 도착점 행동으로 기술될 수 있는 목표만이 합당하다.

　학문중심 교육과정의 개발자들처럼 성취중심 교육과정의 개발자들도 일반적인 수준에서 출발한 뒤, 그로부터 보다 구체적인 것들을 분석해내는 방식을 활용하고 있다. 이 관점에서 볼 때, 구체적인 것이 도출되는 근원인 일반적 수준이란 학문구조형에서 말하는 일반적, 추상적 아이디어를 가리키는 것이 아니라, 교육과정을 통해 도달하려고 하였던 종착점 행동들로 이루어져 있다. 그러므로 가장 근본적인 아이디어로부터 출발하여 점점 더 그것을 정교화해 가는 학문구조형 접근 방식과는 달리, 이 교육과정은 가장 초보적이고 필수적인 기능으로부터 출발하여 종착점의 기능으로 단계적으로 발달해가도록 가르친다. 이러한 이유 때문에 성취중심 교육과정 조직 방식을 상향식이라고 부를 수 있다.

　이상의 내용을 바탕으로 성취중심 교육과정의 특징을 제시하면 다음과 같다 (김종윤 외, 2018).

① 구체적인 성취 수행 목표 제시: 학습 결과는 학습자의 최종 행동에 의하여 결정되어야 하므로 학습목표는 구체적이며 명세적이어야 한다.

② 외재적 동기의 강화: 올바른 반응을 했을 때, 칭찬, 상, 미소와 같은 긍정적인 결과를 주어야 하고, 잘못된 반응의 경우는 무시한다. 벌처럼 부정적 통제보다는 정적(positive) 강화를 사용하는 것이 더 효과적이다.

③ 수업의 계열화: 수업 내용은 쉬운 것부터 어려운 것으로 점진적으로 제시해야 한다. 또한 복잡하고 어려운 문제는 단순한 것으로 세분화하여 제시함으로써 세분화된 것을 성취하면 자동적으로 원래의 복잡하고 어려운 문제를 해결할 수 있는 것처럼 만들어야 한다.

④ 수업의 평가: 수업목표로서 진술된 행동목표 속의 행동이 평가되어야 하며 그 결과에 따라 피드백이 제공된다. 목표가 행동으로 진술되어 있기 때문에 관찰이 가능하므로 정확한 평가가 가능하다. 평가 결과는 원하는 행동을 보일 때까지 지속적인 피드백으로 연결되어야 한다. 학습목표 달성에 실패했거나 틀렸을 경우에는 보충학습을 제공한다.

💬 수업 방향과 원리

성취중심의 행동주의 교육과정은 전통적인 교육과정과 마찬가지로 교사 중심의 교수법과 시험에서의 성취수행을 강조한다. 학생들은 자신들에게 무엇이 기대되고 있는지를 비교적 뚜렷이 알고 있다. 또한 학생들을 과제 해결에 바쁘게 함으로써 교실에서의 행동도 그만큼 관리하기가 쉬워진다. 학생들은 단계적 반복을 통한 기능의 숙달과 성공적인 성취수행의 결과로써 긍정적 태도를 발달시킨다.

성취중심 교육과정에서는 행동을 유발하는 자극과 반응의 연쇄를 밀접하게 연합하는 강화와 벌을 조작함으로써 학습 과정을 통제한다. 따라서 잘 가르치는 교사는 특정 반응을 나타내는 자극들을 발견하여 그 자극들이 학습자에게 영향을 미치도록 교수-학습 환경 속에 효과적으로 배치하고, 그 속에서 연합이 잘 이루어지도록 체계적으로 강화를 처방하는 사람이다. 우선 '강화(强化)'는 어떤 특수한 반응이 일어날 확률을 증가시키는 모든 것을 말하는데 학습자에게 주어지는 상장, 보상, 칭찬 등이 있다. 강화에는 정적 강화와 부적 강화가 있다. 정적 강화는 어떤 행동이 일어난 직후에 주어졌을 때 그 행동이 장차 일어날 확률을 높이는 자극이고, 부적 강화는 어떤 행동이 일어난 직후에 제거했을 때 적절하지 않은 행동이 장차 일어날 확률을 낮추는 자극을 말한다. 다음으로 '벌(罰)'은 그가 원하는 어떤 것을 빼앗아가거나 또는 원하지 않는 것을 줌으로써 반응을 약화시키는 절차를 말한다.

성취중심 교육과정에서 활용 가능한 수업 모형으로 '프로그램 학습'과 '완전학습'을 들 수 있다. 프로그램 수업은 Skinner가 보다 발전시킨 것으로, 수업의 각 단계를 잘게 쪼개어 제시하며 각 부분이 성공적으로 학습되도록 즉각적인 피드백을 제공하는 특징이 있다. 완전학습은 Carroll의 학교학습이론에 기초하여 1960년대에 Bloom에 의해 개발된 독특한 교수이론으로, 학생들의 대부분(95%)이 수업의 내용을 약 90% 이상 학습하는 것을 완전학습이라고 보고 이를 이룰 수 있는 방법을 찾고자 노력했다. 우리나라에서는 1970년대에 한국행동과학연구소가 일선 학교 수업체제에 적용할 수 있는 완전학습을 위한 수업모형과 수업진행자료를 개발하면서 주목을 받았다. 완전학습 수업모형은 그 시기별로 '수업전 단계, 본수업 단계, 수업후 단계'로 나뉜다(한국교육연수원, 2011).

표 2.3 완전학습 수업 모형

단계	수업전 단계	본수업 단계	수업후 단계
주요 내용	• 기초학력진단 • 기초학력보충과정	• 수업목표 명시 → 수업 → 수업 보조활동 → 형성평가 → 제2차 학습 기회	• 총괄 평가 • 피드백

위 과정 중 본수업 단계에서 이루어지는 각 활동의 주요 내용은 다음과 같다.

표 2.4 완전학습 수업모형 중 본수업 단계의 일반적인 절차

단계	수업목표 명시	수업	수업 보조활동	형성평가	제2차 학습기회
주요 내용	• 학습목표 도달점 안내	• 충분한 학습 기회 제공	• 실험, 실습, 시범, 연습 등의 활동 제시	• 형성평가 이후 보충과정과 심화과정 실시	• 자율적인 협력학습의 기회 제공

◎ 평가 방향

성취중심 교육과정은 기능의 실행을 가장 중요시한다. 그러므로 교육과정이 목표로 삼았던 행동들을 학생들이 획득하였는가의 여부를 가장 중요한 평가의 문제로 간주한다. 따라서 행동을 객관적으로 양화하여 평가할 수 있는 방법이면 무엇이든지 적절한 것으로 받아들인다. 특히 학생의 성취수행을 준거지향 척도로서 측정하는 것을 선호한다. 왜냐하면 행동의 변화는 상대적인 것이 아니라 어떤 절대기준, 즉 성취를 준거로 그 준거에 도달하였는가 하지 못하였는가를 판단하는 것이기 때문이다. 이를 위해 모든 평가 방법은 충분한 신뢰도와 타당도를 갖추어야 한다.

그리고 성취중심 교육과정에서는 계열화된 과제에 대한 학습이 끝날 때마다 목표지향 평가를 실시하고, 그 결과에 따라 피드백과 교정을 제공한다. 이는 프로그램 학습이나 완전학습이 일련의 학습 절차를 작게 세분하여 각 단계마다 학습자의 도달 정도를 확인하는 것과 관련이 있다.

교육과정 재구성 시 고려 사항

교육과정	• 인간 행동에 관한 과학적이고 체계적인 연구를 통해 인간의 특성을 규명하여 개인의 잠재능력을 최대로 개발하고자 함. • 궁극적 목적은 인간 행동의 계획적 변화임.
교수·학습	• 구체적인 성취 수행 목표를 제시하며, 행동을 유발하는 자극과 반응을 연쇄할 수 있도록 강화와 벌을 사용함. • 프로그램 학습, 완전학습 모형 등을 활용함.
평가	• 기능의 실행을 가장 중요시하므로 목표 지향, 준거 지향 평가를 실시함. • 계열화된 과제를 마칠 때마다 평가를 실시하고 피드백을 제공함.

 **개요**

주제	도형 놀이감 만들기	학년(군)	3~4학년
관련 교과	교과내 ( ) 교과통합 (○)	관련 유형	성취중심의 행동주의 교육과정
성취기준	[4수02-10] 여러 가지 모양의 사각형에 대한 분류 활동을 통하여 직사각형, 정사각형, 사다리꼴, 평행사변형, 마름모를 알고, 그 성질을 이해한다. [4수02-11] 다각형과 정다각형의 의미를 안다. [4수02-12] 주어진 도형을 이용하여 여러 가지 모양을 만들거나 채울 수 있다 [4사04-03] 자원의 희소성으로 경제활동에서 선택의 문제가 발생함을 파악하고, 시장을 중심으로 이루어지는 생산, 소비 등 경제활동을 설명한다.		
교육과정 유형과 재구성 방향	〈교육과정 유형과 수업접목〉 • 성취중심의 행동주의 교육과정을 수학의 도형 수업에 적용한다. • 행동주의 교육과정에서는 계열화된 과제에 대한 학습이 끝날 때마다 목표지향 평가를 실시하고, 그 결과에 따라 피드백과 교정을 제공한다. • 프로그램 학습이나 완전학습은 일련의 학습 절차를 작게 세분하여 각 단계마다 학습자의 도달 정도를 확인한다. • 교사는 구체적인 성취 수행 목표를 제시하며, 행동을 유발하는 자극과 반응을 연쇄할 수 있도록 강화와 벌을 사용하고 완전학습의 실행에 초점을 둔다. 〈재구성방향〉 • 수학 학습의 결과물을 사회과의 시장놀이와 접목하여 학생들의 몰입도를 높인다. • 학생들이 수행하려는 목표를 이루기 위해 성취기준을 달성하기 위한 미션을 교사가 제시한다. • '칠교를 변형시킨 12교 놀이감을 제작하여 시장놀이를 하자'라는 미션을 제시한다. • 미션은 수업의 마지막 차시에 실행하는 활동이다. • 수업 시작 전 칠교를 주고 도형에 대한 이해도를 알아본다. • 미션을 수행하기 위해 사각형, 다각형의 정의, 모양 분류와 간단한 표현(그리기) 활동이 자기주도적 학습이 되도록 안내한다. • '도형 놀이감 시장놀이'는 사각형과 다각형의 완전학습을 위한 방법이다. • 완전학습을 위해 각 차시마다 교사는 체크리스트를 활용하여 피드백을 진행하고 지필평가, 서술평가, 도형 그리기 등 다양한 방법의 평가를 활용한다. • 평가 방법은 교사관찰평가, 자기평가, 동료평가 등을 사용한다.		
재구성을 통한 기대	시장놀이와 접목한 도형에 대한 수업은 학생들이 도형에 관한 다양한 활동을 놀이처럼 즐기면서 완전학습에 도달하도록 한다. 도형을 활용한 게임, 도형 놀이감을 이용한 시장놀이와 친구 가르치기 방법을 활용하여 완전학습과 더불어 즐거운 수학의 이미지를 갖게 될 것이다.		

성취기준 풀기

성취기준	성취기준 풀기	
	내용기준	수행기준
[4수02-10] 여러 가지 모양의 사각형에 대한 분류 활동을 통하여 직사각형, 정사각형, 사다리꼴, 평행사변형, 마름모를 알고, 그 성질을 이해한다.	직사각형, 정사각형, 사다리꼴, 평행사변형, 마름모	사각형 분류하기 여러 가지 사각형 그리기
[4수02-11] 다각형과 정다각형의 의미를 안다. [4수02-12] 주어진 도형을 이용하여 여러 가지 모양을 만들거나 채울 수 있다.	다각형	다각형으로 모양 만들기
[4사04-03] 자원의 희소성으로 경제활동에서 선택의 문제가 발생함을 파악하고, 시장을 중심으로 이루어지는 생산, 소비 등 경제활동을 설명한다.	생산·소비	시장놀이

주요 핵심 개념 추출

학생들이 성취해야 하는 핵심 지식	학생들이 성취해야 하는 기능
학생들은……을 알 것이다.	학생들은……을 할 수 있을 것이다.
• 사각형의 종류, 직사각형, 정사각형의 특징 • 사다리꼴, 평행사변형, 마름모의 특징 • 다각형의 개념, 생산, 소비	• 다양한 사각형을 분류 • 사각형의 종류와 특징 • 사각형(직사각형, 정사각형, 사다리꼴, 평행사변형, 마름모) 그리기 • 다각형으로 다양한 모양 만들기 • 놀이감 시장놀이

학습요소

주요 학습요소	• 직사각형 • 정사각형 • 사다리꼴 • 마름모 • 평행사변형 • 다각형, 정다각형 • 생산·소비	교과역량	• 문제해결 • 의사소통	기능	• 분류하기 • 이름짓기 • 만들기 • 문제 해결하기 • 시장놀이

평가계획

평가 기준 성취 수준	사각형의 특징을 알고 분류하며 그릴 줄 알고 도형을 이용한 놀이감을 만들 수 있다.		
	사각형의 특징을 알고 분류하기	사각형의 특징에 맞게 그리기	사각형과 다각형을 이용하여 도형 놀이감 만들기
상	• 사각형(직사각형, 정사각형, 사다리꼴, 마름모, 평행사 변형)의 특징을 알고 정확 히 분류할 수 있다.	• 사각형(직사각형, 정사각형, 사다리꼴, 마름모, 평행사 변형)의 특징에 맞게 정확 하게 그릴 수 있다.	• 도형 놀이감에 사각형(직 사각형, 정사각형, 사다리 꼴, 마름모, 평행사변형)과 다각형을 이용하여 다섯 종류 이상의 도형을 만들 수 있다.
중	• 사각형(직사각형, 정사각형, 사다리꼴, 마름모, 평행사 변형)의 특징과 분류를 세 가지 정도 할 수 있다.	• 사각형(직사각형, 정사각형, 사다리꼴, 마름모, 평행사 변형)의 특징에 맞게 세 개 정도 그릴 수 있다.	• 도형 놀이감에 사각형(직 사각형, 정사각형, 사다리 꼴, 마름모, 평행사변형)과 다각형을 이용하여 세 종 류 이상의 도형을 만들 수 있다.
하	• 사각형(직사각형, 정사각형, 사다리꼴, 마름모, 평행사 변형)의 특징과 분류를 한 가지 정도 이해한다.	• 사각형(직사각형, 정사각형, 사다리꼴, 마름모, 평행사 변형)의 특징에 맞게 한 개 정도 그릴 수 있다.	• 도형 놀이감에 사각형(직 사각형, 정사각형, 사다리 꼴, 마름모, 평행사변형)과 다각형을 이용하여 한 종 류 정도의 도형을 만들 수 있다.

차시	학습 주제	주요 활동 내용	피드백
1	단원 수행 과제 제시	〈전체 단원 수행과제 제시〉 • 여러 가지 도형을 이용하여 놀이감을 만들어보자. 〈진단평가〉 • 도형에 대한 기본개념 평가 〈수업 활동〉 • 도형을 몸으로 표현하기 • 평행, 직선에 대한 개념 알고 그려보기 • 직선의 교차를 활용한 다각형 그려보기	교사 평가 (체크리스트)
2	사다리꼴의 특징 이해하고 그리기	• 사다리꼴의 특징 알아보기(개별활동–교과서 설명 읽기) • 사다리꼴에 대해 짝에게 설명하기–전체학습으로 정리 • 사다리꼴에 관한 교과서 문제 풀기 • 사다리꼴 그리기(모둠원에게 검사받기)–교사에게 제출	동료 평가 교사 관찰평가
3~4	평행사변형의 특징 이해하고 게임하기	(3차시) 평행사변형의 개념 익히기 • 평행사변형의 특징 알아보기(개별활동–교과서 설명 읽기) • 이해가 된 학생은 교과서 문제 풀기 • 보충 설명이 필요한 학생은 교사의 개별 지도 받기 (4차시) 땅 차지 게임하기 • 평행사변형의 개념을 바탕으로 어떤 평행사변형을 그리면 더 넓은 면적을 차지할 수 있을 것인가 생각하는 활동 〈게임 규칙〉 • 주사위를 던져 나오는 수만큼 선분을 긋는다. (예: 주사위 숫자 1은 1cm, 6은 6cm로 그릴 수 있다.) • 평행사변형의 모양은 마음대로 정한다. • 가장 넓은 땅을 차지할 평행사변형을 그린다. • 다른 팀이 그린 변을 활용해도 된다.	교사 개별지도 자기평가
5~6	마름모의 특징 이해하고 그리기	• 마름모의 특징 알아보기(개별활동–교과서 설명 읽기) • 길이가 같은 물건(연필, 자, 색연필 등등)을 이용하여 마름모 만들기(마름모를 그리기보다는 주어진 물건의 선을 이용하여 만들기를 한다.) • 마름모 만들기 활동에서 알게 된 점 발표하기 • 마름모에 대한 문제 해결하기, 답 맞추기(모둠별)	동료평가

차시	학습 주제	주요 활동 내용	피드백
7	직사각형과 정사각형 구별하기	• 직사각형과 정사각형의 특징을 문장으로 써 보기(주요 단어 추출, 모둠원의 협력학습) • 직사각형과 정사각형의 특징으로 다른 점 구별하기 • 교과서 문제 풀이 및 채점하기(먼저 해결한 학생에게 동료 교수 역할 부여) • 직사각형의 특징을 친구 세 명에게 설명하기	상호평가 교사평가 (체크리스트)
8~9	성취도평가	• 사각형의 종류에 대한 개념 정립을 위한 지필평가 (8차시) • 성취기준 미도달자를 위한 재평가 및 도달자를 위한 심화학습(9차시)	개별지도
10	다각형의 개념 이해하기	• 다각형의 개념 익히기 • 교실에서 여러 다각형 찾기 게임하기 • 다각형과 관련된 문제 풀기	교사평가 (체크리스트)
11	정다각형 이해하기	• 다각형과 정다각형의 차이점 알기 • 종이접기로 정다각형 만들어보기	교사관찰평가
12	대각선의 개념 이해하기	• 대각선의 개념을 알고 교실에 대각선 그리기 • 친구들이 그린 대각선 평가하기 • 대각선을 이용하여 생기는 여러 다각형 찾아보기	동료평가
13	모양 만들기	• 패턴블럭, 팬토미노 등 수학교구를 활용하여 여러 가지 모양 만들기 • 내가 만든 모양 전시하기	동료평가 자기평가
14	다각형 지필평가	• 도형에 대한 총괄 지필평가 실시	교사평가
15 (수업예시)	개별학습	• 성취기준 미도달자를 위한 재평가 및 도달자를 위한 심화학습	교사평가
15	도형을 활용한 놀이감 제작하기	• 직선을 이용하여 여러 가지 다각형 그리기 • 여러 가지 다각형을 활용하여 12교 놀이감 만들기 • 5종류의 이상의 다각형이 표현되도록 그리기	개별지도
16	시장놀이하기	• 자신이 제작한 12교 놀이감에 대한 설명(홍보)하기 • 자신의 놀이감 판매하기(칩 사용)	교사관찰 자기평가

④ ▶▶ ● 수업 사례

⊚ ▶▶ 수업 개요

본시주제	성취기준 미도달자를 위한 재평가 및 도달자를 위한 심화학습
성취기준	[4수02-10] 여러 가지 모양의 사각형에 대한 분류 활동을 통하여 직사각형, 정사각형, 사다리꼴, 평행사변형, 마름모를 알고, 그 성질을 이해한다. [4수02-11] 다각형과 정다각형의 의미를 안다. [4수02-12] 주어진 도형을 이용하여 여러 가지 모양을 만들거나 채울 수 있다.
학습 목표	사각형과 다각형에 대한 문제를 해결할 수 있다.
수업 의도	이 수업은 단원의 수행 과제인 '도형을 이용한 놀이감 만들기'를 위한 총괄 평가 시간이다. 사각형과 다각형에 대한 개념이 정립되고 도형의 분류와 간단한 그리기가 되는지 평가하는 시간이다. 평가를 놀이감 제작을 위한 준비 시간이라고 안내하면 학생들이 평가에 대한 긍정적인 마음을 가질 수 있다. 평가 결과를 전체 점수로 구별하는 것이 아니라 도형의 정의, 도형의 분류, 도형의 그리기 등 세 부분으로 구별하여 평가한다. 학생들은 영역별로 부족한 부분을 찾아 보충 공부를 하고 영역별 재평가를 하는 방식으로 수업을 진행한다. 성취기준 도달자에게는 친구 가르치기 방법을 통해 미도달자에게 설명하는 활동과 심화 활동의 자료를 제공한다.

⊚ ▶▶ 수업 활동

주요 학습 활동 순서

| (수업 미션 제시)
총괄 평가 예고 | ▶ | 총괄 평가 실시 | ▶ | 성취도달정도 확인 | ▶ | 재평가 및 심화활동 |

수업 안내

■ **학습문제(미션)제시(동기유발 및 학습문제 제시)**

> 도형 놀이감을 제작하기 위한 사각형과 다각형에 대한 전체 평가를 해 보자.
> (나는 도형 놀이감 제작을 할 사람이다. 어떤 놀이감이 친구들에게 인기가 있을지 생각해보자. 그런 놀이감을 만들기 전에 도형에 대해 내가 잘 알고 있는지 평가를 해보고 부족한 부분을 다시 공부하여 재미있는 도형 놀이감을 만들어 보자.)

- **총괄 평가 실시 전 점검하기(개별학습, 친구 가르치기)**
  - 총괄 평가 전 자신이 부족한 부분을 점검하고 친구(교사)에게 도움받기

- **총괄 평가 실시**
  - 총괄 평가는 지필 평가와 구술 평가로 나누어 실시한다.
  - 1차 평가는 지필 평가로 이루어진다.
  - 2차 평가는 주어진 문제에 대해 구술 평가를 실시한다. 구술 평가는 동료 평가로 친구 세 명에게 검사를 받는다.(검사자는 교과서를 참고로 해도 된다.)

- **수준별 수업(피드백)**
  - 교사는 지필 평가의 결과를 바탕으로 미도달자와 도달자에게 다른 활동을 안내한다.
  - 도달자에게는 심화 학습지를 제공하고 미도달자에게는 피드백과 더불어 재평가를 실시한다.

- **다음 차시 예고**
  - 도형 놀이감 제작에 대한 차시 예고를 한다.
  - 미도달자에게 계속적인 피드백을 실시한다.(수업 이후 시간 활용)

- **평가 및 피드백**

  〈평가 계획〉
  두 개의 평가로 나누어 실시한다. 1차 지필평가를 실시하여 미도달자를 확인한다. 교사가 지필 평가에 대한 검사를 하는 동안, 2차 서술평가를 동료 평가로 실시한다. 서로 검사자와 피검사자의 역할을 하면서 내용을 내면화한다. 역할에 따라 반복적인 활동을 통해 도형에 대한 지식을 내면화시킨다.(하브루타 친구 가르치기 방법 활용)

  〈피드백 계획〉
  수업 단계별로 교사는 체크리스트를 활용하여 성취 기준 미도달자를 찾아 지속적으로 피드백을 진행해야 한다. 미도달자가 수학에 흥미를 잃지 않도록 평가를 지필 평가만이 아닌 설명하기, 만들기 등을 포함하면 효과적으로 성취기준에 도달할 수 있다.

■ **수업 tip**

이 수업은 도형 놀이감을 만들기 전에 하는 수업이다. 전체 미션인 도형 놀이감을 만들기 위해 평가가 필요하다는 것을 학생들에게 인지시키는 것이 중요하다. 총괄 평가 전 자신의 수준을 점검하는 시간을 갖는다. 지금까지 공부한 내용에 대해 아직 이해가 안 되는 부분이나 문제 풀이가 안 된 부분을 개별로 보충하거나 친구의 도움을 받아 공부한다. 하브루타의 친구 가르치기에 대한 학습훈련이 되어 있으면 활동이 원활해진다.

친구 가르치기를 성공한 학생에게는 적절한 보상이 있으면 효과적이다. 수업 전체의 방향은 교수평 일체화의 개념으로 수업을 진행해야 한다. 앞의 차시들에서도 다양한 방법의 평가가 진행되면서 평가가 학생들 자신의 성장과 발달을 돕는 것이라는 인식을 가지는 것이 중요하다. 총괄 평가 중 지필 평가 문항은 다섯 개 이하여야 수업 시간에 피드백까지 할 수 있다.

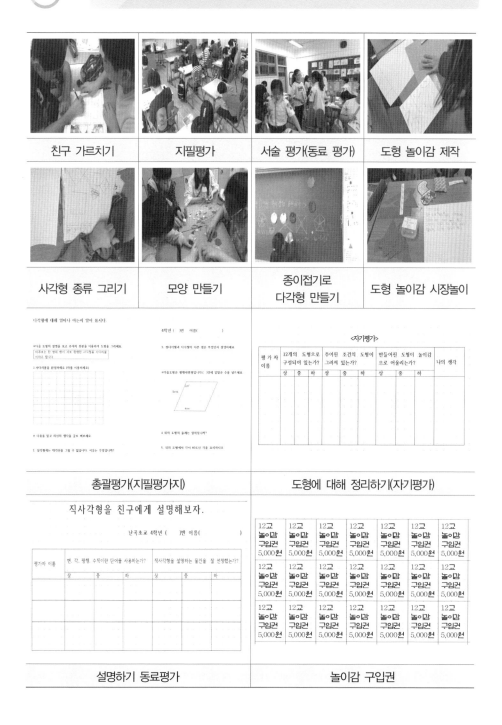

친구 가르치기	지필평가	서술 평가(동료 평가)	도형 놀이감 제작

사각형 종류 그리기	모양 만들기	종이접기로 다각형 만들기	도형 놀이감 시장놀이

총괄평가(지필평가지)	도형에 대해 정리하기(자기평가)

설명하기 동료평가	놀이감 구입권

제**3**부

학습자를 중심으로 한 교육과정 재구성

제 5 장

경험중심 교육을 위한 교육과정 재구성

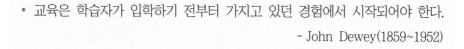

• 교육은 학습자가 입학하기 전부터 가지고 있던 경험에서 시작되어야 한다.

- John Dewey(1859~1952)

제1절 │ 기본 관점

경험중심 교육과정 관점은 교육과정의 중심축이 정신 도야를 강조하는 교과 중심, 인문주의, 전통주의 관점에서 학생의 경험, 성장, 생활로 옮겨야 한다는 입장이다. 이러한 입장은 크게 두 가지로 구분된다. 첫째, 교과보다 활동중심의 경험을 강조하는 교육과정의 입장이다. 둘째, 교과 내용을 학습자의 발달단계에 적합하게 재조직하고 재구성해서 가르쳐야 한다는 입장이다. 이러한 입장을 기본 관점으로 하는 경험중심 교육과정은 교과중심 교육과정에 대한 비판으로부터 출발하였다. 이는 곧 교육의 목적이 학습자의 경험과 분리될 수 없다는 것이다. 결국, 교육과정은 학습 이전에 의도된 계획으로 보기보다는 교사 학생 간의 상호작용을 통해 학습자에 의해 경험되는 의미로 보는 것이다. 그래서 경험중심 교육과정에서는 교과보다는 생활을, 지식보다는 행동(활동)을, 분과보다는 통합을, 교사의 교수보다는 학습자의 학습을 중시하고 있다(이귀윤, 1996). 곧 경험중심 교육과정이 교과보다 경험만을 강조한 것이기보다는 '교과를 아동에게 경험시키는 것'을 중요하게 강조한 것이며 그런 점에서 교과와 아동 사이의 간극을 없애기 위하여 노력한 것이라고 볼 수 있다(강현석, 2012).

경험중심 교육과정에 대한 J. Hopkins(1930)의 기본 견해는 다음과 같다.

- 교육과정의 중점을 교과에 두지 않고 학습자에 둔다.
- 교재를 가르치는 데 치중하지 않고, 학생의 바람직한 성장을 조성하는 데 노력한다.
- 교재는 사전에 조작되는 것이 아니라 현장 학습에서 결정된다.
- 교육과정은 교사가 일방적으로 부과하는 것이 아니라 모든 학습자의 협동적인 참여로 구성된다.
- 분산된 사실을 가르치는 것보다는 통합된 의미를 체험시키는 것을 중요시한다.
- 교재와 결부된 교수법을 맹목적으로 따르기보다는 청소년의 학습법을 존중하여 가르친다.
- 학생 개개인의 창조적인 특성을 개발한다. 교육은 교수라기보다는 지속적인 성장이라고 본다.

😊 등장 배경

경험중심 교육의 역사적 근원은 17~18세기 유럽의 계몽주의까지 거슬러 올라간다. T. Hobbes와 R. Descartes와 같은 철학자들은 정신과 감각인상 양자의 중요성을 강조하였고, 현대교육에 와서 이성과 경험 모두를 강조했다. J. Locke는 학습은 경험으로부터 직접 일어나며, 그것은 외부세계에 대한 감각인상이 백지(tabula rasa)와 같은 마음에 기록되는 방식과 같다고 주장하였다. J. Rousseau는 개인은 사회의 영향을 받아 부패하기까지는 본질적으로 순수하며, 어린이들의 자연스런 발달과 경험을 보호하는 교육을 옹호하였다. 이러한 관점은 19세기 J. H.

Pestalozzi와 F. Froebel, F. Herbart 등과 같은 유럽의 교육선구자들에 의하여 발전되었고, 아동의 경험, 흥미, 욕구를 더 한층 강조하는 아동중심의 교육이 유럽을 점차 지배하게 되었으며, 유럽의 영향을 받은 미국의 교육자들도 점점 많은 관심을 가지게 되었다.

경험중심 교육과정은 자연주의 교육사상가들의 영향을 크게 받지만 가장 체계적으로 영향을 받은 것은 J. Dewey의 교육이론이라고 볼 수 있다. 듀이의 저서인 「아동과 교육과정」, 「경험과 교육」은 경험중심교육에 대한 이론이 체계화된 산물이라고 할 수 있다.

경험중심 교육과정은 실용주의(pragmatism), 도구주의(instrumentalism), 실험주의(experimentalism) 등의 교육철학을 배경으로 하고 있으며, 심리주의, 행동주의의 성격을 띠고 있는 진보주의 교육개혁가들의 사상적 배경을 이루게 된다. 따라서 1930년대에 시작한 진보주의 철학 사조에 영향을 받았다고 할 수 있다. 이후 미국 진보주의교육협회(PEA)가 해체되는 1950년까지 경험중심 교육과정은 진보주의 교육사조의 대표적인 교육과정 운영 방식이었다.

우리나라에서 경험중심 교육과정은 2차 교육과정 개정기인 1963년을 기점으로 생활중심 교육과정의 개념적인 수준에서 학교 교육에 영향을 끼쳤다. 그러나 실제 교육면에서는 여전히 교과교육과정을 벗어나지 못하여 문서상의 교육과정과 교육 실제에서의 괴리가 나타났다. 이는 교사들과 학부모들이 교과교육과정에 익숙해 있었다는 것과 상급학교 입학시험의 현실적 필요 때문이었다(진영은, 2002).

이후, 경험중심 교육과정은 1980년대에 태동한 인간중심 교육과정과 결합하여 1990년대의 '열린교육'이라는 이름으로 부활하게 된다. 1990년의 우리나라의 초등학교를 중심으로 확산되었던 열린교육은 진보주의에 가장 유사한 교실개혁 운동으로 평가할 수 있다. 1990년대 이후 교육현장에 전파된 구성주의 학습이론과의 결합을 통해, 경험중심 교육과정은 소위 '학습자 중심교육' 및 '자기주도적 학습' 등의 용어로 표현되고 있다.

주요 학자 및 이론

20세기 초에는 Dewey의 '경험'의 개념보다 아동의 관심과 목적에 더 중점을 둔 프로젝트 중심의 활동-경험 교육과정이 더 광범위하게 전파되었다. 그러나

이는 '자유방임적' 교육으로 지적되었다. 이에 Dewey는 교육과 경험(Experience and Education)에서 교육의 첫 단계로 "교육은 아동이 이미 가진 경험으로부터 시작되어야 한다."라고 보았고 그 다음 단계는 "교육자들은 학생의 기존 경험범위 내에서 새로운 관찰과 판단 방법을 자극함으로써 더 나은 경험의 영역을 확장시킬 새로운 문제를 제시할 가능성과 전망을 가진 대상을 선택해야 한다"라고 하였다. 이와 같이 Dewey는 경험이 성장함에 따라 경험은 점점 더 조직화되어 궁극적으로 숙련되고 성숙한 사람에게 제시되는 교과와 거의 비슷한 조직이 된다고 보았다. 이러한 관점에서 아동의 경험에서 시작되는 학습은 점차 성인의 조직화되고 체계화된 교과로 진전되도록 지도해야 함을 분명히 하고 있다.

Dewey에게 교과란 '아동 자신에 관한 사회적 의의를 이해하는 수단'이다. 따라서 무의미한 교과의 분리를 거부하고 아동 스스로 자신의 사회적인 존재라는 사실을 깨닫고, 학교생활을 통해 자신의 참여를 강화시킬 수 있는 교육내용을 선정하였다. 이를 실험실 학교에서는 지역사회의 문화, 관습, 지식과 아동 개인의 관심과 흥미를 고려하여 사회학적, 심리학적 원리가 적용되는 교육과정을 강조하였다. 실험 학교에서 제공하였던 교육과정은 바느질, 요리, 직물짜기, 목공예, 금속세공 등의 실천적 활동, 주변 환경을 이해하는 데 사용될 과학적 지식을 제공하는 교과로서 지리와 역사, 과학, 의사소통과 표현을 위한 읽기·쓰기·셈하기, 문학, 예술, 그리고 외국어 등이었다.

W. Kilpatrick의 프로젝트 방법(Project Method)은 Dewey의 경험 이론에 기반을 두고 있다. 킬패트릭 역시 듀이와 마찬가지로 아동은 사회적 상황에서 실제적인 문제를 해결하면서 지식과 경험을 획득한다고 보았다. 프로젝트 학습법은 학습자가 스스로 가치가 있다고 생각되는 문제를 설정, 계획하고 문제를 해결해나가는 방법으로 학습자 중심의 교육활동이 보장되고 이상과 현실을 연결해주며 융통성 있는 학습 지도를 장려한다는 점에서 그 가치가 크다(박숙희 외, 2007).

1930년 이후 경험중심 교육과정은 다음과 같은 모습으로 나타난다. 첫째, 교육과정 조직 중심과 학습자가 하게 될 경험을 일정한 형태로 조직한 유형에 따라 학습자의 활동을 중심으로 한 활동중심 교육과정, 둘째, 학교의 사회적 기능을 강조한 사회기능법에 연유한 학습자 흥미 중심의 교육과정(Caswell & Campbell, 1935), 셋째, 청소년이 현재 가진 공통의 욕구를 조사, 그 욕구나 문제를 중심으로 교육과정을 구성한 청소년 욕구법(Alberty 1947), 넷째, 학습자가 일상생활과 부딪친 항상적 생활 장면 분석에 의한 교육과정 구성법에 유래한 학습자 관심사 중심의 교육과정(Stratemeyer, 1947) 등으로 대별할 수 있다. 이러한 여러 유형들은 각각 그 조직 중심을 활동, 흥미, 욕구, 관심사 등에 두어 교육과정 조직의 세부적인 절차에서는 다소 차이가 나지만, 학습자들이 다양한 활동을 통해 얻게 되는 경험을 최종 목표로 한다는 점을 생각했을 때는 차이점보다는 공통점이 많다는 특징을 가지고 있다.

활동중심의 교육과정 구성은 학습자들이 학습할 토픽 또는 단원 내용을 활동중심으로 조직하는 것이다. 이때 토픽이나 단원의 내용은 일반적으로 말하는 학습할 대상 또는 내용의 상당 부분을 학습 활동이 차지하게 되었을 뿐 아니라, 이런 내용들을 조직하는 중심도 종래의 방식과는 달리 전적으로 학습 활동이 된다는 특징이 있다. 따라서 교육과정상에서 볼 때 교과중심에서 강조되는 것과는 현저한 차이를 보인다. 즉, 교과영역보다는 활동영역, 교사 활동보다는 학습자 활동, 학습 내용이나 대상보다는 학습 활동, 논리적 조직보다는 심리적 조직, 지식보다는 생활 등에 초점을 두는 것이 활동중심 교육과정 구성이 지닌 특징이다(이경섭, 1984).

의의 및 한계

경험중심 교육과정의 의의는 첫째, 학습 내용에 대한 맥락적인 이해 및 긍정적인 태도 형성으로 자발적 동기 유발이 가능하다는 점, 둘째, 학생들이 프로젝트에 참여하면서 학생 관리의 문제가 줄어들 수 있다는 점, 셋째, 학생들을 평가할 때는 전인으로서 학생들의 다양한 측면을 평가할 수 있다는 점 등을 들 수 있다(홍후조, 2017). 넷째, 현실적이고 실제적인 생활문제를 해결할 수 있다는 점, 다섯째, 학교와 지역사회 유대를 강화하고 민주 시민적 자질을 함양시킬 수 있다는 점, 여섯째, 학습 현상에 대한 통합적 사고와 문제해결력을 기를 수 있다는 점, 일곱째, 활동은 학습자의 목적을 달성하기 위한 수단으로서 그 의의를 갖고 학습자 활동 자체가 교육적 의의를 갖는다는 점 등을 들을 수 있다.

반면, 경험중심 교육과정의 한계로는, 첫째, 경험중심 교육과정에서 주장하는 개인적 성장은 이론적으로 매우 그럴 듯하지만 실제적으로 불가능하다는 점,

둘째, 학문 구조를 무시하는 경향이 있다는 점, 셋째, 아동의 필요와 흥미를 중심으로 교육과정을 구성한다는 점, 넷째, 학습 내용의 취급 범위는 좁고 깊으므로 학력 향상 측면에서 문제가 된다는 점, 다섯째, 지식의 계속적 재구성을 위한 지식 교육에 소홀하다는 점, 여섯째, 프로젝트 소집 활동, 교외 답사 등의 행사를 위해서는 세밀한 계획을 세워 학생 관리를 철저히 해야 한다는 점, 일곱째, 흥미 있는 주제에만 관심이 있고 흥미없는 주제에 대한 학생의 참여가 저조할 수 있다는 점, 여덟째, 활동에 치중하여 분주하고 혼란스러워 학습 효과를 거두기 어렵다는 점 등을 들 수 있다.

제2절 ┃ 교육과정 재구성 방향

☺ 교육의 목적과 내용

경험주의적 관점을 따르면 교육의 기본 목적은 아동의 발달이다. 어떠한 발달도 개인의 계속적이고 일반적인 발달에 이르도록 하는 방향으로 맞추어져야 한다는 것이다(Dewey, 1938). T. R. Sizer(1973)는 이런 발달영역을 변화를 불러일으킬 만한 주체적 힘(agency)이라고 하였다. 주체적 힘은 '개인이 사회적으로 승인받고 개인적으로 유의미한 방식으로 행동하도록 하는 개인적 스타일, 확신, 자기통제이다.' 따라서 경험주의적 교육은 '계획하고, 발견하며, 적절한 자료를 활용하기; 과업을 지속하기; 새로운 아이디어, 상충되는 의견, 상이한 사람들에 대처하기; 타인의 복지에 대해 책임 갖기; 타인에 대한 약속 이행하기 등과 같은 영역에서 젊은이들의 능력 증진에 목표를 두고 있다'. 이러한 주체적인 능력들은 젊은이와 성인들의 행복과 생산성에 도움이 된다. 경험주의 교육자들은 교과는 일상생활의 경험으로부터 도출된다고 본다. 어떤 교과도 학생의 필요와 능력을 고려하지 않는다면 발달을 촉진하기 위한 내재적 가치를 갖지 못한다(박철홍, 2002).

경험중심 교육과정 관점에서 교육 내용이란 아동이 경험을 통해 이전의 경험을 재구성한 것이다. 이 관점에서는 성인의 지식을 아동에게 일방적으로 전달하는 교육에 반대하고, 그 대신 지식이 얻어지는 과정, 즉 아동이 경험을 통해 기존의 경험을 재구성한 것을 교육 내용으로 강조한다. 즉, 교육 내용을 경험이라는 교육의 과정으로 설명한다. 그러나 아동의 경험은 점차 성인으로 성장하면서 교과의 구조와 유사하게 되기 때문에 아동의 경험으로서의 교육 내용을 풍부하게 하기 위해서는 교과를 도입해야 한다. 그러나 교과의 내용을 조직하는 방식으로 분과된 단편적 지식을 거부한다. 동시에 프로젝트 단원에서처럼 사소한 내용들을 일시적으로 통합하는 조직 방식도 반대한다. 그보다는 교과에 포함되는 학문 영역들을 통합하는 접근을 지지한다. 이때 지식의 상호관련성과 상호의성을 강조할 뿐만 아니라 이들 지식의 생성 기원과 발전 및 그 맥락을 중요시한다.

☺ 수업 방향과 원리

경험중심 교육과정은 '학교의 지도하에 학생들이 갖게 되는 모든 경험'으로 정의된다. 이때 경험이란 모든 학생들에게 공통된 경험이기보다는 아동의 개개인에 따라 다르게 나타나는 경험을 말한다. 따라서 경험중심 교육과정은 학급아동 수만큼의 교육과정이 존재한다고 볼 수 있다.

수업의 방법으로 행동에 의한 학습(learning by doing)원리, 즉 '행함으로써 배운다.'라는 학습원리를 강조한다. 이 학습원리 속에는 아동은 자기가 경험한 것을 배운다는 방법의 원리가 가정되어 있다. 아동은 행동을 함으로써 학습하고, 생활하면서 배우기 때문에 활동의 주체인 아동이 관심을 가지고 자발적으로 참여하도록 격려해야 한다고 본다. 따라서 아동의 관심과 흥미는 경험의 시발점이며 아주 중요하게 고려된다. 관심은 학습의 동기를 자극하고 경험의 방향을 결정하는 데 주요하며 사람의 감정과 정서와 충동을 일으키는 역할을 한다. 모든 학습에는 노력이 필요하지만, 그것은 인위적으로 강요될 성질의 것이 아니라 아동의 관심과 필용에 의하여 자연적으로 발생되는 것이어야 한다.

또한 수업 방법에서 강조되는 것은 문제해결 과정이다. 경험이란 아동의 지적, 정의적, 신체적 및 기타의 모든 부분이 유기적인 관계를 맺음으로써 일어나고, 그 결과 성장을 가져온다. 경험을 통제하고 이들 관계를 통합하는 과정은 문제해결 과정을 통하여 일어난다. 문제해결 과정은 그 자체가 반성적 사고 과정이며, 듀이가 믿는 지성(intelligence)이다.

경험중심 교육과정은 그 상황들을 사전에 충분히 계획할 수 없으며, 오히려 교사와 학생의 협동과정 속에서 계획된다. 따라서 경험중심 교육과정은 교과목의 엄격한 구분보다 통합을 지향하며, 대집단으로 편성된 경쟁적인 학습 분위기보다 소집단별 협동학습 분위기를 강조한다. 경험중심 교육과정에서는 비교적 긴 시간이 소요되는 과제, 장기 프로젝트를 중심으로 활동을 조직한다. 그러나 이때 교과 내용의 상호관련성, 상호의존성, 그 내용과 인간의 목적과의 관계 등이 충분히 고려되어야 한다. 교사는 통제자나 관리자가 아닌 학습촉진자 혹은 자원으로서의 역할을 한다.

☺ 평가 방향

　　경험주의 교육자들은 성과중심의 평가보다 학생들이 겪는 경험의 본질적 특질을 이해하려는 데 관심이 더 많다. 교육적 경험이란 민주적이고 인간적이며 학생들의 호기심을 불러일으키고 그들의 자발성을 강화시켜 주는 경험을 말한다(Dewey, 1938). 경험주의 교육과정과 그 프로그램을 경험하는 학생들을 평가할 때에는 전인으로서 학생들의 다양한 측면을 평가하기 위해 여러 가지 다양한 방법을 사용한다. 8년 연구(Aikin, 1942)는 학생들의 성격 특성을 측정했을 뿐만 아니라, 지적, 정의적, 사회적 성과까지도 측정하는 등 다양한 영역의 측정 결과를 제시해 줌으로써 평가의 새로운 지평을 열어 준 바 있다. 경험형 생애 교육(Experience-Based Career Education)은 가장 종합적으로 평가된 프로그램 가운데 하나일 것이다. 분명히 경험형 교육과정은 성과중심의 접근방식과 내재적 평가방식 모두를 필요로 한다. 그 교육과정은 프로그램의 효과성을 결정짓기 위해서 성과중심 평가를 필요로 하겠지만, 동시에 학생들이 겪은 경험의 질을 결정짓기 위해서는 내재적 평가방식을 활용해야 한다.

　　경험주의 교육과정에서 내용을 선정하고 조직하는 형태를 살펴보면 다음과 같다.

(1) 활동형(Activity type) 교육과정

　　경험중심 교육과정의 기본형은 활동형이다. 예컨대, 유희, 관찰, 이야기, 소풍 등과 같은 활동 프로그램들이 그 대표적인 예이다. 그 조직 방법은 프로젝트법(Project Method) 등이 사용된다. 그 특징은 수평적 조직은 가능하나 수직적 조직은 곤란하다. 그리고 포괄성, 통합성, 현실성은 있으나 계열성, 관련성, 안전성은 보장되기 어렵다. 따라서 활동 프로그램의 실제 운영에서 관련성이나 발전성, 계열성 등이 보완될 수 있도록 운영해야 한다.

(2) 광역형(Broad type) 교육과정

경험중심 광역형 교육과정의 실례는 사회생활, 언어생활, 문학생활, 가족생활 등이다. 그 조직 방법은 생활 단원별, 작업 단원별 구성 방법을 사용한다. 생활 단원별, 작업 단원별 구성법으로 구성된 경험중심 광역형 교육과정의 특징은 현실성과 다양성은 있으나 계열성의 보장이 어렵다. 가정생활이나 사회생활, 언어생활, 문학생활 등은 현재의 생활 장면이 직접 반영될 수 있고 다양한 교육 프로그램 제작이 가능하다.

(3) 중핵형(Core type) 교육과정

경험중심 중핵형 교육과정의 실례는 국민교육헌장, 자연보호헌장, 어린이헌장 등과 같은 각종 헌장들을 들 수 있다. 그 조직 방법은 생활, 경험, 요구 등을 중심으로 한 중핵 과정과 지식중심의 주변 과정을 통합한 동심원 조직법이 사용된다. 이러한 경험중심 중핵형 교육과정은 통합성, 포괄성, 발전성은 보장되나 교과목과 관련짓는 측면은 미흡하다. 따라서 이러한 교육과정은 재구성 과정에서 의도적으로 관련짓는 과정이 필요하다.

(4) 생성형(Emerging) 교육과정

경험중심 생성형 교육과정의 실례는 각종 즉석게임 또는 놀이 등을 들 수 있다. 그 조직 방법은 일정하지 않지만 프로그래밍 기법이 적절하게 사용된다. 그 특징은 현실성은 보장되나 계열성 및 관련성은 부족하다. 그리고 생성형 교육과정은 교육과정 전문가, 교육 프로그램 전문가, 숙련된 교사 등에 의해 프로그램이 제작되어야 한다.

이와 같은 네 가지 조직 형태를 정리하면 다음과 같다.

표 3.1 경험중심 교육과정의 조직 형태

유형	조직 방법	실례	특징
활동형	구안법	유희, 이야기, 관찰, 소풍	• 기본형 • 수평적 조직은 가능하나 수직적 조직은 곤란 • 포괄성, 통합성, 현실성 확보 • 계열성, 관련성, 발전성 확보의 어려움
광역형	작업단원 구성법	사회생활, 언어생활	• 현실성과 다양성의 확보 • 계열성 확보에 어려움
중핵형	동심원 조직법	각종 현장	• 생활·경험·요구 중심의 중핵과정＋지식 중심의 주변과정 • 교과목 간의 관련성 없음 • 뚜렷한 통합성
생성형	일정한 방법 부재	즉석 프로그램 (보물찾기)	• 현실성은 강하나 계열성, 관련성의 부재 • 유능한 교육과정 전문가를 필요로 함

제3절 | 교육과정 재구성 사례

1 ▶▶ 개요

주제	봄맞이	학년(군)	1~2학년
관련 교과	교과내 ( ) 교과통합 (○)	관련 유형	경험중심 교육과정
성취기준	[2바02–01] 봄철 날씨 변화를 알고 건강 수칙을 스스로 지키는 습관을 기른다. [2슬02–01] 봄 날씨의 특징과 주변의 생활 모습을 관련짓는다. [2슬02–02] 봄철에 사용하는 생활 도구를 종류와 쓰임에 따라 구분한다. [2즐02–01] 봄의 모습과 느낌을 창의적으로 표현한다.		
교육과정 유형과 재구성 방향	• 경험중심 교육과정은 학생의 필요와 흥미를 근거로 하고 있으며, 여기서 경험이란 주로 학생의 개개인에 따라 다르게 나타나는 경험을 말한다. 경험중심 교육과정은 교육과정 구성의 기초를 학생의 직접적인 흥미나 필요, 경험의 체계에 두고 있다. • 이 유형의 교육과정은 실용주의, 실험주의 등의 교육철학을 배경으로 하고 있으며 교육 내용이란 학생이 경험을 통해 이전의 경험을 재구성한 것이다. 이 관점에서는 성인의 지식을 학생에게 일방적으로 전달하는 교육에 반대하고, 그 대신 지식이 얻어지는 과정, 즉 학생이 경험을 통해 기존의 경험을 재구성한 것을 교육 내용으로 강조한다. • 또한 학습자의 협력과 참여에 의해서 이루어지고 실제 체험을 시키는 데 중점을 두어 학생들의 학습법을 강조한다. • 따라서 경험중심 교육과정을 기초로 하는 재구성은 활동형 프로그램형의 재구성을 기본으로 할 수 있다. 즉, 학생들의 놀이나 관찰, 현장학습, 교외 활동 등의 활동과 경험을 통해 학습이 이루어지도록 하는 것이다. 또한 사회생활, 가정생활, 언어생활 등 현재의 생활 장면이 반영된 프로그램이나 즉석 게임 등 놀이의 경험을 통한 학습 등으로 설계할 수 있다.		
재구성을 통한 기대 효과	• 본 내용은 '봄맞이'라는 학습주제 중 학생들에게 실제적인 경험이 필요한 차시들을 재구성하여 학생들이 체험해 볼 수 있도록 설계하였다. 전체 40차시 중 19–30차시의 내용을 크게 봄나들이, 봄맞이 청소, 봄철 건강의 소주제로 나누고 필요한 성취기준이 포함되도록 내용을 재구성하였다. • 전체 내용을 소주제별로 묶고 학습한 내용을 실생활에 활용하거나 실습을 통해 경험해봄으로써 봄철 생활에 도움이 될 수 있도록 지도하고자 하였다. 또한 수업 시 교사의 설명보다는 각 학생들이 경험한 것을 친구들과 나눔으로써 기존의 경험을 공유하고 집단 사고를 통한 경험의 재구성이 이루어지도록 수업을 설계하여 경험중심 교육과정의 장점을 살리고자 하였다.		

기존 차시 재구성

■ 2-1 봄 – 봄맞이(40차시 중 19~30차시 재구성)

순서 (시수)	차시명	관련 성취기준
19차시 (1)	수업만들기	[2슬02–01] 봄 날씨의 특징과 주변의 생활 모습을 관련짓는다.
20~21차시 (2)	봄에는 무엇을 할까요?	[2즐02–01] 봄의 모습과 느낌을 창의적으로 표현한다.
		[2슬02–02] 봄철에 사용하는 생활 도구를 종류와 쓰임에 따라 구분한다.
22~23차시 (2)	무엇이 필요한가요?	[2즐02–01] 봄의 모습과 느낌을 창의적으로 표현한다.
24~25차시 (2)	봄맞이 청소를 해요	[2즐02–01] 봄의 모습과 느낌을 창의적으로 표현한다.
26~27차시 (2)	봄을 노래해요	[2슬02–02] 봄철에 사용하는 생활 도구를 종류와 쓰임에 따라 구분한다.
28~29차시 (2)	봄을 건강하게 지내요	[2바02–01] 봄철 날씨 변화를 알고 건강 수칙을 스스로 지키는 습관을 기른다.
30차시 (1)	봄바람을 가르며	[2바02–01] 봄철 날씨 변화를 알고 건강 수칙을 스스로 지키는 습관을 기른다.

순서 (시수)	차시명		관련 성취기준
19~20차시 (2)	봄에는 무엇을 할까요?		[2슬02–01] 봄 날씨의 특징과 주변의 생활 모습을 관련짓는다.
21~22차시 (2)	봄나들이	봄나들 장소에 맞는 옷차림과 준비물	[2즐02–01] 봄의 모습과 느낌을 창의적으로 표현한다.
			[2슬02–02] 봄철에 사용하는 생활 도구를 종류와 쓰임에 따라 구분한다.
23차시 (1)		봄놀이	[2즐02–01] 봄의 모습과 느낌을 창의적으로 표현한다.
24~25차시 (2)		봄을 노래해요	[2즐02–01] 봄의 모습과 느낌을 창의적으로 표현한다.
26~27차시 (2)	봄맞이 청소	봄맞이 청소계획 세우기	[2슬02–02] 봄철에 사용하는 생활 도구를 종류와 쓰임에 따라 구분한다.
28차시 (1)		봄맞이 청소를 해요	[2바02–01] 봄철 날씨 변화를 알고 건강 수칙을 스스로 지키는 습관을 기른다.
29~30차시 (2)	봄철 건강	봄을 건강하게 지내요	[2바02–01] 봄철 날씨 변화를 알고 건강 수칙을 스스로 지키는 습관을 기른다.

재구성 차시별 수업

차시	학습 활동	주요 교수·학습 활동 내용	시간	자료
19~20 차시	봄에는 무엇을 할까요?	• 봄철 주변의 생활 모습 떠올리기 • 날씨에 따른 봄철 생활 모습과 관련된 내용 토의하기 • 봄 날씨와 사람들의 생활 모습의 관계 알아보기 • 학습한 내용으로 모둠별 작품을 만들고 발표하기	80분	• 봄철 사진이나 그림 • 도화지, 크레파스, 사인펜
21~22 차시	봄나들 장소에 맞는 옷차림과 준비물 알아보기	• 봄나들이 경험 이야기하기 • 봄나들이 갔던 장소가 같은 친구들끼리 모둠 만들기 • 장소별로 봄나들이 갈 때 필요한 옷차림, 준비물 목록 만들기 • 장소별 봄나들이 옷차림, 준비물을 발표하여 친구에게 알려주기 • 발표한 내용을 듣고 내가 가고 싶은 봄나들이 장소에 맞는 옷차림, 준비물 작성하기	80분	• 2절 도화지 • 포스트잇 • 보드마카 • 개인 활동지
23차시	봄놀이 하기	• 친구들과 놀이를 했던 경험 이야기하기 • 짝과 함께 할 수 있는 간단한 체조로 함께 놀이할 수 있는 마음 열기 • 여러 가지 놀이 방법 익히기 • 안전한 놀이를 위해 규칙 정하기 • 규칙을 지키며 즐겁게 놀이하기 • 정리 운동하기	40분	• 준비물 없이 땅에 금을 긋는 정도의 놀이하기
24~25 차시	봄노래 부르기	• 봄에 들을 수 있는 소리 탐색하기 • 선생님께서 들려주시는 노래 따라 부르기 • 곡의 느낌을 살려 악기로 표현하기 • 곡의 느낌을 살려 신체로 표현하기 • 활동 후 느낌 나누기	80분	• 탬버린 • 윈드차임 • 우드블록
26~27 차시	봄맞이 청소계획 세우기	• 청소와 관련된 노래 부르기 • 청소가 필요한 까닭 이야기하기 • 청소를 해 본 경험 이야기하기 • 모둠별로 청소했던 장소와 필요한 도구, 청소 방법 토의하기 • 청소 장소에 맞는 도구와 청소 방법 발표하기	80분	• 노래 동영상 • 활동지

차시	학습 활동	주요 교수·학습 활동 내용	시간	자료
28차시	봄맞이 청소하기	• 청소와 관련된 예화 듣기 • 우리 교실에서 청소가 필요한 곳 찾아보기 • 청소에 필요한 도구와 청소 방법 토의하기 • 친구들과 함께 봄맞이 교실 청소하기 • 청소 후 느낀 점 나누기	40분	• 예화 • 청소도구 • 활동지
29~30 차시	봄철 건강에 대해 알아보기	• 봄 날씨와 건강에 관한 경험 이야기하기 • 봄철 날씨 변화에 따른 건강 관리의 문제점 알아보기 • 봄철 올바른 건강 관리와 예방법 알아보기 • 역할 놀이로 봄철 건강에 문제가 되는 다양한 상황 알기 • 건강관리 수칙 만들고 실천하기	80분	• 역할 놀이 소품 • 활동지

③ ▶▶ ● 수업 사례

⚗ ▶▶ 교수·학습 과정안

본시 주제	봄나들이 장소에 맞는 옷차림과 준비물 알아보기	차시	21~22/40
성취기준	[2즐02-01] 봄의 모습과 느낌을 창의적으로 표현한다. [2슬02-02] 봄철에 사용하는 생활 도구를 종류와 쓰임에 따라 구분한다.		
학습 목표	봄나들이 장소에 맞는 옷차림과 준비물을 알 수 있다.		
수업 의도	봄이 되면 나들이가 많아지게 된다. 본 수업은 나들이 장소에 맞는 준비물을 알아보아 실생활에 활용할 수 있도록 하는 데 주안점을 둔다. 또한 수업 과정에서 학생들의 경험을 통해 알게 된 정보를 서로 나눌 수 있도록 설계하여 학생들의 참여를 이끌어내는 데 노력하였다.		

단계	교수·학습 활동 내용	교수·학습 자료
동기유발	■ 동기유발 • 지난 겨울 눈썰매장 갔던 친구들은 대답해 봅시다. • 어떤 옷차림이 좋을까요?　－ 오리털파카, 모자, 장갑, 부츠 • 필요한 준비물은 뭘까요?　－ 과자, 따뜻한 물, 사진기, • 더 필요한 것은 뭘까요?　　　새 양말 • 봄나들이 갈 때 준비할 것은 무엇일까 알아봅시다.	* 러그미팅 좌석 배치로 수업시작
학습문제 확인	■ 학습 문제 확인하기 　　봄나들이 장소에 맞는 옷차림과 준비물을 알아보자. ■ 학습 활동 　〈활동1〉 봄나들이 장소별 모둠 만들기 〈전체활동〉 　〈활동2〉 장소에 맞는 옷차림, 준비물 목록 작성하기 〈모둠활동〉 　〈활동3〉 봄나들이 옷차림, 준비물 발표하기 〈모둠·전체활동〉	■ PPT 자료
장소별 모둠 구성	〈활동1〉 봄나들이 장소 별 모둠 만들기 〈전체활동〉 ■ 자신의 경험 떠올리기 • 봄나들이로 갈 수 있는 장소　－ 산, 놀이공원, 주말농장, 동물원 　는 어디인가요? ■ 봄나들이 장소별 모둠 만들기 • 내가 친구에게 옷차림과 준　－ 산, 놀이공원, 동물원... 　비물을 알려줄 수 있는 봄 　나들이 장소는 어디인가요?　－모둠자리로 이동 • 같은 장소별로 모둠을 만들　－포스트잇에 준비물 쓰기 　고 활동 방법을 알아봅시다.　－포스트잇 활동지에 붙이기	■ 화이트보드, 보드마카, 예시 활동지

단계	교수·학습 활동 내용		교수·학습 자료
	〈활동2〉 장소에 맞는 옷차림, 준비물 목록 작성하기 〈모둠활동〉		
장소별 옷차림, 준비물 목록 작성	■ 모둠 자리로 이동하기 • 같은 모둠끼리 정해진 모둠 자리로 이동합니다. ■ 장소에 맞는 준비물 목록 작성하기 • 장소에 맞는 옷차림과 준비물을 모둠 토의를 통해 정합니다. • 그 준비물이 왜 필요한지 생각하면서 정합니다. • 포스트잇에 옷차림과 준비물을 써서 모둠활동지에 붙입니다. • 선생님이 '땅' 하면 활동을 시작하고 '얼음'이라고 하면 활동을 멈춥니다. ■ 모둠학습지 제출하기 • 작성된 모둠활동지를 선생님께 제출합니다.	‒ 모둠끼리 모둠자리로 이동 ‒ 봄나들이 장소에 맞는 옷, 신발, 도구, 물건, 먹을거리 등을 토의하기 ‒ 포스트잇에 써서 활동지에 붙이기 ‒ 시작 신호에 활동 시작 ‒ 종료 신호를 하면 멈추기 ‒ 모둠별로 작성한 장소별 준비물 목록 제출하기	* 러그미팅 → 모둠으로 좌석 변경 * 모둠활동을 게임식으로 운영하여 학생들의 관심과 참여를 높임 ■ 모둠활동지 포스트잇 마카
	〈활동3〉 봄나들이 장소별 옷차림 준비물 발표하기 〈모둠·전체활동〉		
장소별 옷차림, 준비물 발표	■ 장소별 준비물 발표하기 • 모둠별로 장소에 맞는 준비물을 발표합니다. • 빠진 준비물이 있으면 보충해 봅시다. • 잘한 모둠은 칭찬해 줍시다.	‒ 봄나들이 장소별 준비물 목록 발표하기 ‒ 각 모둠에서 발표한 장소별 준비물을 보고 빠진 것이 있으면 보충하기	* 모둠 → 러그미팅으로 좌석변경 ■ 화이트보드, 자석 모둠 활동지
정리 및 차시 예고	■ 학습내용 정리 및 평가 • 개인활동지에 장소에 맞는 봄나들이 준비물 목록을 작성해 봅시다. • 봄나들이 장소에 필요한 준비물을 선택하여 봄나들이 배낭을 만들어 봅시다. ■ 차시 예고‒봄놀이하기	‒ 봄나들이 준비물 ‒ 자신이 봄나들이 갈 장소에 맞게 준비물 챙겨보기	* 러그미팅 → 모둠으로 좌석변경 ■ 개인활동지 ■ 봄나들이 준비물, 배낭

■ 평가 및 피드백

경험중심 교육과정에서 경험이란 주로 학생 개개인에 따라 다르게 나타나는 경험을 말한다. 또한 학습자의 협력과 참여에 의해서 이루어지고 실제 체험을 시키는 데 중점을 두는 학습법을 강조한다. 이에 따라 본 수업은 봄나들이 경험을 토대로 장소별 준비물 목록을 모둠별로 만들고 이를 공유하여 정보가 필요한 학생들이 얻을 수 있는 구조로 수업을 설계한다.

평가는 장소별 준비물 목록을 만드는 활동에 대한 모둠별 평가와 모둠활동의 결과로 나온 준비물 목록에서 자신이 필요한 정보를 선택하여 정리·기록하고 실제 물건을 챙겨보는 경험 위주의 평가를 실시한다. 피드백은 모둠발표 시 학생들이 발표 내용에 대해 서로 보충, 수정할 기회를 주는 것과 개별로 작성한 학습지 내용을 짝끼리 확인하는 것으로 하고, 교사도 그 과정에 개입하거나 확인하여 수업 과정 중에 피드백과 평가가 이루어지도록 한다.

■ 수업 결과물

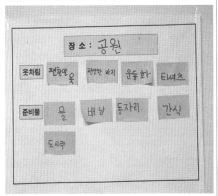

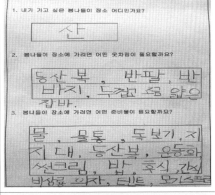

모둠 활동지(2절지)	개인 활동지(A4)

■ 수업 tip

본 수업은 학생들이 각자 경험했던 봄나들이를 생각해보고 각 장소에 필요한 봄나들이 준비물을 친구들에게 알려주는 활동으로 수업을 설계한다. 즉, 자신의 경험을 통해 알게 된 정보를 수업 중에 필요한 친구들에게 알려주어 생활에 활용할 수 있도록 한다.

학생들이 경험한 봄나들이 장소별로 모둠을 구성하고, 장소에 맞는 옷차림과 준비물 목록을 작성하여 발표할 수 있도록 수업을 구성한다. 장소에 맞는 옷차림, 준비물 목록을 만들 때 포스트잇을 활용하여 모둠 학생들이 동시에 모두 참여할 수 있게 하여 목록 작성 시간도 줄일 수 있도록 한다.

제 6 장

인간중심 교육을 위한 교육과정 재구성

- 음악가는 음악을 만들고, 미술가는 그림을 그리고, 시인을 시를 써야만 궁극적인 행복을 얻을 수 있다. 사람은 자신의 본성에 진실해야 한다. 이것이 자아실현의 욕구다.　　　　　　　　　　－ Abraham Harold Maslow(1908~1970)

제1절 ┃ 기본 관점　　　　　　　　　　　　　　　　　　

　　인간중심 교육과정은 학습자의 긍정적 자아개념 형성과 자아실현을 지향하며, 인간을 인간답게 해주는 제반 조건을 조성하고, 개인의 잠재적 가능성을 최대한 발현하도록 돕는 것에 초점을 맞춘다. 인간은 성장잠재력(potentiality)과 변화가능성(plasticity)을 갖고 있으며, 이를 실현하기 위한 방향성과 의지를 갖고 있다는 것이다. 이러한 관점에 따르면 '학습'이란 개인이 주위 환경과의 능동적인 상호작용을 통하여 자신의 존재에 대한 진정한 의미를 깨닫고, 자아의 성장과 실현을 위해 노력하는 내적 경험의 과정이다. 따라서 자기주도적인 학습 활동에 의한 잠재력 계발, 의식의 확장, 집단적 경험, 감동과 깨달음의 정의적 경험, 학습방법의 학습, 자기평가와 격려 등을 강조하고, 허용적인 학습 환경 조성에 중점을 둔다.

인간중심 교육과정은 개인의 열악한 양육환경과 사회의 구조적 모순으로 인하여 왜곡된 인간성을 치유하고 회복하여 인간의 타고난 본성을 보전하려고 노력한다. 비인간화와 인간소외 현상은 물질문명과 정보통신기술이 눈부시게 발달해 가는 현대 산업사회의 어두운 그늘이다. 인간중심 교육은 이러한 그늘 속에서 상처받고 있는 아이들을 보듬어 주는 역할을 수행한다. A. S. Neill(1883–1973)이 주도한 자유학교인 Summerhill, 1980년 이후 우리나라에 설립되기 시작한 대안학교 등은 자본주의와 산업화의 구조적 모순, 권위주의와 입시교육의 폐해 등으로 인해 상처받고 피폐해진 학생들의 마음과 삶을 돌보기 위해 인간중심 교육을 실천한 예이다. 이와 같이 인간중심 교육과정은 인간에 대한 긍정적인 관점을 바탕으로 인간의 본래적 잠재력을 실현하여 자아실현에 이르도록 이끌고, 다른 한편 왜곡된 인간성의 회복을 추구하고 있어 현대사회의 교육이 지향해야 할 바를 잘 보여준다.

> 인간중심 교육과정은 학습자의 긍정적 자아개념 형성과 자아실현을 지향하며, 인간을 인간답게 해주는 제반 조건을 조성하고, 개인의 잠재적 가능성을 최대한 발현하도록 돕는 것에 초점을 맞추는 교육과정이다. 또한 개인적·사회적 이유로 상처받은 학생들에게 대안적 치유와 회복의 길을 제시한다. 이에 따르면 인간은 본래 성장을 위한 잠재력과 변화의 가능성을 갖고 있으며, 이를 실현하기 위한 방향성과 선한 의지가 있다.

등장 배경

인간중심 교육의 흐름은 르네상스 이후 J. Comenius(1592~1670), J. J. Rousseau(1712~1778), J. H. Pestalozzi(1746~1827), J. F. Herbart(1776~1841)를 관통하는 '아동의 발견'에서 유래한다. 성인과 다른 아동의 독특한 특성을 존중하기 시작하고, F. Froebel과 M. Montessori에 의하여 유아기가, G. S. Hall(1846~1924)

에 의하여 청소년기(adolescent)가 규정되면서 교육은 인간의 성장과 발달에 상응해야 한다는 인식이 강화되었다.

특히 현대적 의미의 인간중심 교육과정은 1970년대에 출현한 인간중심 심리학(Humanistic Psychology)에 바탕을 두고 있다. 인간중심 심리학은 무의식적 욕구와 본능에 초점을 맞춘 정신분석학과 외현적인 행동에 초점을 맞추어 인간이 환경자극에 의해 조건화된다고 주장하는 행동주의에 문제제기를 하면서 등장한 제3의 심리학이다. 인간중심 심리학은 인간이 환경에 의해 결정되는 존재가 아니라 자신의 삶에 주어진 한계나 기회에 반응하여 태도와 행동을 선택할 자유를 갖고 있으며, 자신이 선택한 것에 책임을 지고, 자아실현을 향해 나아가는 존재라고 본다. 인간은 자신의 운명을 개척할 수 있고, 선천적으로 선하며 보다 나은 세상을 위해 투쟁할 의지가 있고, 성장과 발달에 대한 무한한 가능성을 가진 존재라고 보는 것이다.

우리나라 교육과정에서는 제4차 교육과정에 인간중심 교육적 관점이 두드러지게 반영되었다. 여기서는 "학교교육에서 건강한 사람, 심미적인 사람, 능력 있는 사람, 도덕적인 사람, 자주적인 사람으로 자라게 도와주어, 전인적 발달이 이루어지도록 해야 한다."(교육부, 1981)고 명시하였다. 제4차 교육과정은 개인적·사회적·학문적 정합성을 고루 갖추는 한편, 경제성장과 산업화에 따른 소외의 문제를 고려하여 전인적 발달을 강조함으로써 인간중심 교육과정으로서의 면모를 드러냈다.

◉ 주요 학자 및 이론

인간중심 교육과정의 이론적 근거는 인간중심 심리학으로, 대표적인 학자로는 G. W. Allport(1897~1967), A. Maslow(1908~1970), C. Rogers(1902~1987) 등이 있다. Allport는 인간행동의 연구에 있어서 일반원리나 법칙을 규명하려는 데 관심을 갖는 보편적 접근(nomothetic approach)과 각 개인의 독특성과 고유성을 규명하려는 개별적 접근(idiographic approach)을 구별하였으며, 이 중 후자의 중요성을 강조하였다. 그는 특히 '느끼고 알려진 나'로서의 '자아'를 강조하고, 독특하고 고유한 자아를 통하여 건전한 성격이 발달한다고 주장하였다.

Maslow는 각 개인이 고유한 인간으로서 실현할 수 있는 잠재가능성을 최대한 수용하고 표현하는 상태를 자아실현(self-realization)이라고 하였으며, 이것을 교육의 목적으로 삼아야 한다고 주장하였다. "만약 학생들에게 선택의 기회가 자유롭게 주어진다면 그들은 스스로에게 도움이 되는 선택을 할 것"이기에, 기존의 사실이나 정보를 수동적으로 받아들이는 외적 학습보다는 개개인의 자아실현을 돕는 내적 학습이 더 중요하다고 하였다. Maslow는 다음 그림과 같은 인간의 욕구위계론을 제안하고, 인간은 이와 같은 욕구에 의해 동기화되고 궁극적으로는 자아실현을 추구한다고 하였다.

그림 3.1 Maslow의 욕구위계론

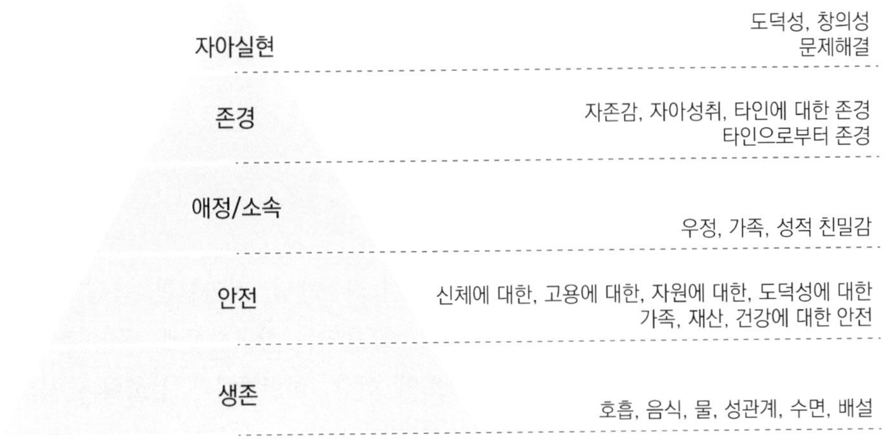

자아실현	도덕성, 창의성 문제해결
존경	자존감, 자아성취, 타인에 대한 존경 타인으로부터 존경
애정/소속	우정, 가족, 성적 친밀감
안전	신체에 대한, 고용에 대한, 자원에 대한, 도덕성에 대한 가족, 재산, 건강에 대한 안전
생존	호흡, 음식, 물, 성관계, 수면, 배설

Rogers는 상담과 정신치료과정에서 얻은 경험과 연구를 바탕으로 교실학습의 방법 전환을 주장한 상담심리학이자 인간중심 학습이론의 대표적인 학자이다. Rogers에 따르면 교육의 목적은 "전인적 인간(whole person), 충분히 기능하는 인간(full function person)"을 향한 인간행동의 변화와 학습의 촉진에 있다. 계속적으로 변화하는 환경 속에서 학생에게 의미 있는 학습은 교사의 가르침을 통해 완성되는 것이 아니라, 학생의 인지적·정의적 체험의 과정 속에서 이루어진다. 이러한 맥락에서 학습자가 긍정적인 자아개념을 갖는 것이 중요하며, 이를 위해 교사는 촉진자, 조력자의 역할을 해야 한다. 교사가 교과를 잘 알고, 학습자의 감정에 민감하게 반응하며, 학습자의 능력을 믿을 뿐만 아니라 교사 자신도 긍정적인 자

아개념을 갖고 학습자의 학습을 촉진할 때, 학습자의 자아는 발달하고 학습자는 긍정적인 자아개념을 가질 수 있다. 이러한 관점에서 교수자는 학습자를 중심에 두고 일치성(congruence), 공감적 이해(empathic understanding), 무조건적인 긍정적 관심(unconditional positive regard)의 태도를 가져야 한다(Rogers, 1980).

그림 3.2 학습자에 대한 교수자의 태도

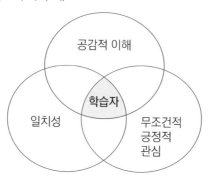

😀 의의와 한계

　　인간중심 교육과정에서 추구하는 긍정적 자아개념, 자아실현, 촉진자로서의 교사의 역할과 태도 등은 학생중심 교육이 요구되는 학교현장에 시사하는 바가 크다. 무엇보다 현대산업사회에서 인간소외 현상, 비인간화가 심화되는 상황을 고려할 때, 교육환경 및 교수학습과정의 인간적 측면을 활성화하도록 교육과정을 개발하는 것은 매우 중요하다. 한편, 인간중심적 교육과정은 개인의 성장을 강조하는 반면 전체 사회구조 속에서 교육과정의 객관적, 사회적 가치문제를 소홀히 하고 있다는 점, 교사와 학생들 중 일부에서 나타날 수밖에 없는 부정적 인간됨의 문제를 간과하는 점, 학교교육이 현실적으로 지육(智育)과 학력향상에 우선적으로 기여해야 한다는 점, 교육문제 해결을 위한 구체적인 교육방법론을 제시하고 있지 못하다는 점 등에서 한계를 갖고 있다.

교육의 목적과 내용

인간중심 교육과정에서 교육의 목적은 인간의 지속적 성장과 자아실현을 돕는 것이다. 앞서 언급한 바와 같이, 인간중심 인간관에 따르면 인간은 본래 더 나은 방향으로 성장하고자 하는 욕구와 이를 실현하고자 하는 동기와 의지를 갖고 있으며, 자아실현은 이와 같은 욕구가 궁극적으로 실현된 상태를 뜻한다. 삶이란 복잡하고 역동적인 과정 속에서 자아를 실현해나가는 여정이며, 교육이란 이를 돕기 위한 과정이라고 할 수 있다. 여기에는 상처받아 일그러진 본성을 보듬어 바로 잡아주려는 노력도 포함된다. 대안학교의 출현이나 학교에서 각종 상담활동이 급증하는 것은 이를 잘 말해준다. 결국 자아실현이란 이기적이거나 자기중심적인 것이 아니라 긍정적인 자아개념을 갖고 다른 사람과의 협업과 균형 속에서 이루어지는 것으로서, 인간중심 교육과정에서는 "긍정적 자아관을 가진 사람, 개방적인 태도로 공감하는 사람, 타자와의 공동운명에 관해 깊이 인식하고 있는 사람, 자아실현을 위해 노력하는 전인적인 사람"을 추구한다. 이를 바탕으로 인간중심 교육과정의 목표를 제시하면 다음과 같다(홍후조, 2012).

첫째, 모든 학생을 독특한 개별적 존재로 대한다.
둘째, 학생이 소유한 각각의 잠재력을 발현할 수 있도록 돕는다.
셋째, 인지적·신체적·정서적 욕구를 반영하고 표현할 수 있는 학습환경을 제공한다.
넷째, 다른 사람들과 효과적으로 지내는 것을 배울 수 있는 환경을 만들어 준다.
다섯째, 착하고, 행복하며 창조적인 사람으로 발달시킨다.

인간중심 교육 내용은 이와 같은 목표와 일관되게 인간의 무한한 잠재력을 신뢰하고, 이를 실현하기 위한 환경을 조성함으로써, 학습자의 자기 주도적 능력과 창의성을 기르는 데 초점을 두고 구성된다. 교사들은 학생들의 지적 호기심을 유발하고, 자유롭게 질문하고 탐구하는 활동이 교수학습활동의 핵심이 되고, 이러한 과정에서 학습자 스스로 학습 활동을 전개해 가도록 세심한 계획을 세우는 것이 필요하다. 성장욕구를 가진 학습자가 내적 동력으로 내·외적 환경과 상호작용하는 가운데 지적·정의적 학습이 이루어지도록 돕는 것이다. 다른 한편 개인적·가정적으로 인간관계가 어려운 학생들에게도 이를 교정할 수 있는 심리상담 및 행동교정 프로그램도 필요하다.

📖 수업 방향과 원리

인간중심 교육과정에서는 전인적 인간을 양성하기 위하여 유의미 학습 (significant learning)이 이루어져야 함을 강조한다. 유의미 학습이란 인지적 측면과 정의적 측면이 통합된 전인의 형성을 강조하는 학습으로, 행동, 태도, 성격에까지 침투하고, 개인적 욕구의 만족과 의미를 중요시하는 학습을 뜻한다. 이를 바탕으로 인간중심 교육을 위한 학습의 원리를 제시하면 다음과 같다.

첫째, 인간은 자연적인 학습욕구, 세상에 관한 호기심, 새로운 경험에 대한 열망을 갖고 있기 때문에 학교교육은 이를 만족시켜 주어야 한다.

둘째, 학습은 교육내용이 학습자와 관련성이 깊을 때 유의미하게 이루어진다. 자기 성장에의 개별적인 동기가 교육내용이 지니는 가치와 밀접하게 연결될 때에 자아 및 환경에 대한 올바른 지각을 바탕으로 학습이 이루어진다.

셋째, 학습은 외적 위협이나 지시가 감소될 때 촉진되기에, 학습자가 자유롭게 자신을 표현할 수 있는 허용적인 분위기가 조성되어야 한다.

넷째, 수동적인 학습보다 자기 주도적이며 능동적 참여에 의한 학습이 훨씬 더 효과적이다.

다섯째, 학습은 학습자의 전인적 발달과 관련될 때 지속가능성이 높다. 따라서 지적, 정의적, 심리적, 신체적, 사회적 측면 혹은 사고, 느낌, 생활이 하나로 통합되어 상호보완적 관계가 되도록 내용을 통합·조직해야 한다.

여섯째, 학습은 학습자의 자기책임이 강조되고 자기평가가 이루어질 때 더 고양된다.

이러한 학습을 위해서는 교사가 학습의 조력자 또는 촉진자의 역할을 충실하게 함으로써 학습자 중심의 수업을 이끌어야 한다. 교사는 학생들에게 진실성을 보여주는 행동을 해야 하고, 학생을 소중한 인격체로 신뢰함으로써 학생 또한 교사에게 신뢰를 갖도록 해야 한다. 또한 학생의 감정을 자신의 감정으로 이입하여 보다 깊이 이해하고 공감하도록 노력해야 하며, 그때야 비로소 학습이 자연스럽게 촉진될 수 있다.

인간중심 교육과 관련된 학습모형으로 비지시적 학습모형, 소집단 탐색 학습모형, 사회적·도덕적 딜레마 토의 모형 등이 있다. 본 장에서는 이 중 비지시적 학습모형을 예로 들고자 한다. 비지시적 학습의 목표는 학습자들이 효과적인 의사결정 능력, 현실적인 자기 평가력을 획득하고, 자신의 학습 방향을 결정할 수 있는 능력을 갖는 것이다. 이 과정에서 교수자는 학습자들과 긍정적인 인간관계를 형성하고, 촉진자·협력자·동반자로서, 안정된 학습환경을 조성하는 역할을 담당한다. 비지시적 학습은 학습자 중심의 기본 전략으로써 교수자는 학습자들의 세계를 있는 그대로 보고, 자연스러운 과정을 통해 학습자 스스로 자기 방향감을 형성·발전하도록 돕는 것에 주안점을 둔다.

표 3.2 비지시적 학습모형

도움상황 탐색하기	문제점 찾기	통찰력 개발하기	계획수립 및 의사결정하기	통합하기	실행하기
• 교수자는 학습자가 자신의 문제점들에 대한 느낌을 자유롭게 표현하도록 학습 환경을 조성한다.	• 교수자는 학습자가 문제를 규명할 수 있게 격려하고, 그와 같은 감정을 받아들여 학습자가 풀어야 할 문제점을 분명히 할 수 있도록 돕는다.	• 학습자는 문제점을 논의하고, 교수자는 학습자들의 토의와 토론을 격려하고 지원한다.	• 학습자는 일차적인 의사결정 계획을 수립하고, 교수자는 객관적인 범위 내에서 의사결정의 명료화를 돕는다.	• 학습자는 보다 발전된 통찰력을 갖고 긍정적으로 표현하며 적극적인 행동을 하도록 격려된다. 교수자는 이런 학습 활동을 지원한다.	• 학습자는 긍정적인 행동을 직접 실천에 옮기고, 성찰을 통해 다음 단계에서는 더 나은 실천이 이루어지도록 환류한다.

😊 평가 방향

　　인간중심 교육과정은 학습자가 자유스러운 분위기 속에서 자신의 경험을 바탕으로 학습하도록 하는 것에 초점을 맞춘다. 이에 따라 평가 또한 이런 류의 성취를 평가할 수 있는 평가 방법 및 도구가 사용되어야 한다. 예를 들어, 학생의 특성 및 주위세계에 대한 종합평가, 인지평가 및 정의평가, 수행평가, 절대평가, 질적 평가, 자기평가, 성장참조평가 등이 이루어질 수 있다. 이를 위해 서술형 검사, 논술형 검사, 토론법, 관찰법, 실기(기능) 평가, 포트폴리오 및 보고서 평가 등 주관식 형태의 평가방법이 활용되도록 한다.

교육과정 재구성 시 고려 사항	
교육과정	• 인간이 본래적으로 성장을 위한 잠재력을 갖고 있으며, 이를 실현하기 위해 나아간다고 여김. • 궁극적 목적은 인간의 긍정적 자아개념 형성과 자아실현임.
교수·학습	• 인지적, 신체적, 정서적 욕구를 반영하고 표현할 수 있으며, 다른 사람과 상호작용할 수 있는 편안한 환경을 제공함. • 교사와 학생의 상호존중, 협동학습, 비지시적 학습 등
평가	• 자유로운 분위기에서 학습자가 경험하고 성취하는 과정에 대한 종합적 평가가 이루어지도록 함. • 자기평가, 질적 평가, 준거지향 절대평가, 성장참조평가 등

개요

주제	자주적인 생활	학년(군)	5~6학년
관련 교과	교과내 (○)　　교과통합 (　)	관련 유형	인간중심 교육과정
성취기준	[6도01-02] 자주적인 삶을 위해 자신을 이해하고 존중하며 자주적인 삶의 의미와 중요성을 깨닫고 실천방법을 익힌다.		
교육과정 유형과 재구성 방향	• 인간중심에서는 인간을 환경에 의해 결정되는 존재가 아니라 자신의 삶에 주어진 한계나 기회에 반응하여 태도와 행동을 선택할 자유를 갖고 있으며, 자신이 선택한 것에 책임을 지고, 자아실현을 향해 나아가는 존재로 본다. 이와 같이 인간중심 인간관에 따르면 인간은 본래적으로 더 나은 방향으로 성장하고자 하는 욕구와 이를 실현하고자 하는 동기를 갖고 있으며, 자아실현은 이와 같은 욕구가 궁극적으로 실현된 상태를 뜻한다. • 이에 따라 인간중심 교육과정에서는 교육의 목적을 인간의 지속적인 성장과 자아실현을 돕는 것이라고 본다. 즉, 삶이란 복잡하고 역동적인 과정 속에서 자아를 실현해나가는 여정이며, 교육이란 이를 돕기 위한 과정이라고 보는 것이다. • 따라서 인간중심 교육과정에서는 학습자의 욕구와 동기를 분석·파악하여 학습자와 관련성이 깊은 교육 내용을 선정하여 유의미한 학습이 이루어지도록 해야 한다. 또한 학습자가 자유롭게 자신을 표현할 수 있도록 허용적인 환경을 조성하고 학습자가 자기 주도적이며 능동적인 태도로 참여하며, 자발성과 함께 책임성과 공동체성을 배울 수 있도록 활동을 구성해야 한다.		
재구성을 통한 기대 효과	• 기존 차시의 내용과 구성이 다소 일반적이고 형식적이라면 재구성을 통하여 학생들이 자주성의 개념을 명확히 이해하고 자신의 삶에서 주인 역할을 하는 것이 얼마나 필요한 것임을 깨닫게 하고자 하였다. 또한 청소년기를 거쳐 성인으로 성장해감에 따라 많은 것들을 스스로 판단하고 결정해야 함을 이해하고, 주체적인 삶을 통해 자주성을 기를 수 있도록 재구성하였다. • 재구성 내용을 보면 먼저 주인의 특성을 이해하고 주인으로서의 삶과 그렇지 못했을 때의 삶을 비교하여 자주성의 중요함을 깨닫게 하였다. 이어 자주적인 사람들의 특징과 공통점을 분석하고 자주적인 사람이 되기 위한 조건을 파악하도록 하였다. 3차시에는 자주적인 사람들이 갖추어야 할 것들에 비추어 자신의 강점과 약점을 분석하고 이를 발전·보완할 방안을 찾도록 하며, 마지막으로 자신의 생활 중 자주적이지 못한 부분을 개선하기 위한 계획서를 작성하고 실천하도록 설계하였다.		

기존 차시 재구성

단원	차시	차시 주제	차시별 학습 활동
1. 내 삶의 주인은 바로 나	1	자주적인 생활을 시작하기	• 자주적인 생활의 의미 알기 • 자주적인 생활의 중요성 알기
	2	자주적인 생활을 실천하기	• 자신의 강점을 발전시키고, 약점 보완하기 • 자주적인 사람들의 행동 방식 익히기
	3	자주적인 생활에 대해 생각해 보기	• 자주적인 생활을 하기 위한 판단 연습하기
	4	내 생활의 주인되기	• 자주적인 삶을 살기 위한 행동 방법 익히기 • 창의적으로 문제 해결하기

단원	차시	차시 주제	차시별 학습 활동
1. 내 삶의 주인은 바로 나	1	자주적인 생활의 필요성	• 자주적인 생활의 의미와 필요성 알아보기
	2	자주적인 사람이 되기 위한 조건	• 자주적인 사람이 되기 위한 조건 알아보기
	3	자주적인 사람이 되기 위한 노력	• 나의 강점을 찾고 발전시킬 방안 찾기 • 나의 약점을 찾고 보완할 방안 찾기
	4	내 생활의 주인되기	• 내 생활의 주인이 되기 위한 실천 계획 세우기

재구성 차시별 수업

차시	학습 활동	주요 교수·학습 활동 내용	시간	자료
1차시	자주적인 생활의 필요성 이해하기	• 주인과 종의 차이점 생각해보기 • 주인이 갖추어야 할 태도 알아보기 • 자주적이지 못한 사람들의 사례를 보고 문제점 찾기 • 자주적인 생활의 필요성 이해하기	40분	• PPT자료 • 학습지
2차시	자주적인 사람이 되기 위한 조건 알아보기	• 자주적인 사람들의 특징 알아보기 • 자주적인 사람이 되기 위한 조건 알아보기	40분	• 일화, 예화 • 학습지
3차시	자주적인 사람이 되기 위한 노력 알아보기	• 자신의 강점과 약점 찾아보기 • 자신의 강점을 발전시키기 위한 방안을 생각해보기 • 자신의 약점을 보완하기 위해 노력할 점을 생각해보기	40분	• SWOT • 분석학습지
4차시	나의 생활에서 주인 역할 하기	• 나의 생활에서 주인이 되지 못하는 부분을 생각해보기 • 주인이 되지 못한 결과 반성해보기 • 주인이 되기 위해서 노력해야 할 점 생각해보기 • 내 생활의 주인이 되기 위해 할 일 계획 세우고 실천하기	40분	• 계획서- 실천 체크리스트

③ ▶▶ ● 수업 사례

🧑‍🏫 ▶▶ 교수·학습 과정안

본시 주제	내 생활의 주인 되기(4/4)
성취기준	[6도01-02] 자주적인 삶을 위해 자신을 이해하고 존중하며 자주적인 삶의 의미와 중요성을 깨닫고 실천방법을 익힌다.
학습 목표	내 생활의 주인이 되기 위한 실천 계획을 세울 수 있다.
수업 의도	자신의 일상 중 주인이 되지 못하는 부분을 찾고, 생각과 행동을 바꾸어 개선할 수 있도록 한다.

단계	교수·학습 활동 내용	교수·학습 자료
동기유발	■ 주인 역할을 못하는 상황 알아보기 • '자신이 주인 역할을 못하는 경우'에 대한 설문을 하였습니다. 그 결과를 추측해봅시다. • 주인 역할을 못하는 이유를 알아보고 개선할 수 있는 방법을 생각해봅시다. − 게임에 이끌려 계속한다. − 다른 친구의 말을 그대로 따른다. − 숙제를 제때 안 한다. − TV를 계속 본다.	■ 학생들의 설문 결과 PPT
학습문제 확인	■ 학습 문제 확인하기 　내 생활의 주인이 되기 위한 실천 계획을 세워봅시다. ■ 학습 활동 〈활동1〉 주인이 되지 못하는 사례 살펴보기 〈전체활동〉 〈활동2〉 내 생활의 주인인지 생각해보기 〈모둠·활동〉 〈활동3〉 내 생활에 주인이 되기 위한 계획 세우기 〈개별활동〉	
주인이 되지 못하는 사례 알아보기	〈활동1〉 주인이 되지 못하는 사례 살펴보기 〈전체활동〉 ■ 주인이 되지 못하는 사례 • 가장 주인 역할을 못하는 경우는? • 그러면 게임은 전혀 하지 말아야 할까? • 게임을 하는 것에 대한 서로 다른 두 가지 생각 　학생: 게임을 즐기는 것이다. 　부모님: 게임 중독이다. • 게임을 즐기는 것과 중독된 것은 어떤 차이가 있는지 알아보자. − 게임 (설문 결과 1위) − 아니다.	■ PPT

단계	교수·학습 활동 내용		교수·학습 자료
	〈활동2〉 내가 내 생활의 주인인지 생각해보기 〈모둠·활동〉		
내 생활의 주인인지 생각해 보기	■ 즐기다 Vs 중독되다 • '즐기다'와 '중독되다'는 어떤 차이가 있는지 모둠 토의를 해봅시다. • 모둠토의 결과를 포스트잇에 써서 칠판에 게시합니다. • 각 모둠의 발표 내용의 공통점을 찾아봅시다. • 게임을 즐길 때 주인은 누구라고 생각합니까? • 게임에 중독된 경우 주인은 누구라고 생각합니까? • 주인이 못되면 나는 무엇이 된 것입니까? • 내가 내 생활의 주인인지 되돌아봅시다. • 주인이 되기 위해서 어떠한 노력이 필요할지 생각해봅시다.	– '즐기다' Vs '중독되다'의 차이점 모둠토의 – 모둠토의 결과 칠판에 게시 – 즐기다: 내가 게임을 통제 – 중독되다: 게임이 나를 통제 – 나 자신 – 게임 – 게임의 종이 됨 – 내 생활 돌아보기 – 주인이 되기 위해 노력할 점 생각해보기	■ PPT ■ 게시용 자료 ■ 포스트잇 보드마카
	〈활동3〉 내 생활에 주인이 되기 위한 계획 세우기 〈개별활동〉		
실천 계획 세우기	■ 내가 주인이 되지 못하는 경우 찾기 • 각자 내 생활에서 주인이 되지 못하는 경우 찾기 ■ 주인이 되기 위한 실천 계획을 세우기	– 게임에 끌려 다니는 것, 친구에게 내 의견을 정확히 표현 못하는 것, 스스로 할 일을 제 때 안 하는 것 등… – 내 생활에서 주인 역할을 못하는 것 생각해보기 – 주인 역할을 하기 위해 고쳐야할 것 생각해보기 – 주인 역할을 하기 위한 구체적인 실천 항목을 정하고 체크리스트 만들기	■ 실천 계획서
정리 및 차시 예고	■ 학습 정리 및 평가 • 내 생활의 주인이 되지 못하는 경우 확인하기 • 내 생활의 주인이 되기 위한 실천 계획 확인하기 • 실천 계획서 발표하고 평가, 수정하기 ■ 차시 예고 • 봉사의 필요성 알아보기		■ 실천 계획서 ※ 평가 및 피드백 실천 계획서에 대한 짝끼리 상호 피드백 교사의 피드백 및 평가

■ **평가 및 피드백**

본 수업은 자신의 실제 생활에서 주인 역할을 하지 못하는 부분을 찾아 그 이유를 생각해보고 이를 개선하기 위한 계획서를 작성하는 것에 주안점을 둔다.

평가 내용은 자주적인 생활을 위한 실천 계획을 구체적으로 작성하고 실천 방법을 익혀 실제 생활에 적용하는 것이다. 평가 방법은 자주적이지 못한 자신의 행동을 찾고 그 행동을 개선하기 위한 계획을 세우며 이를 체크리스트로 작성하여 구체적인 실천 계획을 세운다. 이를 짝 활동을 통하여 서로 피드백 하고 마지막으로 교사의 피드백을 거쳐 계획서를 완성한다. 평가의 목적을 결과에만 두지 않고 여러 번의 피드백을 거쳐 실제 실천 가능성이 있는 계획서로 다듬어 가는 데 둔다.

■ **활용 자료**

■ **수업 tip**

본 수업은 단원의 마지막 차시로 앞에서 학습한 자주성의 필요성, 자주적인 사람이 되기 위한 조건과 노력할 점을 자신의 생활에 구체적으로 적용하도록 계획서를 작성하는 데 주안점을 둔다.

학생들이 자신의 행동을 바꾸기 위해서는 먼저 생각이 바뀌어야 한다. 이를 위해서 학생들이 스스로 통제하지 못하는 것들을 설문으로 알아보고 그러한 결과가 나오는 원인을 스스로 분석하여 자주적인 생활의 필요성을 다시 한 번 깨닫도록 한다. 이러한 성찰을 통해 삶의 주인이 되기 위한 실천 의지를 갖도록 하는 것이 본 수업의 포인트이다.

제 7 장

인지중심 교육을 위한 교육과정 재구성

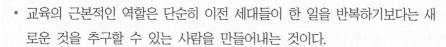

• 교육의 근본적인 역할은 단순히 이전 세대들이 한 일을 반복하기보다는 새로운 것을 추구할 수 있는 사람을 만들어내는 것이다.

- Jean Piaget(1896~1980)

제1절 ┃ 기본 관점

'인지(cognition)'란 우리 머릿속에서 일어나는 일련의 지적 과정을 의미하며, 인지이론은 인간의 육안으로 직접 관찰할 수 없지만 우리 두뇌 속에서 벌어지는 외부 감각적 자극의 변형, 기호화 또는 부호화(encoding), 파지(retention), 재생 또는 인출(recall)이라는 일련의 정보처리 과정을 탐색하는 연구체계를 의미한다. 인지심리학자들은 명백하게 관찰할 수 있는 행동보다 인간의 두뇌 속에서 벌어지는 정보처리 과정, 즉 정보를 어떻게 지각, 습득, 조직하고 활용하는 지에 연구의 초점을 맞춘다. 감각자극이 발생하면 학습자의 뇌에서는 인지처리 과정이 일어나고 이것이 궁극적으로는 학습된 능력으로 나타난다고 본다.

그림 3.3 인간의 인지처리 과정

감각자극 ➡ 인지처리 과정 ➡ 학습된 능력

인지주의 관점에서 학습자는 새로운 정보를 적극적으로 받아들이며 능동적으로 지식을 구성하는 존재이다. 인지주의에서는 인간의 내적 사고에 집중하는데, 학습은 지식의 구조와 원리를 우리 두뇌가 이해하고 처리하는 것으로 본다. 인지주의는 행동주의와 마찬가지로 객관주의 철학에 기반을 두는데, 객관주의에서는 지식이 개별적 인간의 인식과 경험에 관계없이 보편적이며 객관적인 지식으로서 존재하고 이를 명시적 지식으로 서로 공유할 수 있다고 본다. 즉, 학습자는 교사가 전달하는 지식을 모두 획득 가능하며 타 학습자들과 동일하게 세상을 이해할 수 있다고 전제한다.

교과나 학문중심 교육과정이 교과를 학습한 결과가 사고능력의 성장이라고 보고, 구성주의가 상대적으로 학습자의 지식의 적극적 구성을 강조하는데 비해, 인지중심 교육과정은 사고과정 혹은 인지과정으로서 지식의 습득과 그 방식, 즉 정보처리 과정과 능력에 강조점을 둔다. 인지중심의 교육에서는 인간은 본성적으로 사고하는 능력 혹은 기제를 가지고 태어난다고 가정한다.

🐾 등장 배경

1950년대 말 학습이론은 기존의 행동주의 패러다임으로 설명할 수 없었던 인간의 복잡한 인지과정과 학습과정에 주목했다. 당시 학습 이론의 주류는 행동주의로, 행동주의는 자극(stimulus) – 반응(response)의 행동으로 학습자의 수행을 설명하였으나, 이러한 연결구조로 설명되지 않는 상황을 보고 인지과학에서 해답을 찾고자 하였다. 즉, 행동주의와는 달리 자극과 반응의 중간 과정인 인간의 인지과정 자체를 연구 대상으로 한다. 인지주의자들은 인간은 복잡한 정보를 처리할 수 있는 능력을 가졌다는 가정에서 출발한다. 과학이 발달함에 따라 행동주의를 반박할만한 실험 결과들이 나오면서, 교육학자들과 심리학자들은 명백하게 관찰 가능한 행동보다 사고, 언어, 개념 형성 및 정보 처리, 문제 해결, 창의력과 같이 더 복잡한 인지과정에 주목하기 시작하였다.

인지주의에서는 학습자가 주위의 경험을 어떻게 학습하고 인식하는 지를 발견하려고 하였다. 학습의 결과로서 행동이 반드시 필요한 것은 아니며, 행동으로 드러나지 않더라도 학습자 내부에서 인지 상태가 변하였다면 학습한 것으로 간주한다. 인지주의자들은 인간의 두뇌작용을 직접 관찰하지 않더라도 얼마든지 객관적·과학적인 연구가 가능하다고 주장한다. 이러한 과정은 합리적 절차적 탐구력, 비판적 사고력, 문제 해결력, 창의적 사고력 등으로 표현된다.

우리나라의 교육과정에서 문제 해결력, 창의적 사고력 등 인지주의 교육 관점이 강조된 시기는 제4차, 5차 교육과정기로 볼 수 있다. 1972년 한국교육개발원이 개원하면서 다양한 교육학 개념들이 교육과정 개발 요소로 반영되었는데, 그중 제4차 교육과정에서 교육과정 구성의 방향으로 문제 해결력이 등장하며, 제5차 교육과정이 추구하는 인간상의 세 번째는 '창조적인 사람'으로, 하위 항목에 '기본적인 학습 능력, 과학적인 탐구 능력, 합리적인 문제 해결력, 창의적인 사고력' 등을 제시하여 인지주의적 관점이 도입된 것을 알 수 있다.

주요 학자 및 이론

인지중심 교육과정의 주요 이론은 Atkinson과 Shiffrin(1968)이 제안한 '정보처리이론'으로 인간의 학습 과정을 컴퓨터의 정보처리과정으로 이해하고 분석하였다. 정보처리 모형은 세 가지 중요한 구성요소로 나눌 수 있다.

① 정보저장: 정보 저장 장치로 감각기억, 작업기억(working memory), 장기기억을 말한다.

② 인지적 과정: 정보를 전환하고 한 저장소에서 다른 저장소로 옮기는 지적 행동을 말하는 것으로 주의집중, 지각, 시연, 부호화, 인출 등이 있다.

③ 메타인지: 인지적 처리 과정에서 스스로 통제하고 조정하는 것으로, 정보 처리 과정 전체에 영향을 미친다.

그림 3.4   인간의 정보처리과정 모형

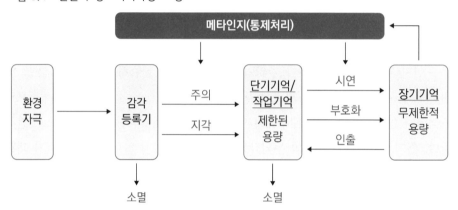

인지주의 이론의 대표적인 학자는 J. Dewey, J. Piaget, N. Chomsky 등이다. 이들은 인간의 사고능력 발달(인지 발달, 언어 발달)에 인간이 태어날 때부터 본성적으로 가진 스키마(schema/구조)가 작용한다는 것을 가정한다. 즉, 인간은 언어, 개념, 사고기능을 획득하는데 필요한 어떤 능력인 '구조'를 가지고 태어난다는 것이다. 이와 같은 구조는 개개인이 성장해감에 따라 발달 이전에 획득한 지식, 신념, 이후 관념, 대상, 사태에 관해 지각하고 생각하는 방식에 영향을 미친다. 현재의 스키마에 새로운 학습 경험과 학습자의 정보처리과정이 더해지면 새로운 스키마로 형성된다고 본다. 인간은 감각 기관을 통해 정보를 수동적으로 받아들이는 존재가 아니라 능동적으로 아이디어를 구성하는, 현재 가지고 있는 아이디어와 이전의 경험을 토대로 새로운 의미를 창출하는 존재라는 것이다.

교육학에서 인간의 사고과정을 체계적인 절차로 설명하려고 한 이는 Dewey였다. 그는 교육을 사고의 본성인 자발성을 훈련시키고 성장시키는 과정으로 보았다. 교사는 학생의 사고훈련자이며, 학생이 구체적 사고에서 추상적 사고로, 경험적 사고에서 과학적 사고로 발전하도록 돕는 존재이다(변정아, 2018). Dewey(1960)

는 우리가 문제사태에 당면해 이를 풀어가는 과학적 사고과정을 암시(suggestion, 잠정적인 답) ─ 지성화(intellectualization, 문제 사태의 명료화) ─ 가설(hypothesis, 지적 과정을 거친 잠정적인 답) ─ 추론(reasoning, 검증결과의 예견) ─ 검증(testing, 적용과 실험에 의한 입증)의 5단계로 구체화한 바 있다.

인간의 지적 발달을 이해하려고 노력했던 Piaget는 스키마, 동화, 조절, 인지적 평형화 이론과 같은 학습 이론과 함께, 학습자의 발달 단계를 감각운동기(0─2세, 지각적 항상성의 획득), 전조작기(2─7세, 직관적 사고), 구체적 조작기(7─11세), 형식적 명제적 사고기(11세 이후)로 구분하여 제시하면서, 각각의 발달 단계에 적합한 교육과정을 개발하여 지도해야 한다고 강조하였다. 여기서는 지식의 습득을 매우 강조하는데 사전 지식을 구축해두어야 새로운 지식이 들어와 동화되거나 조절한다는 것이다. 이를 이어받은 Bruner는 인간의 사고의 표현방식(forms of representation)을 동작적(enactive), 영상적(iconic), 상징적(symbolic) 표현방식으로 점차 발달시켜가야 한다고 보았다. 이 점에서 전통적인 교육에서는 중간의 영상적 표현방식이 상대적으로 짧게 위축되어 있었는데, 최근 영상(screen) 시대에는 그래픽, 도형, 만화 등을 통해 일생에 걸쳐 길게 연장되는 편이다.

의의 및 한계

인지주의 교육과정의 의의로는 첫째, 학습자를 적극적인 참여자로 이해하며, 학생들이 교육과정 내용과 자신의 사고 및 활동 간의 관계성을 파악할 경우 완전학습이나 이해력 및 긍정적인 태도가 생겨날 수 있다는 점, 둘째, 정보의 구조화, 조직화, 계열화 과정에서 학습자의 창의력을 촉진하는데, 학습자의 정신적 구조를 설명하므로 복잡한 형태의 학습 설명에 적절하다는 점, 셋째, 인지주의 교육과정 관련 연구는 학습자의 정보처리 방식의 독특성, 다중지능론, 뇌기반(brain─based) 교육과정 등으로 연구 영역이 확장되고 있다는 점 등을 들 수 있다. 지식이 있어야 그 다음에 학습자의 토론, 토의, 조사, 프로젝트 수행 등이 가능하다는 것이다.

반면, 인지주의 교육과정의 한계로는, 첫째, 학습자의 내재적 동기 유발에 의존함으로써 교사들은 내재적인 동기나 보상을 찾지 못한 학생들을 도와주는 데 어려움을 겪을 수 있고, 둘째, 학문의 내용보다 사고하고 탐구하는 과정, 즉 형식을 가르쳐야 한다고 주장하지만 사실 사고 과정과 그 재료가 되는 교과 지식이나 내용은 상호보완적 관계를 갖는 것으로 보아야 하며, 셋째, 인지중심 교육과정에서 말하는 일반적 사고기능을 교과 특유의 사고방식, 예를 들어 과학적 사고 방식, 연역적 사고 방식 등과 연계해야 하는데 아직은 이러한 면이 제대로 정립되어 있지 않다는 점 등을 들 수 있다.

제2절 | 교육과정 재구성 방향

☺ 교육의 목적과 내용

인지주의 교육과정에서 교육의 목적은 사고기능의 개발, 즉 학습자 내면에 있는 인지 구조의 변화이다. 학습자가 가지고 있는 기존 인지구조에 새로 들어온 정보가 적절히 동화되거나 기존 인지구조와 새로운 정보의 상충으로 혼란과 갈등이 발생한 이후 기존 인지구조가 변화하여 새로운 평형을 달성하는 것을 목적으로 한다. 인지주의적 관점은 이러한 목적을 달성하기 위한 사고의 개발에 초점을 두는데, 이 관점에서는 사람들이 어떻게 세계를 이해하며, 어떻게 하면 더욱 생산적이고 창의적으로 생각하는 방법을 배울 수 있을까를 묻고 답한다.

교육과정은 학생들로 하여금 그들이 이미 알고 있는 것을 토대로 해서 자신들의 지식을 구성하고, 의사결정, 문제 해결, 판단이 필요한 유목적적인 활동에 그러한 지식을 활용할 수 있도록 한다. 이를 위해 학습자의 인지발달 단계, 정보처리 단계 등을 고려하여 학습자 스스로 과제를 해결하고 탐구해 나가는 사고의 과정과 탐구의 절차 및 기능의 교육을 강조하고, 정보처리전략을 활용하도록 하며, 현 수준보다 조금 더 높은 과제를 제시하여 학습의욕을 고취시킬 수 있는 내재적인 학습 동기를 강조한다.

인지주의 관점에서 교육내용은 인간의 사고 과정이나 사고 요소 중심으로 구성된다. 즉, 교과의 지식과 사고 요소를 관련지어 구성하고자 하며, 어떤 인지 모델을 사용하느냐에 따라 내용 조직 방법이 달라진다. 교과는 사고하려고 하는 지식체이고, 사고, 추론 혹은 문제 해결과 같은 형식의 집합체이다.

인지주의 관점의 주창자들은 중요하다고 생각되는 인지적 요소들(예: 비판적 사고, 문제 해결적 사고, 창의적 사고)을 중심으로 교육과정을 조직한다. 인지적 동화(cognitive assimilation)를 강조하는 쪽에서는 구체적인 내용 요소들을 포섭하고 있는 상위의 몇 가지 개념들을 중심으로 하여 내용을 조직한다. D. Ausubel의 수업전반부의 선행조직자 제시가 대표적이다. 만약 인지이론에서 개념을 표상하는 방식(예를 들어, 동작적·영상적·상징적 표현 방식)이 개인마다 다르다는 점을 강조하게 되면, 교육과정은 그와 같은 표상 양식들을 중심으로 조직된다. 사고기능을 강조하는 쪽에서는 자신들이 생각하는 사고의 기본 단계 혹은 요소들을 중심으로 조직하고 싶어하므로 주로 학습 관련 원리들을 활용하여 교육과정 내용을 계열화한다.

조절(accommodation)을 강조하는 쪽에서는 학습자의 개념적 변화를 촉진시키기 위해 오(誤)개념, 맹점과 실수하는 지점, 낮게 구조화된(ill-structured) 과제, 모순사건 등을 중심으로 교육과정을 조직한다. 예를 들어, 사람이 세 자리 숫자 두 개를 더할 때는 두뇌에서 20개의 정보처리 단계가 발생한다고 한다. 한 학생이 이런 덧셈에 서툴 때 무조건 규칙을 암기시키기보다 20개의 정보처리 단계 중 잘못된 부분을 교정해 주면 쉽게 배울 수 있다는 것이다.

그러나 인지주의자들은 학습 내용의 폭보다는 깊이를, 그리고 학생이 지닌 사전 지식과 경험의 맥락 속에서 사고기능을 발달시켜야 한다고 역설하는데, 이 경우 학습 시간은 많이 걸리고, 다룰 수 있는 내용은 매우 제한될 수밖에 없다.

수업 방향과 원리

인지주의 교육과정은 ① 주제를 깊이 있게 다루고, ② 학생들의 경험이나 사전 지식의 배경 속에서 기능과 개념을 가르치며, ③ 내재적 동기에 근거를 두고, ④ 표준화검사를 통한 평가방식보다는 임상면접이나 관찰법을 선호한다(홍후조, 2018). 학습은 시행착오를 통한 행동의 변화가 아니라 능동적이고 의도적인 정신의 활동과 전체적인 구조 파악에서 비롯되는 인지 구조상의 변화라고 파악한다. 즉, 어떤 것을 안다는 것은 단지 정보를 수동적으로 수용하는 것이 아니고, 그것을 해석하고, 자신이 기존에 가지고 있던 지식에 통합(assimilation)하는 것이다. 그러므로 학습자의 복잡한 사고 과정을 통해 얻어지는 통찰의 결과로서의 학습에 관심을 갖는다.

인지주의 교육과정을 교수·학습에 적용할 때 고려할 사항은 다음과 같다.

첫째, 학습자에 의한 목표설정이다. 행동주의의 외적 보상보다 내적 동기를 강조하는 인지주의에서는 학습자가 학습목표를 스스로 설정할 수 있도록 하며, 교사는 학습자가 현재의 지식수준보다 높은, 도달 가능한 목표를 설정할 수 있도록 도와야 한다. 학습자의 지식 및 정보의 습득과 그 처리방식은 교재의 구성방식, 교수와 학습방식, 학습자의 학습 성과에 대한 피드백 등에 영향을 미친다.

둘째, 학습자에 대한 교사 이해가 중요하다. 수업 계열을 세울 때 교사는 학습자의 인지 발달 수준을 알고 그에 따라 적절하게 학습 내용을 조직하여 제시하는 것이 무엇보다 중요하다. 교사는 학습자가 외부 정보를 부호화하고, 변환하고, 연습하고, 저장하고, 검색하는 데 적극 참여하고 적절한 학습전략을 사용하도록 도와야 한다. 즉, 교사는 학생들의 뇌의 정보처리과정을 잘 이해하고 이에 상응하는 방식과 절차를 택해야 한다.

셋째, 내재적 동기 유발을 고려한다. 학습자의 내재적인 동기 유발을 위하여 교사는 학습자가 현 수준보다 높은 문제 상황에 직면하게 함으로써 학습의욕을 촉진하도록 해야 한다. 이때 학습자는 도전감과 함께 성취감을 느낌으로써 내재적 동기가 강화된다.

넷째, 교수·학습 방법과 관련하여 인지주의 교육과정에서는 학습자의 내부에서 일어나는 인지과정에 관심을 두고 사고의 과정과 탐구 기능의 교육을 강조할 필요가 있다. 그래서 비유, 기억술, 시각이미지 활용, 발견학습, 탐구학습 등과 같은 정보처리 전략을 활용한다. 즉, 수업 전반을 통해 고차적 사고를 할 수 있도록 문제를 제시하고, 적절한 개념이 사고과정 속에서 생성적으로 작용할 수 있도록 관련 자료를 제시하며, 사고하는 분위기를 조성하고 서로 협력하는 체제를 마련해야 한다.

인지주의 교육과정을 교수·학습에 적용하는 사례로 뇌기반 학습, AI 수학의 알고리즘 짜기, 창의적 사고 훈련법, 트리즈 발상법(러시아의 Genrich Altshuller 박사가 개발한 창의적 문제 해결 기법) 등이 있다. 관련된 학습모형도 다양한데 여기서는 '발견학습 모형'을 예로 든다. 발견학습은 학습자에게 가르쳐야 할 내용을 최종적인 형태로 제공하는 것이 아니라, 그 최종 형태를 학습자 스스로 조직하도록 요구되는 상황에서 활용 가능하다. 일반적인 절차는 다음과 같이 제안할 수 있다.

표 3.3 발견학습 모형의 일반적인 절차

단계	자료 제시	보충자료 제시	추리	정리	응용
주요 내용	• 학습자료 일부 제시로 학습동기 유발하기	• 보충자료를 제시하여 더 깊은 관찰을 하도록 유도하기	• 관찰 결과 발견한 개념에 대해 논의하기	• 학습한 개념을 자신의 언어로 정확하게 정리하기	• 학습한 개념을 확장시키거나 응용하기

◉ 평가 방향

인지주의 교육과정에서 평가는 행동의 결과가 아닌 인지과정에 관심을 가지므로, 평가의 주요 대상은 기억력이 아닌 탐구력이다. 따라서 학생들이 기본 개념을 그 의미에 충실하게 파악하였는가, 일상적이고 규칙적이지 않은 문제들도 풀 수 있는 학습을 하였는가의 문제들이 중요한 평가 질문이 된다.

평가에서는 단답형이나 선다형 평가가 아닌 임상 면접, 학생의 문제 해결 과정의 분석(오개념 및 실수의 분석까지 포함하여), 그리고 개념 지도의 작성 과제 등이 활용된다. 즉, 문제 해결력, 탐구력 등이 평가 대상이며, 평가 방법으로는 성찰노트, 포트폴리오, 수행평가 등을 활용할 수 있다.

교육과정 재구성 시 고려 사항

교육과정
• 인간의 사고 과정으로서 지식의 습득과 그 방식에 중점을 둠.
• 학습자의 인지구조의 변화를 교육의 목적으로 함.

교수·학습
• 학습자의 인지 발달 수준에 따라 학습 내용을 조직함.
• 탐구 수업, 기억술, 개념도 작성, 예상하기(heuristic) 등의 전략을 활용함.

평가
• 문제 해결력, 탐구력 등이 평가 대상임.
• 평가 방법으로 성찰 노트, 포트폴리오, 수행평가 등을 활용함.

 **개요**

주제	관점을 바꾸어 역사 바라보기	학년(군)	5~6학년
관련 교과	교과내 ( )　　교과통합 (○)	관련 유형	인지주의 교육과정
성취기준	[6사03-04] 고려청자와 금속 활자, 팔만대장경 등의 문화유산을 통하여 고려 시대 과학 기술과 문화의 우수성을 탐색한다. [6사04-01] 영·정조 시기의 개혁 정치와 서민 문화의 발달을 중심으로 조선 후기 사회와 문화의 변화 모습을 탐색한다. [6사04-04] 광복을 위하여 힘쓴 인물(이회영, 김구, 유관순, 신채호 등)의 활동을 파악하고, 나라를 되찾기 위한 노력을 소중히 여기는 태도를 기른다.		
	[6국01-03] 절차와 규칙을 지키고 근거를 제시하며 토론한다.		
교육과정 유형과 재구성 방향	〈교육과정 유형과 수업 접목〉 • 인지적 요소를 포함하는 수업으로 역사와 과학 등 다른 교과와 융합한 수업을 계획하였다. • 역사 속의 사건이나 상황에 대해 다양한 관점으로 문제를 제기하고 그것을 어떻게 해결할지 창의력과 문제해결력을 발휘하도록 수업을 디자인하였다. • 인지주의 교육과정의 원리는 학습자의 스키마(schema)에 새로운 자극, 즉 새로운 학습경험과 정보처리과정이 더해지면 새로운 인지구조를 갖게 된다는 것이다. 따라서 학습자가 이미 알고 있는 것을 토대로 의사결정, 문제해결, 판단이 필요한 활동에 요구되는 지식과 개념을 추가하는 교육활동을 계획해볼 수 있다. • 교사는 비판적 사고, 창의적 사고, 문제해결력을 함양할 수 있는 다양한 자극을 수업 중에 지속적으로 제공할 필요가 있다. 〈재구성 방향〉 • 5학년 2학기에서 6학년 1학기까지의 역사 지식을 바탕으로 디자인한 수업이다. • 역사의 단편적인 사건의 나열이나 외워야 할 지식을 넘어 학생들이 익힌 지식 위에 다양한 문제 제시를 통해 사고력, 탐구력, 문제해결력을 기르고자 한다. • 토론을 국어 시간에만 하는 것이 아니라 역사적 사건이나 문화재를 토론의 주제로 삼아 협력적 활동을 통해 자신의 생각을 논리적으로 표현하고 사고력을 높이는 데 활용한다. • 어떤 문제 제시가 학생들의 사고를 자극할 것인가에 대한 고민이 필요하다. • 학생마다 가진 바탕 지식의 차이로 토론이나 협력학습에 문제가 생기지 않도록 수업 전반에 걸쳐 교사 관찰평가에 의한 피드백은 수시로 이루어져야 한다. • 8차시로 디자인하였지만 순서대로 하거나 다 수업해야 하는 것이 아니다. 역사를 배우는 수업의 흐름상 필요한 차시만 수업을 해도 상관이 없다.
재구성을 통한 기대	이 수업에서의 핵심은 정답을 찾는 것이 아니라 여러 상황에서 가장 합리적이며 깊은 사고의 결과를 가져왔는가를 살피는 것이 중요하다. 역사를 다양한 관점에서 바라보고 자신의 생각을 정리하는 사고력을 키울 수 있을 것이다. 4개의 소주제 모두 토론이 매우 중요한 역할을 한다. 비판적 사고, 상대에 대한 배려가 토론 속에서 이루어지기를 기대한다.

성취기준 풀기

성취기준	성취기준 풀기	
	내용기준	수행기준
[6사03-04] 고려청자와 금속 활자, 팔만대장경 등의 문화유산을 통하여 고려 시대 과학 기술과 문화의 우수성을 탐색한다. [6사04-01] 영·정조 시기의 개혁 정치와 서민 문화의 발달을 중심으로 조선 후기 사회와 문화의 변화 모습을 탐색한다. [6사04-04] 광복을 위하여 힘쓴 인물(이회영, 김구, 유관순, 신채호 등)의 활동을 파악하고, 나라를 되찾기 위한 노력을 소중히 여기는 태도를 기른다.	팔만대장경의 우수성 조선 후기 풍속화의 특징 일제 강점기의 나라를 되찾기 위한 노력	시대별 문화재를 탐구하여 우수성을 확인하고 보존 방법 찾기
[6국01-03] 절차와 규칙을 지키고 근거를 제시하며 토론한다.	근거, 주장	우리 문화재에 대해 근거를 바탕으로 주장하기

주요 핵심 개념 추출

학생들이 성취해야 하는 핵심 지식	학생들이 성취해야 하는 기능
학생들은……을 알 것이다.	학생들은……을 할 수 있을 것이다.
• 팔만대장경의 우수성 • 조선 후기 서민문화의 발달 • 일제 침략과 이에 맞선 활동과 노력	• 우리나라 문화재를 보고 역사적 상황을 추론하기 • 우리의 문화재를 보고 역사적 사실을 탐구하기

학습요소

주요 학습요소	• 팔만대장경 • 조선 후기 예술문화	교과역량	• 비판적 사고력 • 의사소통	기능	• 추론하기 • 탐구하기

평가계획

평가 기준 성취 수준	팔만대장경이 보존될 수 있었던 이유를 설명하고 풍속화 속의 달의 모양을 추측하며 서울 성곽 복원 방법을 찾을 수 있다.		
	팔만대장경 보존의 이유를 과학기술로 설명하기	풍속화(월하정인) 속 달의 모양을 추측하고 토론하기	서울 성곽 복원 방법 찾기
상	팔만대장경 보존의 과학기술 을 두 가지 이상 찾을 수 있다.	풍속화(월하정인) 속의 달의 모양을 추측하고 근거를 바 탕으로 자신의 주장을 제시 할 수 있다.	서울성곽의 현재의 모습을 조 사하고 훼손된 부분의 복원 방법을 논리적으로 표현할 수 있다.
중	팔만대장경 보존의 과학기술 을 한 가지 정도 찾을 수 있다.	풍속화(월하정인) 속의 달의 모양을 추측하였으나 자신의 주장에 근거를 잘 못 찾는다.	서울성곽의 현재의 모습을 조 사하였으나 훼손된 부분의 복 원 방법을 잘 찾지 못한다.
하	팔만대장경 보존의 과학기술 을 전혀 제시하지 못한다.	풍속화(월하정인) 속의 달의 모양을 추측하지 못하고 토 론에도 열심히 참여하지 않 는다.	서울성곽의 현재의 모습에 대 해 잘 파악하지 못하고 훼손 된 부분의 복원 방법도 잘 찾 지 못한다.

차시	학습 주제	주요 활동 내용	학습전략
1~2	팔만대장경 보존의 비밀	• 우리나라의 자랑스러운 문화재 찾아보기 • 팔만대장경이 우수한 문화재인 이유 찾아보기 • 팔만대장경이 지금까지 보존될 수 있었던 이유는 무엇일까? • 보존의 비밀 알아보기(자료 검색, 실험 등) • 얻어진 자료를 바탕으로 모둠 토의하고 비밀 정리하기 • 팔만대장경 보존의 비밀 발표 및 공유하기	예상하기
3~4 (수업 예시)	월하정인	• 토론 주제 제시 ('풍속화 '월하정인' 속의 달은 보름달이다'라는 주장에 대한 근거를 찾아 나의 의견을 말하라) • 풍속화에 대한 지식 나누기 • 월하정인 작품 감상하기 • 월하정인의 달을 보고 자신의 의견 정하기 • 자신이 정한 의견에 대한 근거 마련하기(자료 검색, 토론) • 자신의 주장 표현하기	판단하기
5~6	서울성곽 복원하기	• 서울 성곽에 대한 지식 공유하기(축성, 역사, 현재 모습) • 성곽 쌓기 체험하기 • 서울 성곽이 훼손된 이유 찾기(검색, 토론) • 서울 성곽의 복원이 어려운 이유(예상하기, 추측하기) • 서울 성곽을 복원하기 위한 방법을 찾아 디자인하기 (사람들의 삶을 크게 해치지 않는 범위에서 가장 효율적으로 성곽을 복원하는 방법 찾기) • 서울 성곽의 디자인 발표하고 공유하기	창의적 사고
7~8	잃어버린 문화재 찾기	• 세계에 흩어져 있는 문화재 찾기 대회 • 우리의 문화재가 흩어진 이유 알아보기 • 태블릿(스마트폰) 검색을 통해 우리의 문화재 찾아 써보기 • 문화재를 되찾는 방법 생각하기 • 자신의 방법을 바탕으로 토의하기 • 토의의 결과를 공유하기	문제해결

💡 ▶▶ 수업 개요

본시주제	풍속화 '월하정인' 속 달에 대해 토론하기
성취기준	[6사04-01] 영·정조 시기의 개혁 정치와 서민 문화의 발달을 중심으로 조선 후기 사회와 문화의 변화 모습을 탐색한다. [6국01-03] 절차와 규칙을 지키고 근거를 제시하며 토론한다.
학습 목표	풍속화 '월하정인'에 그려진 달을 보고 달의 원래 모양이 보름달임을 탐색을 통해 이유를 말할 수 있다.
수업 의도	• 이 수업은 조선 후기 예술에 대한 학습을 바탕으로 수업을 디자인하였다. 무심히 넘어갈 수 있는 풍속화 속의 달에서 토론거리를 찾아보았다. 월하정인 그림을 보면 우리가 보는 익숙한 달의 모습이 아니다. 그믐달도 초승달도 아닌 달의 모양을 어떤 학자가 '보름달'이라고 주장하는 것에 대해 자신의 생각을 정하고 그것의 근거를 탐색하여 토론하고 결론을 도출하는 수업이다. • 토론을 위해서는 달에 대한 기본 지식이 있어야 한다. 과학 시간에 배운 지구와 달에 대한 학습과 그동안 각자 쌓은 지식(미술, 과학 등)이 필요하다. 월하정인의 배경은 월식이 진행 중인 달의 모습이다(천문학자들이 그 날짜와 시간을 찾아냄, 1793년 8월 21일). • 학생들이 흥미를 갖고 고민할 수 있는 토론거리를 제시하고 그것에 대해 자신의 논리에 맞는 근거를 찾아 표현하면서 학생들의 지적 호기심이 발휘되길 기대한다. 이 수업은 달에 대한 학습이 끝난 뒤, 아니면 가끔 있는 월식이 있다고 방송에서 알릴 때 수업을 하면 매우 효과적이다.

💡 ▶▶ 수업 활동

주요 학습 활동 순서

'월하정인' 감상하기 ▶ 주장에 대한 나의 생각(예측)하기 ▶ 탐색 활동을 통해 근거 찾기 ▶ 토론하고 결론내리기

수업 안내

- **학습 문제(미션) 제시(동기유발 및 학습 문제 제시)**

> 어떤 학자가 '월하정인' 속에 그려진 달은 보름달이다.'라고 주장한다. 그 주장에 대해 여러분의 생각을 정해보자.

- **풍속화 '월하정인' 감상하기**
  - 월하정인을 보고 느낀 점 말해보기
  - 조선 후기 풍속화를 감상하면서 월하정인 풍속화와 비교하기(다양한 관점으로 풍속화 감상하기)

- **달에 대해 아는 것 써보기**
  - 달에 대해 내가 아는 것을 써서 칠판에 붙여보자.(미니보드 활용)
  - 유목화하여 붙여보자.(달에 대한 바탕 지식을 확인한다.)

- **주장에 대한 나의 생각(예측)하기**
  - 천문학자의 주장이 맞으면 초록색, 아니라고 생각하면 빨간색을 들어보자. (신호등 토론 방법)
  - 처음 주장은 직관적이거나 자신의 지식을 바탕으로 자유롭게 표현한다.

- **탐색 활동을 통해 근거 찾기**
  - 첫 번째 자료 제시: 풍속화를 보고 분류해보자.(밤과 낮, 보름달과 보름달이 아닌 달 등등...)
  - 두 번째 자료 제시: 월식에 대한 자료 제시는 학생들의 생각이 어느 정도 이루어진 후 제시한다.

- **모둠 협의 및 정리**
  - 천문학자가 '월하정인 속 달은 보름달이다.'라고 주장한 것에 대한 모둠의 의견을 정리한다.

■ 발표하기

• 모둠의 의견을 포토스탠딩 방식으로 표현한다. 왜냐하면~

월하정인 속의 달은 보름달이다 혹은 보름달이 아니다.

■ 월하정인에 대한 동영상 감상하기

• http://news.naver.com/main/read.nhn?mode=LPOD&mid=tvh&oid=052&aid=0000361554

■ 동영상 감상 후 생각 표현하기

• 천문학자의 주장에 동의하는가?

• 나는 어떤 것을 깊이 연구하고 찾아보고 싶은가?

■ 평가 및 피드백

초등학교 교육과정상에서 일식, 월식을 가르치지는 않는다. 하지만 이것을 이미 알고 있는 학생들이 많다. 이 수업 활동은 일식, 월식에 대한 지식을 평가하는 것이 아니라 자연현상에서 벌어지는 일에 학생들이 관심을 갖고 스스로 탐구하는 자세를 갖는 것이 중요하다. 더불어 토론도 학생들이 흥미를 갖고 사고를 바탕으로 하는 주제를 제시하는 것이 중요하다. 이 수업에서 평가는 과학적 지식에 대한 평가가 아니라 자신의 의견을 논리적으로 표현하는 것에 중점을 두는 것이 필요하다. 교사의 일방적 가르침이나 자세한 안내보다는 문제 제기, 탐색을 위한 자료 제공, 토론이 되는 편안한 분위기 조성에 관심을 갖는 것이 좋다. 토론 후 자신의 방식(글이거나 글과 그림)으로 표현된 결과물을 보고 피드백을 하는 것이 좋다.

■ 수업 tip

이 수업은 과학적 지식, 역사적 지식에 토론의 방법을 접목한 융합수업이다. 학생들마다 가진 바탕 지식이 다르므로 서로의 지식을 공유하는 시간을 주는 것이 좋다. 토론에서 '보름달이다, 보름달이 아니다'의 첫 번째 결정은 직관적으로 해도 된다. 자신의 1차 주장 후 자료 검색이나 토론을 통해 마지막에 자신의 의견을 정하도록 하면 된다. 토론을 할 때 기본적인 토론 규칙(말하기, 듣기, 적당히 끼어들기) 훈련이 되어 있으면 효과적이다. 이 수업은 달에 대한 수업을 한 후 또는 월식 등 특별한 우주 현상이 있을 때 하면 흥미있는 수업이 된다.

⑤ ▶▶ 활동 모습 및 학습 결과물

월하정인

| 월하정인 감상 | 달에 대한 지식 나누기 | 토론하기 | 토론의 결과 |

서울 성곽 복원하기

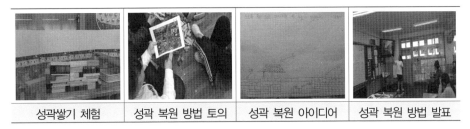

| 성곽쌓기 체험 | 성곽 복원 방법 토의 | 성곽 복원 아이디어 | 성곽 복원 방법 발표 |

제 4 부

사회를 중심으로 한
교육과정 재구성

제 8 장

생활적응 교육을 위한 교육과정 재구성

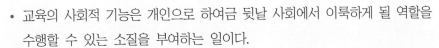

- 교육의 사회적 기능은 개인으로 하여금 뒷날 사회에서 이룩하게 될 역할을 수행할 수 있는 소질을 부여하는 일이다.

- Erich Pinchas Fromm(1900~1980)

제1절 ┃ 기본 관점

생활적응교육은 모든 청소년들로 하여금 스스로 만족스럽게 민주적으로 생활하면서 가족의 일원으로서, 직업인으로서, 또 시민으로서 사회를 위하여 유익한 일을 할 수 있도록 준비시키는 교육을 의미한다(홍후조, 2020). 생활적응 교육과정은 학생들의 생활적응을 위하여 교실에서 가르치는 교과는 일상생활에서 당면하는 문제 사태여야 하며 그것은 또한 일상생활에서 당면하는 것과 가능한 한 유사한 형태로 제시되어야 한다고 본다. 이 교육과정은 학생의 일상적 경험 자체가 교육과정이라고 생각하는 철학적 바탕 위에 서 있다. 생활적응을 강조하는 교육과정은 '교재보다는 생활을, 지식보다는 행동을, 분과보다는 종합을, 미래의 준비보다는 현재 생활을, 교사의 교수보다는 학습자의 활동을 중시하는 입장'으로 정리된다.

우리나라에서 생활중심 교육과정 강조 시기는 1963년부터 1973년까지의 제2차 교육과정기이다. 이 시기의 교육과정은 교육의 목표를 건전한 생활인, 교양인, 민주시민 양성으로 보았다. 여기서는 특별활동이나 홈룸이 교육과정 속에 포함되었다.

교육을 통하여 아동들을 유능한 생활인으로 길러 내려는 것이 생활적응교육의 목적이다. 항상적 생활 사태와 일상적인 생활경험을 교육내용으로 제공하여 학생이 주변 환경을 다루는 능력을 길러 개인적 역량과 사회적 참여능력을 키우고자 한다.

등장 배경

생활적응 교육과정은 교과 설정의 근거에 대한 역사상, 또 가장 오랫동안 받아 들여 온 이론인 형식도야이론에 대한 반발로 일어났다. 교육받은 사람이 모두 학문적 탐구자가 될 것도 아니고, 대다수는 소정의 교육을 받고 생활인으로 되돌아간다는 점을 강조한 것이다. 생활적응 교육과정은 고전어와 수학 대신에 처음부터 생활 사태 대응에 도움이 되는 지식과 기능을, 생활 사태 적응에 도움이 되는 형태로 가르칠 수 있다고 본다.

생활적응 교육과정은 미국에서 1920년대에서 1950년대 초에 이르기까지 활발했던 교육과정으로 '과학적 연구'라는 형태로 나타나기도 하였다. F. Bobbitt 이후 1920년대에는 교육과정이 전문적이고 과학적인 연구 분야로 연구되기 시작한 때였다. 기본 아이디어는 생활 사태에서의 학생의 문제나 사회적 기능을 위한 학생의 '필요'가 교육의 내용이 되어야 한다면, 우선 그것이 어떤 것인가 하는 것을 과학적으로 조사할 필요가 있었다. 여기서 '과학적'이라는 용어는 종래 형식도야이론에서 한 것과는 달리, 학생의 문제나 사회적 필요를 실지로 조사한다는 의미이다. 생활적응 교육과정에서 교육내용은 이런 과학적인 조사 결과를 기초로 하여 선정, 조직되었다.

생활적응 교육과정의 가장 포괄적인 방안으로 여겨지는 F. B. Stratemeyer 등(1947)의 항상적 생활 사태에 의한 교육과정은 성인과 학습자가 항상 직면하고 있는 생활 장면을 분석해서 교육과정을 구성하고자 하는 이론이다. 그래서 직업 기술교육, 특별활동의 예체능교육활동, 지역사회 당면 문제 조사활동과 봉사활동, 클럽활동, 자치단체활동, 고교 졸업 후 성인으로서 역할 수행 등이 교육 프로그램으로 등장했다.

오늘날에도 학생들은 과학기술과 사회 및 자연 환경의 변화에 따라 이에 적절히 적응할 필요가 있다. 초등학교에 입학하거나, 초등학교에서 중학교로, 고교에서 대학으로 진학하면서 겪을 문화적 충격은 적지 않다. 그래서 학교에서는 적응기를 위한 일정한 프로그램을 실시한다. 전염병의 창궐로 인한 온라인 재택수업에서 자기주도적인 학습습관을 기르는 것도 필요하고, 컴퓨터, IT, AI 등이 등장할 때마다 이를 활용하는 기능을 기르는 것도 요구된다. 직장생활을 시작하는 신입사원, 조직에서 간부를 처음 맡는 사람, 직장을 퇴직한 이들에게도 새로운 사태에의 적응이 필요하다. 도시에서 시골로, 시골에서 도시로 생활터전을 옮기는 이들도 적응이 필요하다. 관혼상제와 같이 사람이 일생을 거쳐 여러 차례 직면할 변곡점에서 생활적응력은 더욱 요구된다. 개개인마다 직면할 사태는 다를 수 있지만, 누구나 한번쯤 겪게 될 중요한 항상적 생활 사태는 학교교육을 통해 대비해줄 필요가 있다는 것이 생활적응 교육과정의 취지이다.

주요 학자 및 이론

생활적응 교육과정의 지지 기반은 진보주의 교육협회(PEA)가 추진하고 R. W. Tyler 등이 참여한 '8년 연구(1933~1941)'이다. 이는 초등학교에서 보편화된 진보주의 교육을 중등학교로 확산하기 위한 실험이었으며, 중등학교에서 진보주의 교육이 대학에 미치는 효과를 실증하기 위해 실시한 교육연구이다. 고등학교에서 경험중심의 교과과정 실험 및 대상이 된 학생의 대학 진학 후 성적 추적 등을 통한 '인간의 행동유형을 변혁시켜 가는 과정으로서의 교육'이라는 목표의 명확화와, 학생 자신의 주체적 발달을 파악할 수 있는 교육평가 기술의 개발문제가 연구 과제로 제시되었다.

고교나 8년 연구위원회의 주된 관심은 대학입시의 전통적 방식에서 벗어난 학생들이 대학에 진학하여 학업과 생활에 장애를 겪지 않을까 하는 것이었다. 분석결과에 따르면, 전통적인 교육과정으로 공부한 학교의 학생들과 비교 연구한 결과, 실험학교 출신 학생들은 성공적인 대학생활을 영위하였다. 진보주의교육이 학습자의 사고력·사회적 행동·학습태도 등은 개선하나 기초적인 지식이나 기능의 저하를 초래한다는 종래의 의문을 해소하여, 중등학교의 교육과정을 진보주의식으로 개선하여도 대학 진학 후 학업에 큰 지장이 없음을 밝힌 연구였다.

이 연구를 계기로 여러 지역에서 유사한 중장기 연구 프로젝트들이 진행되었는데, 하나같이 종래의 고전적 교과나 학문중심의 교육과정보다 진보주의식의 교육을 통해 건실한 민주시민의 육성과 이들이 만들어가는 건강한 민주사회를 지향했던 것이다.

Stratemeyer 등(1947)은 교육과정을 개발하기 위해서 학습자가 살아가는 사회의 특성과 학습자의 생활세계를 연구해야 한다고 주장했다. 사회의 특성을 연구하여 교육과정 개발에 반영한다는 것은 학습자가 지금 살고 있는 사회가 앞으로 어떤 사회가 되기를 지향하는가, 그런 사회란 어떤 상태이고, 무엇을 추구하는지를 밝히는 연구를 해야 한다는 것이다. 학생의 생활세계를 연구하여 교육과정 개발에 반영한다는 것은 교사가 자신이 가르칠 학생이 지금 어떤 생활, 어떤 활동을 하면서 어떤 경험을 하고 있는지를 연구해야 한다는 것을 의미한다. 학생이 어떤 상황, 여건, 배경에서 어떤 활동을 하면서 생활하는지를 조사하여, 교사는 이를 학교의 학습 활동에 활용한다. 결국 교육과정을 통해서 학교는 학생이 생활하는 세계의 활동들을 사용해서 종국에는 그들이 민주시민 사회의 시민으로 사는데 필요한 경험(능력, 역량)을 제공해 주어야 한다(전광순, 2019).

1940년대 미국은 '산업사회와 민주주의 사회'를 지향하였으며, 이에 학생들은 산업사회의 시민에서 민주주의 사회의 사람으로 살아보는 경험을 학교에서 할 수 있도록 해야 했다. 학교교육은 학생이 민주주의 사회에서 인간은 어떻게 살며, 성장하고, 발달하는지를 경험해 보도록 하는 교육과정을 제공해야 한다. 그들은 이러한 생활세계를 항상적 생활 사태(the persistent life situations)와 일상적인 활동들(daily life experience or activities)로 구분하여 제시하고, 학생이 '주변의 환경을 다루는 능력'을 키우면서 동시에 '개인적 역량'과 '사회 참여 능력'을 키우도록 하는 틀을 제시하였다.

삶이란 두 가지(학생이 살게 될 사회의 특징과 학생이 지금 살고 있는 생활세계)를 포함하며, 이런 삶 속에서 학생이 주어진 환경을 다루면서 개인에게 필요한 역량을 발달시키고 동시에 학생이 사는 사회에 참여하는 능력을 발달시키는 것을 교육과정의 목적으로 삼는다. 즉, 학교교육은 학생의 삶을 배경으로 하며, 학생은 주어진 삶에서 생활하면서 환경을 다루고, 이를 통해서 개인에게 필요한 역량과 사회참여 능력을 기르는 것이다. 이것은 학생이 살아갈 민주주의 사회의 시민으로 자라나는 데 필요하며, 그것은 지금 학생의 생활세계에서 하는 구체적인 활동, 직간접적인 경험을 통해서 가능하다고 본다.

의의 및 한계

생활적응 교육과정이 갖는 교육적 의의는 첫째, 학생중심 교육이다. 교육과정 개발의 시작부터 학생의 문제나 사회적 기능을 위한 그 필요를 담고 있으며, 이를 구성하기 위해 학생의 필요가 어떤 것인가를 과학적으로, 즉 실제로 조사하는 방법을 취했다. 둘째, 생활문제, 사회의 급격한 변화와 결부된 문제해결 능력에 관심을 기울였다. 학습자에게 실제적 생활의 장을 부여하고 생활문제와 결부되는 학습 활동을 제공함으로써 생활문제를 올바르고 종합적으로 처리할 수 있는 능력을 기를 수 있었다. 셋째, 현실적이고 역동적인 학습을 강조했다. 학습자의 경험의 질을 높이기 위하여 학생들에게 교실 학습과 단체활동, 학급활동, 그리고 클럽활동 등의 다양한 학습기회를 제공함으로써 학습자의 흥미를 자율적으로 개발하도록 하였다.

반면, 생활적응 교육과정의 한계로는 첫째, 체계적인 교과 학습지도가 미비하다. 학생의 흥미를 교과로 체계화하기가 힘들며, 교육과정의 기본적인 분류가 명확하지 않고, 일정한 지적 계통이 없기 때문에 학생들의 기초학습능력이 저하될 수 있다. 둘째, 학생들이 체계적인 지식과 기능을 소홀히 할 수 있다. 구체적인 사항이나 경험으로부터 학습하는 학생의 학습 수준에는 적합하나, 일반적인 경험이나 법칙 또는 이론에 기초한 지식을 구하는 단계에 달한 학습자에게는 적합하지 못하다. 셋째, 사회가 불합리하거나 불평등할 때 이에 적응하기보다 이를 개선하려는 의지도 필요한데, 이를 개조할 힘을 기르는데 미약하다.

제2절 ┃ 교육과정 재구성 방향

☻ 교육의 목적과 내용

생활적응교육은 교과나 학문중심 혹은 형식도야이론에 반대하는 대안적인 교육이론이다. 경험중심교육과 진보주의교육이론이 생활적응교육과 비슷한 개념으로 언급되지만, 이들이 사용되는 맥락과 강조점이 다르기 때문에 완전히 동일한 것으로 보기 어렵다. 그러나 이들 모두 교육 사태와 생활 사태를 어떤 형태로든 관련을 맺어야 한다는 주장은 같다. 즉, 교육을 통하여 학생을 유능한 생활인으로 길러 내려는 것이 생활적응교육의 목적이다.

이 교육과정에 따르면 교육에서 길러지는 내용이 궁극적으로 효력을 발휘하게 되는 것이 일상생활에서의 문제 사태라면, 애당초 그런 문제 사태를 직접 교육의 내용으로 삼는 것이 타당하다는 것이다. H. L. Caswell과 D. S. Campbell, H. Alberty 등은 사회기능과 청소년의 필요를 분석하여 이론적 근거와 교육과정 구성에 영향을 미쳤다. 그중에서도 생활적응 교육과정의 가장 포괄적인 방안은 '항상적 생활 사태'에 의한 교육과정이다(홍후조, 2020). Stratemeyer 등이 제안한 '항상적 생활 사태에 의한 교육과정'에서 항상적 생활 사태는 인간이 생활하는 곳에서는 언제 어디서나 벌어지고 있는 생활 사태이다. 가령 전통사회의 관혼상제가 대표적이다. 항상적 생활 사태라는 것은 학생의 경험 배경이나 성장단계에 관계없이 모든 아동들이 당면하게 될 공통적인 생활 사태를 가리킨다. 항상적 생활 사태는 1) 개인 능력의 성장을 요구하는 사태, 2) 사회적 참여의 성장을 요구하는 사태, 3) 환경적 요인 및 세력들을 다루는 능력의 성장을 요구하는 사태로 다음과 같이 정리된다.

1) 개인 능력의 성장을 요구하는 사태
    (1) 건강 (2) 지력 (3) 도덕적 선택의 책임 (4) 심미적 표현과 감상
2) 사회적 참여의 성장을 요구하는 사태
    (1) 개인 대 개인 관계 (2) 집단 내 관계 (3) 집단 간 관계
3) 환경적 요인 및 세력들을 다루는 능력의 성장을 요구하는 사태
    (1) 자연현상 (2) 기계공학적 현상 (3) 경제, 사회, 정치 구조와 세력

생활적응교육에서는 종래 형식도야이론에서 중요시되어 온 학문의 구분을 따른 교과의 구분은 그다지 의미가 없다. 그 교과들은 편의에 따라 몇 가지씩 크게 묶일 수 있다. 예컨대 역사, 지리, 공민 등이 '사회생활'로 묶이고, 물리, 화학, 생물 등이 '과학'으로 묶인다. 생활적응교육에서의 교과라는 것은 '범위'와 '계열'의 원칙에 따라 묶여진 생활 사태들의 무더기를 의미하였다. 교과들의 벽을 허무는 것에서 한 걸음 더 나아가서 종래의 교과 구분을 완전히 없애는 중핵(core), 광역(broad fields), 초학문(trans-disciplinary) 교육과정 등으로 발전하였다.

생활적응 교육원리에 의하면 교육이라는 것은 성인의 활동이나 사회기능을 위하여 청소년들을 준비시키는 일이요, 장차 사회의 한 구성원으로서 청소년들의 필요를 충족시키는 일이다. 교육의 일반목표를 생활 사태에서 찾으려고 했다는 것은 생활적응교육이 교육 사태와 생활 사태 사이의 관련성을 대단히 중요시했다는 것을 의미한다. 이는 교사들이 수업에서 주어지는 국가교육과정에서 제시하는 기준도 수용해야 하지만 학생들이 경험하고 활동할 수업을 창안하는데 시사하는 바가 크다(정광순, 2019). Stratemeyer 등이 제시한 다양한 일상적인 활동 목록들을 참고하여, 지역과 시대 변화에 따라 이를 지속적으로 갱신하면서, 교사는 자신의 교실 학생들에게 적합한 교실 교육과정을 개발할 수 있다. 이러한 활동은 다양한 학년에서 하는 일상적인 활동을 거쳐 보다 상세하고 다양한 생활 사태로 발전되는 계기가 될 것이다.

✿ 수업 방향과 원리

생활적응 교육과정은 성인의 생활, 사회기능, 청년의 요구와 문제 및 항상적 생활 사태 등을 분석하는 질적 방법을 도입하고, 그 결과를 구체적 교육목표로 제시하였으며, 교사나 학생들이 교육목표를 명확하게 이해하는 것이 가능하게 되었다. 구체적인 교육목표의 제시는 교과목표에 생기를 불어넣었고, 교육목표의 실행방법과 그 기준으로 작용하였으며, 교수자료 결정에도 활용되었다. 기존의 전통 교육과정과는 달리 제시된 교육목표로 학생의 현재와 성인생활에의 직접적인 준비가 가능하게 되었다.

다음 두 개의 표는 Stratemeyer 등(1947: 9장; 정광순, 2019, 재인용)의 연구에서 5학년 교사의 교육과정 실행 모습이다. 첫 번째 표의 ③~⑥은 학기 중에 학생들과 함께 하는 활동으로, 학생들과 개요에 따른 구체적인 차시들을 만들어 교육활동을 계획 실행한다. 9월 학기 중에 학교 매점, 크리스마스, 새해, 봄맞이라는 4개의 단원을 개발해서 실행한다.

---

① 학습할 단원(the unit of work)을 정한다.
② 학습할 양과 시간을 정한다.
③ 학습자와 함께 교육과정을 계획한다.
④ 시간표를 짜고, 하루 일과를 진행하는 시간계획을 세운다.
⑤ 차시별로 해결할 문제를 정하고, 실제로 문제를 해결해보는 과정을 거친다.
⑥ 이 문제와 상관없는 학습자나, 이미 이를 해결한 학습자를 어떻게 배려할지 계획해둔다.
⑦ 새 학기를 시작한다.　　　　　　　　　　(Stratemeyer et al., 1947; 321－345)

■ 유닛① 학교 매점 운영(9~12월)
토마스 선생님의 반은 학교에서 매점을 운영하는 책임을 맡았다. 이에 토마스는 이 매점을 주제로 수업하기로 하고 대략적인 사항들을 점검했다.

• 운영시간: 아침 20분과 점심시간
• 결정해야 할 일:
　－ 세일할 품목 정하기: 합리적으로 회의하기
　－ 매점 운영 조 짜기: 각 학생의 장점과 재능 역량 조사하기
　－ 매점을 어떻게 운영할 것인가?: 리포트 쓰기, 계산하기
　　매점에서 하는 일 조사하기/일정 짜기와 일정별로 일하는 법 매뉴얼로 만들기
　－ 매점 운영하기: 일지 쓰기
　　역할에 필요한 기능(skills)들 익히기/협동하는 법 익히기/분업에 따른 갈등 관리하기
　－ 매점 운영 경험을 활용하여 여러 가지 학습하기
　　개인과 집단의 이익에 대해/도구, 기기, 설비의 도움에 대해/사회구조에 대해 이해하기
　　학교와 지역에서 하는 일에 관심 갖기/일과 생활의 조화 생각하기

아이들이 매점을 운영하면서 직면하는 문제들을 해결하고, 매점 운영 경험을 활용해서 교과에서 해야 할 것을 학습한다.

(Stratemeyer et al., 1947; 433－464)

생활적응 교육과정의 수업 원리는 다음과 같이 정리할 수 있다.

첫째, 교육목표 달성에 필요한 학습경험을 학생과 함께 선정하고 계획한다.
둘째, 교육과정은 학생들이 학교에서 사는 생활 자체이며 자연스럽게 흘러가
　　　는 모습을 띤다.
셋째, 학생마다 조금씩 다르게 다가올 수 있으나, 모두가 직면하는 '항상적
　　　생활 사태'는 계속성, 계열성, 통합성을 갖추도록 한다. 학습경험을 효
　　　과적으로 조직하기 위해서는 더 높은 수준의 경험 내용으로 반복 선정
　　　되어야 하며 다른 교과와의 통합을 지향한다.

생활적응 교육과정에서 활용하는 수업 방법으로 모의상황학습(simulation game)
이 있다. 모의상황학습이란 역할놀이 학습과 문제해결 학습을 혼합한 형태의 학
습 방법으로, 학생들에게 간접체험의 효과를 줄 수 있는 학습법이다. 시뮬레이션
학습이 역할 놀이와 다른 점은 문제에 대한 해결책을 결정해야 한다는 점과 그
과정에서 더 많은 상황을 제시하고 활동하여 의사결정이 이루어져야 한다는 것이
다. 실제 게임과 그 후의 토의를 통하여 모의상황학습 모형에서는 개념과 기술,
협동과 경쟁, 비판적 사고와 의사 결정, 감정 이입, 정치·사회·경제 체제에 대한
지식, 해결책의 효과성에 대한 감각, 기회 속의 사회구성원의 역할에 대한 의식,
결과 직면을 포함하는 다양한 교육효과를 거둘 수 있다.

표 4.1 생활적응 교육과정에서 모의상황학습의 단계와 내용

단계	도입	참여자 훈련	모의학습 운영	결과 보고 및 평가
주요 내용	• 모의학습을 위한 다양한 생활문제 상황 및 개념 제시	• 시나리오 설정(규칙, 역할, 절차, 채점, 의사결정 형태, 목표), 역할 배정 및 연습	• 주의깊은 재현활동, 문제에 대한 해결책 탐색	• 학습 과정 분석, 실세계 및 교과내용과 관련짓기 • 평가 및 재설계

이때 교사는 다양한 문제와 관련된 적절한 질문을 함으로써 학생들이 개인적
자아실현, 가족 성원으로서 역할, 시민으로서 공공의 책임감 등 생활적응을 도울
수 있어야 한다. 다양한 상황이지만 이 상황은 성장 과정과 학생의 일상에서 여러
모습으로 거듭 나타나므로 이에 교사는 학년 수준, 다양한 교과와의 종적·횡적 관

계를 파악하여 다룰 수 있어야 한다. 다양한 문제에 대한 접근은 '학생들의 경험, 교과의 논리적 구조, 학생의 심리적 구조, 연대기순, 공간 및 지역 확대법 등' 어떤 기준을 따라야 할 것인가에 따라 다양한 방법이 있을 수 있다. 이러한 내용과 전개 방법들은 계속성, 계열성, 통합성을 만족시킬 수 있어야 할 것이다.

☺ 평가 방향

생활적응 교육과정에서 평가대상은 생활문제를 올바르고 종합적으로 처리할 수 있는 학생의 능력이다. 평가는 학습 활동 과정에서 자연스럽게 이루어지며 그 결과는 다음 단계의 기초 자료로 활용된다. 학습의 결과뿐만 아니라 정의적, 사회적 행동면에 평가의 중점을 두어 생활 장면에서의 구체적인 상황을 설정하여 진행 과정도 평가하도록 한다. 생활문제 해결력이 평가 대상이며, 평가방법으로는 성찰 노트, 포트폴리오, 수행평가 등을 활용할 수 있다.

교육과정 재구성 시 고려 사항	
교육과정	• 교육의 목적은 학습자를 가족의 일원, 직업인, 시민 등 유능한 생활인으로 길러내는 것임. • 교실에서 가르치는 교과는 일상생활에서 당면하는 문제 사태여야 함.
교수·학습	• 목표 달성을 위한 학습경험은 학습자와 함께 선정함. • 효과적인 학습경험을 위해 계속성, 계열성과 통합성을 지향함.
평가	• 생활문제 처리능력, 문제해결력 등이 평가 대상임. • 평가 방법으로 성찰 노트, 포트폴리오, 수행평가 등 활용

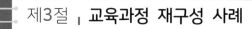

제3절 | 교육과정 재구성 사례

1 ▶▶ ● 개요

주제	안전한 학교생활	학년(군)	3~4학년
관련 교과	교과내 (　) 　　교과통합 (○)	관련 유형	생활적응 교육과정
성취기준	[4국01-02] 회의에서 의견을 적극적으로 교환한다.		
	[4체05-06] 신체활동 시 행동에 주의를 기울이며 안전하게 활동한다.		
	[4과09-02] 수평 잡기 활동을 통해 물체의 무게를 비교할 수 있다.		
	[4과11-04] 지진 발생의 원인을 이해하고 지진이 났을 때 안전하게 대처하는 방법을 토의할 수 있다.		
	[4과01-04] 여러 가지 물질을 선택하여 다양한 물체를 설계하고 장단점을 토의할 수 있다.		
교육과정 유형과 재구성 방향	〈교육과정 유형과 수업접목〉 • 생활적응 교육과정을 안전한 생활과 접목하였다. • 생활적응 교육과정은 학생의 일상적 경험 자체가 교육과정이라고 생각하는 철학적 바탕 위에 서있다. 학생들이 교실에서 배우는 학습이 일상생활에서 당면하는 문제와 연계되고 그것을 해결하는 것이 수업과 연계되는 것이다. • 교사의 교수보다는 학습자의 활동을 중시하는 것을 바탕으로 변하는 사회에서 학생들이 적응하는 방법을 책이 아닌 실습, 토의, 발표 등의 방법을 통해 익히는 것이 중요하다. • 학교 교육은 학생의 삶을 배경으로 하며, 주어진 삶에서 생활하면서 환경을 다루고, 이를 통해서 개인에게 필요한 역량과 사회 참여 능력을 기르는 것이다. 학생들이 배우는 지식이 생활과 동떨어지지 않고 자신의 삶과 연계될 때 수업이 의미 있고 학생의 행복도도 높아진다. 〈재구성 방향〉 • 전체 수업은 10차시이다. 코로나 대처, 학교 주변 안전 점검, 재난 대비 등 세 개의 소주제로 구성하였다. • 첫 번째 주제는 코로나로 인해 변하는 사회에서 학생들이 적응하고 그 속에서 행복을 느끼는 방법에 관한 것이다. • 두 번째 소주제는 학교주변의 안전을 점검하고 안전하지 않은 곳을 직접 답사하여 조사활동을 통해 안전에 대한 새로운 생각을 갖게 하는 수업이다. • 세 번째는 지진과 화재 시 어떻게 대처할 것인가에 대한 수업이다. • 세 개의 소주제를 '안전'이란 대주제와 관련지어 수업하거나, 관련 교과와 연계해서 수업해도 된다. • 안전지도나 생활지도는 지식 쌓기만큼 중요하다. 학생들이 생활 속에서 알아야 하고 해결해야 할 것들을 관련 교과수업과 연계시켜 수업을 하면 교과가 실생활과 관련이 있다는 것을 체험을 통해 내면화할 수 있다.		
재구성을 통한 기대	학생들이 가까이 접하는 재해에 대해 조사하고 대처하는 방법을 찾아 실천하는 수업을 통해 지식이 생활과 밀접함을 알고 자신에게 닥치는 여러 상황에서 가장 효과적인 방법을 선택하는 능력을 기르고자 한다. 재난에 대한 이해와 적응방법을 익힌 후 실습, 체험 등을 통해 내면화하고자 한다.		

② ▶▶ **수업 설계**

차시	학습 주제 (소주제)		주요 활동 내용	학습전략
1차시	안전의 개념 익히기		• 안전한 생활이란 무엇일까? • 요즘 안전하지 않는 상황, 장소 찾기	개념 익히기

2~3
차시
	코로나
	예방
	능력
		코로나에
		대처하는
		생활
			• 코로나 등 감염병에 대해 알아보기
			• 코로나의 전파속도, 방법 알아보기
			• 비대면 생활을 해야 하는 이유 찾기
			• 코로나에 대처하는 방법 알아보기(실습하기)
			
			• 비대면을 해야 하는 상황에서 친구들과 친해지는
			  방법 찾아보기
			• 비대면을 해야 하는 상황에서 친척들과 친해지는
			  방법 찾아보기
			• 찾은 방법 공유하기
				상황 인식
				및
				대처

4차시		마스크 디자인 (수업 사례 1)	• 마스크 쓰기의 불편함 나누기 • 마스크를 오랜 기간 써야 한다면 어떻게 해야 할까? • 코로나를 이기는 마스크 알아보기 • 나만의 마스크 디자인하기 • 나의 작품 친구와 나누기 패들렛(padlet) 활용	표현
5~6 차시	안전한 학교	(수업 사례 2) 학교주변 안전점검 하기	• 학교나 동네에서 위험한 곳 알아보기(왜 위험한지 찾아보기) • 안전한 것과 무게중심과의 관계 살펴보기 • 휴대폰으로 위험한 곳 찾아 사진찍기(모둠별로) • 어떻게 하면 좋을지 생각해보기	탐색

7~8
차시
		안전한
		등굣길
		만들기
		프로젝트
			• 등굣길, 위험한 곳에 대한 대책 토의하기
			• 우리가 할 수 있는 방법 찾아보기(학교에서, 동네에서)
			• 어떻게 안전한 등굣길을 만들 것인지 토의하고 발
			  표하기(포스터 만들기, 구청이나 동사무소에 메일보
			  내기)
				조사

9차시	재난 대비 훈련	자연 재해 대처	• 지진, 화재에 대한 조사(장소, 시기, 재해 형태) • 지진, 화재시 대처할 방법 및 차이점 알아보기	탐색
10차시		대피훈련	• 화재 시 대피훈련하기 • 지진 시 대피훈련하기	실습

③ ▶▶ ● 수업 사례

〈수업사례 1〉

🔋 ▶▶ 수업 개요

본시주제	코로나를 이기는 마스크 디자인
성취기준	[4체05-06] 신체 활동 시 행동에 주의를 기울이며 안전하게 활동한다. [4과01-04] 여러 가지 물질을 선택하여 다양한 물체를 설계하고 장단점을 토의할 수 있다.
학습 목표	코로나를 이기는 마스크를 창의적으로 디자인 할 수 있다.
수업 의도	코로나 상황이 지속되면서 수업의 형태가 많이 바뀌었다. 예상치 못하는 원격수업이 진행되어 학생들의 수업이 개별화가 되고 있다. 원격수업이라는 해보지 못한 수업에 대해 적응하면서 자기주도적 활동을 활발하게 하는 기회를 주고자 한다. 개별화수업을 하면서도 창의력을 키우고 수업 결과나 작품을 친구들과 공유하는 방법이 필요했다. 이 수업은 원격수업으로 진행되었고 협력학습을 위해 패들렛(padlet)을 활용한다.

🔋 ▶▶ 수업 활동

주요 학습 활동 순서

교사의 강의
(온라인
활동방법 제시) ▶ 교사의 강의
(마스크 디자인하기) ▶ 자기주도적 학습
(재택수업활동) ▶ 나의 작품
패들렛(padlet)에
공유하기

수업 안내

■ **학습문제(미션)제시(동기유발 및 학습문제 제시)**

> 코로나가 예상보다 오래 우리를 괴롭히고 있다. 코로나가 계속되어 마스크를 써야 할 기간이 길어진다면 이 불편한 마스크를 어떻게 하면 사용하기 편리할까?

- **원격수업으로 진행**
  - 코로나에 대해 알아보기
  - 코로나에 대한 전체적인 상황이나 코로나가 어떤 것인지 알아보기
  - 코로나의 위험성 알려주기
  - 코로나를 대처하는 지금의 방법 보여주기(자료제시)

- **자기주도적 학습-재택학습**
  - 교사의 강의를 듣고 자신의 생각을 표현한 작품 만들기
  - 마스크의 특성에 따라 발명 생각해보기

    (편리한 마스크, 위생적인 마스크, 안전한 마스크)
  - 내가 디자인한 마스크 만들기 또는 그리기

- **패들렛(padlet)을 활용한 온라인 협력학습**
  - 나의 작품을 패들렛(padlet)에 공유하기(작품 올리고 작품에 대한 설명쓰기)
  - 다른 친구의 작품 감상하고 자신의 생각 댓글로 표현하기

- **평가 및 피드백**

  이 수업은 원격수업으로 진행한다. 교사가 코로나에 대한 자료를 제시하고 어떻게 대응할 것인지 생각하도록 한다. 초등학생 수준에서 해결할 수 있는 것으로 마스크를 창의적으로 발명 및 디자인하는 것이 주요 내용이다. 교사의 온라인 수업을 바탕으로 자기주도적으로 주어진 과제를 수행하고 온라인 협력학습을 위해 패들렛(padlet)에 자신의 작품을 올리고 친구들의 작품에 대해 자신의 의견을 표현하는 활동이므로 수업에서 단계화시키는 평가는 어렵다. 학생들이 '코로나'라는 위기 속에서 어떻게 대처할 것인지, 또는 창의적인 생각을 표현하는지에 관심을 갖고 격려하는 것이 필요하다.

- **수업 tip**

  원격수업이어서 협력수업이 어려우므로 패들렛(padlet)을 활용하였다. 자신의 생각이나 작품을 각자 촬영한 작품을 올리고 친구들의 작품을 보고 자신의 생각을 표현하고, 칭찬하는 동료평가의 형식이 알맞다. 교사는 학생들이 친구들의 작품에 관심을 갖도록 패들렛(padlet)상에서 피드백을 하는 노력이 필요하다.

〈수업사례 2〉

 ▸▸ 수업 개요

본시주제	학교주변 안전점검하기
성취기준	[4과09-02] 수평 잡기 활동을 통해 물체의 무게를 비교할 수 있다. [4국01-02] 회의에서 의견을 적극적으로 교환한다.
학습 목표	학교주변에서 안전하지 않은 곳을 찾아 조사 기록할 수 있다.
수업 의도	무게에 대한 지식을 바탕으로 학교 주변에서 무게로 인해 위험한 곳을 조사하고 어떤 위험이 있는지 모둠별로 조사하여 발표하는 수업이다. 무심히 지나는 생활 주변의 위험한 곳을 찾는 활동을 하고 다음 차시에 어떻게 해결할 것인가에 대한 자료를 조사 기록한다.

 ▸▸ 수업 활동

■ **학습문제(미션)제시(동기유발 및 학습문제 제시)**

> 학교 주변은 안전할까? 우리가 생활하는 학교와 통학로에 혹시 우리의 안전을 해치는 것이 있을까? 학교 안과 통학로를 중심으로 우리들의 안전을 위협하는 물건이나 다른 어떤 것들이 있는지 찾아보자.

■ **주요 학습 활동 순서**

무개와 안전과의 관계 이해하기	▶	학교주변의 위험한 곳 예상	▶	예상한 장소를 중심으로 안전점검하기	▶	조사한 내용 발표 및 공유하기

■ **무게와 안전과의 관계 이해하기**

- 위험하다는 것과 무게는 어떤 관계일까?
- 무거운 물건이 어디에 있으면 위험할까?

■ **학교와 통학로에서 어디가 어떻게 위험할까?**

- 등하교 길을 생각하여 위험하다고 생각되는 곳 예상하고 의논하기
- 내가 생각하는 위험한 곳과 친구들이 위험하다고 생각되는 곳을 바탕으로

자료 조사를 한다.

- **현장조사 시 지켜야 할 일 이야기하기**
  - 현장조사 시 주의해야 할 것은 무엇인가?
  - '안전'에 대한 것을 다시 한번 상기시키고 현장조사를 한다.

- **스마트폰을 활용하여 현장조사하고 자료 수집하기**
  - 위험하다고 예상된 곳을 찾아가서 스마트폰으로 자료사진을 찍는다.
  - 예상하지 않은 곳도 새롭게 발견되는 위험한 장소를 촬영한다.
  - 학교 안과 통학로 주변을 답사하면서 위험하다고 생각되는 곳을 촬영한다.
  - 위험의 종류를 생각하며 조사한다.

- **모둠에서 자료 공유하기**
  - 각자 위험장소를 찍은 사진을 보면서 자료를 공유한다.
  - 자신이 수합한 자료 중 가장 위험하다고 생각되는 장면에 대해 모둠에게 설명한다.
  - 모둠 토의를 거쳐 해결이 필요한 장소를 5개 정도 선정한다.

- **차시예고**
  - 학교주변에서 찾은 안전이 위협되는 곳에 대해 어떻게 해결할 것인지 생각해본다.

- **평가 및 피드백**

  이 수업은 학교 주변을 '안전'이라는 관점으로 관찰하고 문제점을 찾아내는가가 중요한 수업이다. 학교 주변 답사를 통해 '안전'을 위협하는 것을 조사하고 원인을 찾는 수업이다. 학생들이 조사한 결과에 대해 교사의 관찰 평가가 필요하다. 방향이 잘못된 결과를 제시하는 학생에게 좀 더 구체적인 상황이나 장면을 보여주는 피드백이 이루어져야 한다.

■ 수업 tip

이 수업은 무게에 대한 기본적인 지식을 바탕으로 한다. 무게에 대한 학습을 한 후 생활적
응으로 수업과 연계시키면 효과적이다. 학생들은 스마트폰을 수업시간에 활용하는 것을 매
우 좋아한다. 스마트폰을 사용하여 학교 주변 답사를 하고 '안전'을 위협하는 여러 시설들의
사진을 찍는 활동을 한다. 각자 조사한 자료를 가지고 모둠별로 모여 어느 것이 더 위험한
지 토론을 통해 정하는 활동은 학생들의 몰입도를 높일 수 있다. 보이는 위험과 실제 위험
과의 차이에 대한 인지는 수업 전에 학생들과 이야기하면 더 효과적이다. 이 수업은 다음
시간 안전을 위협하는 시설에 대한 해결방법과 연계되는 수업이므로 안전의 문제를 발견했
을 때 어떤 해결 방법이 있을까 생각하게 미리 안내하는 것도 좋다.

마스크 디자인하기

- 수업자료

- 학생들 작품

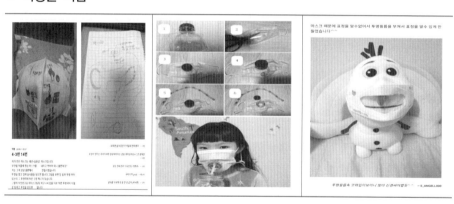

안전한 학교생활

- 수업장면 및 학생작품

| 위험한 곳 조사하기 | 토론과 공유하기 | 문제점 공유하기 | 해결책 생각하기 |

제 9 장
직업 교육을 위한 교육과정 재구성

- 인생이 주는 최고의 상은 가치있는 일에 열심히 일할 수 있는 기회가 주어
  지는 것이다.　　　　　　　　　　　　- Franklin Delano Roosevelt(1882~1945)

제1절 ┃ 기본 관점　　　

　　모든 학습자에게 공식적인 최종교육은 직업준비 교육이다. 특히 중등교육 이
후 교육은 미래의 일상생활뿐 아니라 직업생활에의 '준비'로 인식되기 때문이다.
초중학교 교육의 성과는 학생 각자 제 갈 길을 찾는 데 있다(홍후조, 2018). 그래야
고교 이후 진로별 학습을 시작할 수 있기 때문이다. 직업교육에서는 직업적 유용
성에 따라 교육의 가치를 측정하는데, 특정 과목이 직업을 얻거나 직업기능을 수
행하는 데 소용있다면 가치 있는 과목이 된다. 이 관점에서 교육은 개인적 유용
성만큼 국가 사회 전체 경제에 유용해야 한다. 따라서 직업교육의 역할은 다양한
생산적인 분야에서의 일자리를 위해 노동자들을 준비시키는 것이라고 볼 수 있

다. 그리하여 직업 교육과정은 학생들을 행복한 개인으로서 그리고 생산적인 사회 구성원으로서 삶을 영위할 수 있도록 성장을 돕는 교육과정이며, 이러한 교육과정은 직업생활과 관련되어 행해지는 지식, 기술, 태도 등의 교육을 말한다. 이런 맥락에서 직업 교육과정은 교육의 기능이 최대 다수에게 기쁨을 생산하는 사회를 만드는 것으로 보는 공리주의 입장을 가지며, 생활적응 교육과정과 사회개조 교육과정과 함께 '사회'를 중심으로 한 교육과정 유형으로 볼 수 있다.

직업교육은 개인이 일의 세계를 탐색하여 자기의 흥미·적성·능력에 알맞은 일을 선택하고, 그 일에서 필요로 하는 지식·기능·태도·이해 및 판단력과 습관 등을 개발하는 교육을 말한다. 즉, 특정 직업에 종사하기 위하여 필요한 지식, 기능을 습득시킬 목적으로 이루어지는 실업교육, 기능교육, 직업 훈련을 지칭한다. 따라서 직업 교육과정은 직업 훈련, 실업교육, 산업교육, 기술교육 등 각 직업과 관련된 수단적 측면에 대한 상위 개념으로서 그 자체가 하나의 목적이 되며, 개인이 자율적으로 직업을 이해하고 실천 방안을 터득하게 하는 보다 광의의 교육과정이다.

직업교육은 일반교양교육과 대비되는 특수교육으로, 계속교육과 대비되는 종국교육으로 이해되어 진학교육과 대비되는 개념을 가지고 있다. 따라서 교과에 대응되는 진로교육이 계속교육이자, 진학교육으로 본다면, 직업교육은 최종교육이며, 교양을 넘어서 전문적인 직업인이 되기 위해 직무수행능력을 익히는 교육으로 볼 수 있다. 그러나 현대사회에서 직업의 중요성이 더욱 커지고 사회 변화에 따른 노동의 성격이 바뀜으로써 새로운 관점에서의 직업교육에 대한 이해와 필요성이 제기되고 있다. 이러한 관점에서 해석하면, 직업교육은 평생교육의 이념을 받아들여 인간 존중의 사상을 바탕으로 각 개인의 직업생활에 공헌하는 모든 사람을 위한 보편교육을 의미한다.

이러한 맥락은 직업 교육과정을 진로 교육과정으로 확장해서 접근할 수 있게 한다. 진로교육의 대표적인 정의는 개인이 만족스럽고 생산적인 삶을 누릴 수 있도록 진로에 대한 방향을 세우고 선택하며 그에 대한 준비를 하고 선택한 진로에 들어가 계속적인 발달을 꾀할 수 있도록 돕기 위해 제공되는 일체의 경험이다(한국 교육과정학회, 2017; Bailey & Stadt, 1973). 따라서 진로 교육과정은 학생들이 자신의 흥미, 적성, 능력에 맞는 지식과 기술을 습득하고 현대사회에 능동적으로 적응할 수 있도록 저마다의 발달 수준에 적합하게 지도하는 포괄적이고 조직적인 교육과 정(Hoyt, 1974)으로 본다면, 직업 교육과정을 확장시킨 교육과정이라고 볼 수 있다.

> 진로교육은 '자신의 삶을 전 생애에 걸쳐 행복한 개인으로서의 삶을 살 수 있도록 성장을 돕는 교육의 과정이며, 진로 교육과정은 학교교육을 통해 개인의 적성을 발견하고 잠재력을 최대한 발현시켜 학업과 직업 진로를 찾아 각자 제 갈 길을 찾아가도록 돕는 교육적 활동을 조직해 놓은 것'이라고 정의할 수 있다.

등장 배경

노예나 종이 아닌 자유민이 제 손으로 일하여 건실한 생활을 영위하는 것은 J. Calvin(1509~1564)의 프로테스탄트 사상에 연유한다. '일하기 싫으면 먹지도 말라.'는 성경에 따른 종교개혁가로서 그는 사람이 성실히 일하고 근검절약함으로 써 축적한 재물을 나와 내 집을 넘어 하나님 나라(이웃, 국가사회)를 위해 사용할 것을 강조했다. Max Weber는 그를 근대 산업혁명과 자본주의가 태동하는데 사상적·실천적 기반을 제공했다고 본다.

A. Smith의 국부론(1776)은 노동의 생산성을 향상시키는 분업의 위력에 대해 다루었다. 이것은 모든 노동 작업은 분석되고 재조직이 가능하며, 근로자의 생산성은 향상될 수 있다고 보았다. F. W. Taylor(1856~1915)는 어떤 일(노동)이든 수행하는 데에는 하나의 최적의 방법이 있고, 그것은 과학적 연구로 결정될 수 있다고 보기 때문에 사회적 효율성(social efficiency)을 달성하려는 산업화 시대에 교육과정을 '과학'적으로 만들게 되는 이유를 제공한다. 즉, 산업사회의 자본과 자원의 낭비를 없애고 생산의 극대화를 가져오는 사회적 효율성 달성이 시대정신이

었기 때문에 교육도 그러한 목적 달성을 위한 영향을 받게 되었다. 따라서 학교는 공부할 만한 것을 가늠하는 최고의 기준이 되며, 한 사람의 장래에 필요한 것을 배울 수 있도록 하는 과학적인 교육과정이 필요하게 되었다.

사회적 효율성이 반영된 과학적 교육과정이 등장하게 된 것은 F. Bobbitt의 저서 「The Curriculum」(1918)을 시작으로 볼 수 있다. 이 책에서는 교육이 성인의 삶을 위한 것이며, 교육의 기본적인 책무는 성인기의 50년을 위한 것이라고 강조한다. 즉, 교육은 성인생활을 위한 준비로 보고, 교육과정은 성인이 되어서 할 수 있는 일을 미리 준비시켜 주는 과정으로 보았다. 이러한 교육과정은 성인 생활의 일을 잘하기 위한 능력과 성인으로서 갖추어야 할 품성을 개발할 목적을 가지고 있으며, 그 내용은 어른들이 하는 중요한 활동을 분석하여 그 일을 자연스런 모방이 아닌 '교육'을 통해 효과적으로 준비시키는 것으로 보았다.

직업교육은 중세 유럽의 길드에서 장인을 길러내는 전통에서 유래하여 산업혁명 이후 공장제 생산의 과학기술적 기법을 더한 것이다. 직업에 대하여 보다 조직적이고 계획적인 교육은 1900년대 초에 사회사업적인 발상 아래 미국에서 시작되었으며, 유럽에서는 스코틀랜드와 독일에서 실시되었다. 1909년 F. Parsons에 의하여 직업상담이 시작되고 직업지도로 발전되었는데, 이 교육은 취직과 관련된 직업선택 및 취직에 관한 소개, 알선, 지도자 교육의 내용으로 구성되었다. 그 후 직업 발달에 관한 다양한 연구가 이루어져 직업교육이 취직을 목전에 두고 실시되는 것으로는 불충분하다고 판단되어 학생의 발달단계에 맞게 적절한 교육이 계속적으로 이루어지는 것이 바람직하다는 견해가 지배적이었다. 1950년대에 이르러 직업의식, 또는 직업의식의 발달이라는 의미로서 진로(career)라는 용어를 사용하였고, 1970년대에 이르러 진로도 성격, 지능, 도덕의식처럼 지적·정의적인 면에서 인간 발달의 한 측면이라고 보고, 진로발달의 관점에서 탐구되었다.

우리나라에서는 20세기 초엽 노비나 머슴이 아닌 누구나 자기 힘으로 벌어먹고 살면서 근대적 의미의 직업의식이 싹텄다. 특히 1950년대 전후복구와 1960년대 경제개발 5개년 계획의 수행에는 수많은 근로자들이 필요했다. 더구나 정부가 기획하고 기업이 실천한 경제개발에는 대규모 조직에서 전문적·협력적으로 일하는 노동력을 체계적으로 길러내서 공급하는 것이 학교의 직업교육과 기업의 직업훈련의 과제였다. 1980년대 그리고 1997년 IMF 외환위기 이후 대학 졸업 이상의 고학력 인력이 대량 실업 상태에 놓이고, 실업계 고교 출신의 기능 인력이 크게 부족해짐에 따라 교육적 차원에서 직업교육의 필요성이 더욱 강조되었다. 이러한 직업교육은 입시 위주의 교육을 해소하고 국가 발전에 필요한 인력을 균형 있게 양성하여 공급하기 위해 1993년부터 초·중·고등학교에 걸쳐 모든 학교활동을 통해 직업교육으로서 진로교육이 다양하게 전개되었다.

제6차 교육과정기(1992.6~1997.12)는 관련 교과 및 특별활동을 통해 진로교육이 시작되었으며, 진로교육을 위한 자료 개발과 보급이 활성화된 시기이다. 그리고 국가교육과정 문서상 진로의 중요성을 강조하기 시작한 시기는 제7차 교육과정부터라고 할 수 있다(장소영, 임유나, 홍후조, 2014). 제7차 총론(1997.12~2007.2)에서는 이전과 다르게 교육과정 구성의 방향에서 '폭넓은 교양을 바탕으로 진로를 개척하는 사람'을 추구하는 인간상의 한 부분으로 기술하고 있다(교육부, 1997). 2000년대에는 교과 수업 안에서 진로교육이 강조되었다. 이후 2007 개정 교육과정에서는 교육과정 각론에서도 진로교육이 강화된 것을 살펴볼 수 있고, 2009 개정 교육과정 총론에서는 추구하는 인간상의 첫 번째로 '전인적 성장의 기반 위에 개성의 발달과 진로를 개척하는 사람'을 제시하며, 진로의 이해와 탐색, 그리고 진로 개척을 주된 내용으로 학교급별로 교육내용을 교육과정 전경에 제시한 바 있다(교육과학기술부, 2009). 이처럼 직간접적으로 진로탐색 및 진로활동 경험을 하도록 진로 교육과정이 장려됨으로써 교육과정 내에서 진로교육의 중요성을 보다 강조해 왔다고 볼 수 있다(서유정, 김승보, 고재성, 2011).

2015년에 제정된 「진로교육법」(2015.6.22. 공포, 12.23 시행)은 국가진로교육센터 지정·운영에 관한 조항을 담고 있다. 제15조 제2항에는 진로교육의 목표 및 성취기준 개발, 진로정보망 구축·운영, 진로심리검사 개발, 진로상담 지원, 진로체험 프로그램 및 콘텐츠 개발, 진로전담교사 교육, 진로교육 현황 조사 및 평가, 진로교육에 관한 국제 교류·협력, 기타 진로교육을 위한 교육부 장관이 요청하는 사항을 골자로 진로교육이 추진되고 있다.

주요 학자 및 이론

이 유형에 대표적인 학자로는 교육과정 분야를 하나의 학문으로 자리매김하게 한 Bobbitt(1918)을 들 수 있다. 그는 「The Curriculum」을 통해 교육과정을 만드는 절차나 순서 그리고 그것을 진술하는 방법을 연구하는 것이 얼마나 중요한 일인가를 처음으로 강조한 사람이다. 또한, 그는 교육과정을 과학의 시대에 걸맞게 정확함과 상세함이 교육과정에 드러나야 한다고 보았으며(임재일, 2020), 학교의 교육과정은 사회의 요구에 순응해야 하고, 사회적 요구와 필요를 구체적으로 파악해야 한다고 보았다. 그래서 '이상적인 어른(ideal adult)'들의 활동에 대한 과학적 분석을 하고, 이러한 요구는 교육목표와 학습 활동을 구성하는 원천으로 보았다(Bobbitt, 1918). 1924년 「교육과정 편성법(How to make a curriculum)」에는 10가지의 경험과 160여 개의 교육목표와 관련된 학습 활동이 제시되어 있는데, 그 학습 활동에는 가정생활과 사회생활에 필요한 실질적, 문화적, 학문적 기술이나 능력 등이 포함되어 있다. 그는 직업에 필요한 지식, 기능, 태도, 행동양식은 기초·기본 학습능력과 함께 자연스럽게 습득되기보다 학교교육을 통해 애써 가르쳐야 할 가장 중요한 것으로 보았다(홍후조, 2018). 그는 체계적인 직업 교육과 훈련이 직업현장에서 해야 할 노력과 비용을 절감해 주기 때문에 사회에 입문하기 전 직업 준비로서의 교육과정을 강조하였다.

한편, 진로교육에 대한 이론은 개인의 직업의식의 발달은 어떠한가, 개인은 어떠한 요인을 바탕으로 해서 직업을 선택하는가, 직업 생활에서의 적응 상황은 어떻게 측정할 수 있는가 등의 사실을 밝히고 효과적인 진로교육을 위한 이념적 기반이 된다. 그런데 학자들에 따라 다양한 입장 등을 가지고 있는데, 여기서는 구조론적 이론, 발달론적 이론으로 구분하여 주요 학자의 이론을 살펴 본다. 첫째, 구조론적 이론은 Parsons(1854-1908)의 특성·인자 이론과 J. Holland(1919-2008)의 직업 인성 유형 이론으로 나누어 볼 수 있다. 먼저 Parsons는 인간이 능력과 적성에 있어서 각각의 특성이 있다고 가정한다. 따라서 직업도 그 일을 수행하기에 필요한 특유의 조건을 요구하는데, 인간의 특성과 일의 요구가 알맞아야 하는 적재적소의 배치를 주장하였다. 이것은 개인의 능력, 적성을 객관적·수량적으로 파악하기 위하여 심리검사가 필요하며, 직업이 요구하는 조건을 파악하기 위해 직무분석, 작업공정의 분석이 필요하다는 것을 의미한다. 이처럼 개인의 특성과 직업의 요구 조건을 합치시키는 지도가 '진로지도'라 보고 이에 대한 구조적인 관계를 중시하였다. 한편, Holland는 개인의 행동은 인격과 환경과의 함수 관계라고 가정한다. 즉, 그는 인간이 생득적 자질과 자기가 경험하는 환경과의 작용에서 사회적 과제를 처리하는 방법을 얻는다고 바라본다. 그래서 직업 선택의 행동은 그 인격 표현의 하나로서, 인간은 자기 인격 표현을 허용하는 환경(직업)을 구하려 한다고 주장한다. Halland는 인간의 행동과 환경을 다음과 같이 6개의 유형으로 분류하고, 인간은 이 유형 중 어느 하나에 속하며 같은 환경(직업)을 선택한다고 하였다.

그림 4.1 직업심리학자 홀랜드의 직업선택이론 모형(Holland, 1919-2008)

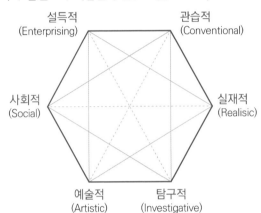

둘째, 발달론적 이론은 E. Ginzberg(1911~2002)의 직업 선택 발달 이론과 D. Super(1910~1994)의 이론으로 나누어 살펴볼 수 있다. 우선 Ginzberg는 직업 선택이 취직하는 시점에서 비로소 행해지는 것이 아니고, 그 이전에 행해진 여러 가지의 선택이 토대가 되어 취직하는 시점에 직업 선택을 하게 된다는 발달론의 입장을 취하였다. 그래서 직업선택의 발달적 특질에 대한 세 가지 명제로, (1) 선택은 10세에서 21세까지의 청년기 전 기간에 걸쳐 이루어진다. (2) 어느 직업에 취직하기 위하여 필요한 훈련을 받게 되면, 시간이 흐름에 따라 그 목표를 변경하기 어렵게 만들므로, 선택의 과정은 비가역적이다. (3) 선택의 과정은 개인의 욕구와 그가 부딪히는 현실과의 타협에 의하여 종료된다.

한편, Super는 개인과 환경, 사회와의 상호작용을 강조하는 입장에서 직업적 발달에 대한 12가지 명제를 구축하여 이론을 전개하였다. 이를 요약하면, 첫째, 직업적 발달을 개인의 전인적 발달의 한 측면으로 보고, 지적, 정서적, 사회적 발달과 같은 일반적 원리에 따른다. 둘째, 직업적 발달의 과정은 자기개념을 발달시키고, 그것을 직업이나 일에 실현시키려는 전진적, 계속적, 비가역적 과정이다. 셋째, 개인은 다양한 가능성을 가지고 있는데, 아동기에서 청년초기에 직업선택이나 직업발달에 그치지 않고, 인간의 전 생애에 걸쳐서 발달 변화가 이루어진다.

표 4.2 Ginzberg의 직업선택 발달단계와 Super의 진로발달 단계

Ginzberg의 직업선택의 발달 단계	Super의 진로발달 단계
(1) 공상기(6세–11세): 공상적, 비현실적 선택의 시기 (2) 잠정기(11세–18세): 장래의 직업을 선택하려는 과제를 인식하는 시기(흥미 → 능력 → 가치관 → 이행 단계로 진화) (3) 현실기(18세–22세) 자기의 특징과 사회경제적 조건과의 조정이 행해지는 시기(탐색 → 결정화 → 특수화 단계로 진화)	(1) 성장기(출생–14세) (2) 탐색기(15세–24세) (3) 확립기(25세–44세) (4) 유지기(45세–65세) (5) 쇠퇴기(65세 이후)

😊 의의 및 한계

직업 교육과정은 학생이 개인의 자아를 이루거나 사회의 구성원이 되기 위한 체계적이고 조직적인 직업교육내용으로 무엇을 어떻게 가르쳐야 할지에 대한 기본 질문을 마련하였다는 데 의의가 있다. 하지만 직업 교육은 창의적 체험활동의 진로과정이나 중등학교에서 선택교과로만 존재하여 그 실효성에 대한 문제가 늘 제기되어 왔다. 그러나 최근 직업 교육과정에 그치지 않고, 진로 교육과정으로 확대되면서 그 한계를 극복하고자 하는 시도들이 나타나고 있다. 성취기준의 개발, 진로교육법 제정, 진로 관련 자료 개발 보급 등으로 직업교육의 활성화를 기대할 수 있다. 무엇보다 진로교육의 개념은 한 사람의 직업이나 한 사람의 '걸어가는 길'로 한정적인 관점에 탈피하여 '개인 일생에서 하는 총체적인 일' 또는 '한 개인의 생애의 전 과정'을 확장하여 담아내고 있고(임언 외, 2008), 그러한 능력을 신장하고, 계획, 준비, 실천, 의사결정하는 일련의 과정을 교육과정 내 반영하였다는 점에서 교육적인 시사점이 크다.

그러나 진로 교육과정에는 직업 교육과정에 비해 '사회'가 잘 드러나지 않는다는 한계를 피할 수 없다. 개인의 흥미와 적성 그리고 그에 맞는 학과나 직업 선

택은 존재하나 사회와 관련된 내용은 쉽게 찾아지지 않는다. 사람의 능력은 사회적으로 구성되는 것이다. 또, 어떤 삶이 '좋은 삶'이고, 어떤 일이 '좋은 일'인지 결정하는 것은 사회적 합의이고 집단적 실천에 의한 것이다. 진로 교육과정이 아주 정교한 그물처럼 촘촘히 마련되었지만, 진로역량을 실제 사회와 연계시키지 못한 경우는 바로 사회적 특성의 요소가 미흡하기 때문이다. 이러한 관점에서 진로교육은 진로에 대한 모든 책임을 개인에게 전가하는 특성이 숨어 있다고 비판할 수 있다(조현영, 손민호, 2017). 또한 교육을 기능적 인간을 길러내는 것으로 보는 시각도 비판할 수 있다. 자아실현의 길이 반드시 직업인가에 대해서는 대안을 말할 여지도 있다. 직업과 동시에 교육을 통한 생활교양의 증진이나 개인의 덕성 함양도 중요하다.

제2절 ┃ 교육과정 재구성 방향

교육의 목적과 내용

직업교육은 사회에 진출하기 직전인 직업고나 대학에서 더욱 필요하고, 초등학교에서는 학업과 직업을 포함한 넓은 의미의 진로교육이 우선 고려될 필요가 있다. 진로교육은 의미 있는 직업 또는 직업 가치를 선택하도록 도와주는 교육뿐만 아니라 개인의 진로 선택 및 적응 발달에 목적을 둔다(한국교육과정학회, 2017). 진로교육의 기본 목표는 변화와 발전을 특징으로 하고 있는 현대사회와 미래사회에 성공적으로 대처하기 위해 학생들에게 변화의 주체로서 현재를 이해하고 미래를 창조할 수 있는 능력을 길러 주는 데 있다. 이를 정리하면 다음과 같다.

1) 자신의 적성, 흥미, 인성, 능력 등을 정확히 이해할 수 있다.
2) 경제, 사회구조의 측면에서 직업의 세계를 이해한다.
3) 자신의 적합한 진로 계획을 수립하고 진학 또는 취업에 필요한 지식 및 기능을 습득한다.
4) 일과 직업에 대한 건전한 가치관 및 태도를 형성한다.

다음은 학교 급별 진로교육의 단계를 정리한 것이다.

표 4.3 학교 급별 진로 교육과정의 초점

학교	초등학교	중학교	고등학교
진로발달단계	진로인식단계	진로탐색단계	진로준비단계
1. 자아의 발견	• 자아의 소질, 흥미 발견	• 자신의 능력, 적성에 대한 이해	• 자신의 직업적성, 주위 여건, 역할에 대한 자각
2. 일의 세계 • 직업의 종류와 내용 • 직업과 교육	• 사람과 일 • 산업과 직업 • 사회적 분업 • 일과 작업수행을 위한 지식, 기술습득의 필요성	• 산업 및 직업 분류 • 현대사회와 직업 • 직업생활을 위한 준비로서의 교육	• 직업구조의 변화 • 직업별로 요구되는 교육정도 및 내용
3. 진로계획 • 선택계획 • 준비계획	• 장래의 희망 포부 설정 • 장래희망을 성취하기 위한 방법 구상	• 장래의 잠정적인 직업 계획 수립 • 진학 및 작업 준비 계획	• 구체적인 진로 계획과 선택 • 진학 및 직업준비 계획
4. 일에 대한 태도 및 가치관	• 일의 소중함 • 일의 보람	• 직업의 의의 필요성 • 바람직한 작업 선정 조건	• 건전한 직업관 • 직업 및 직업윤리

◉ 수업 방향과 원리

진로 교육과정을 수업에서 구현할 때, 개인의 이해, 진로 정보의 활용, 진로 상담의 적절한 실천, 직업적 체험 등을 적절히 고려하여 지도해야 한다.

첫째, 개인의 이해는 교사의 학생 이해와 학생 스스로의 자기 이해로 접근할 수 있다. 학생 이해는 교사가 학생 개개인의 신체적, 심리적, 사실 등을 계속적, 계획적, 조직적으로 수집하여 효과적인 진로지도를 위한 제(諸) 사실을 종합적으로 파악하는 것이다. 또한, 학생의 자기 이해는 교사에 의하여 수집된 자료가 학생에게 바르게 피드백되어서 학생 스스로 자기를 종합적으로 이해하고, 자기성찰을 통하여 자기 개념을 발달시켜 바람직한 진로를 선택할 수 있도록 하는 것이다.

① 개인 이해의 기본 원리

가) 지도 목표와 관련되어야 한다.

나) 포괄적이고 계속적이어야 한다.

다) 진단적, 분석적이어야 한다.

라) 학생의 자기 이해의 소재가 되어야 한다.

② 개인 이해의 내용과 방법

진로지도를 위하여 이해해야 될 내용은 신체적 사실, 심리적 사실 그리고 사회적 사실 등의 요인을 세 측면에서 생각할 수 있는데, 이 요인들은 개별적이기보다 복합적으로 상호작용하여 진로발달에 크게 영향을 준다는 사실을 고려한다. 능력 요인(지능, 적성 등), 직업적 흥미, 인성, 학력, 가정 환경, 신체적 조건 등이 그 예이다.

둘째, 진로정보는 학생의 진로 의식을 높이고, 자기의 진로를 탐색하는 일에 관심을 갖게 함과 동시에 진로의 계획, 준비, 선택, 결정 능력을 길러, 장래의 생활에 적응하고, 자아실현의 가능성을 높이기 위하여 의도적, 계획적으로 조직 구성된 일련의 교육적 소재이다. 이러한 진로 정보는 장래의 진로에 관한 정보, 사는 방법에 관한 정보, 사회 상황에 관한 정보, 적응에 관한 정보 등으로 나눌 수 있다. 이 진로 정보는 학생의 진로 발달 단계에 적합하며, 학생의 필요에 맞는 정보이고, 지도 목적에 부합되어야 한다. 그리고 최신의 정확한 정보여야 하며, 주체적으로 수집한 정보여야 한다.

셋째, 진로상담은 어느 개인이 스스로 해결하거나 적응하기 곤란한 문제나 사태에 직면했을 때, 다른 사람의 의견을 듣거나 조언을 받아서 문제를 해결할 수 있게 하는 방법을 말한다.

넷째, 진로체험이란, 학생의 일상 경험을 통하여 자신의 능력, 성격, 흥미, 신체적 특성 등을 이해하고, 상급학교나 직업의 세계에 관한 지식 정보를 체험을 통하여 깊이 이해하게 하는 모든 경험을 말한다. 이 진로체험은 학생으로 하여금 자신과 진로를 관련지어서 의식화, 명확화, 태도화하는 데 도움을 준다. 학생을 중심으로 가정, 지역 사회, 학교의 모든 행사 등이 직업적 체험의 기회가 되므로 교사는 진로지도라는 관점에서 교육과정을 유의미하게 재구성하여 운영할 수 있다.

이러한 진로 교육과정은 크게 교과를 통한 진로교육과 교과 외 진로교육으로 구분할 수 있다. 보통 창의적 체험활동이나 중등학교에서 일부 선정된 교과목에 적용하여 진로교육을 지도할 수 있다. 하지만 홍후조(2006)는 교과학습과 진로교육의 분리를 극복하고 초·중등학교 교육내용이 대학의 학부(학과)나 직업 세계와 연결되지 않는 유리 현상 해결 및 진로교육의 고립성과 비체계성을 탈피하기 위하여 '교과 내 진로교육'을 연계한 접근을 제창하였다. 이에 따라 장명회 외(2010)는 진로교육 교육과정을 개선하여 교과통합형 진로교육 모델을 강조하였는데, 진로를 중심으로 교육과정과 수업이 교과통합적인 방향으로 실현가능함을 시사하였다. 이러한 맥락에서 홍후조(2006)의 제안에 따라 송인섭 외(2006)가 제시한 교과통합형 진로지도 모형은 다음과 같다.

표 4.4 교과통합형 진로지도 모형

I	II	III	IV	V	VI	VII
교과 내용에 관련된 직업의 종류 제공	직업이 요구하는 능력에 대한 정보 제공	직업을 가지기 위한 절차 및 방법 제공	성공한 인물의 정보나 자료 제공	직업의 변천사 및 미래 유망 직종에 대한 정보 제공	진로지도 관련 웹 사이트 소개	교과 지도와 진로지도를 통합한 교수·학습 지도안 구성과 활용

● 평가 방향

진로 교육과정에서 평가는 학생이 진로에 대한 관련 능력이 어느 정도 성장하였는지에 대해 관심을 가지므로, 평가의 주요 대상은 진로역량이다. 학교교육을 통해 학습자들이 자신의 학업 및 직업진로를 인식하고 탐색하였는지, 합리적으로 선택하고 결정하며 준비할 수 있는 능력을 갖추었는지 등이 중요한 평가 질문이 된다. 이러한 것들은 분절적으로 학생들의 평가로 나타나기보다는 개인이 삶을 살아가는 동안 자신의 진로를 계획하고 준비해 나가는 진로발달과 진로과업이라는 맥락에서 진로 포트폴리오, 진로 프로젝트와 같은 성격으로 평가를 활용하는 것이 적절하다. 학생의 진로 준비만 아니라 교사의 교과지도와 생활지도 및 상담을 통한 진로 탐색 기회 제공 여부도 평가할 필요가 있다. 또한 학교에서의 진로 교육과정이 학생 개개인 학생들에게 삶의 역량을 키우고 자신의 정체성을 형성해 갈 수 있는 진로역량의 관점에서 진로 교육과정이 수업 속에서 평가되어야 한다(조현영, 손민호, 2017).

교육과정

- 직업 또는 직업 가치를 선택해 주거나 개인의 진로 선택 및 적응 발달에 목적을 둠.
- 미래사회에 성공적으로 대처하기 위해 현재를 이해하고 미래를 창조할 수 있는 능력을 길러 줌.

교수·학습

- 학습자 이해, 진로 정보의 활용, 진로상담의 적절한 실천, 직업적 체험 등으로 지도함.
- 교과학습과 진로교육을 나누어 보거나, 교과통합적인 진로교육을 모색함.

평가

- 분절적인 학생의 평가보다는 개인이 삶을 살아가는 동안 진로를 계획하고 준비해 나가는 진로발달과 진로과업에 더 의미를 둠.
- 진로 포트폴리오 및 진로 프로젝트 등을 통해 삶의 역량을 키우고 정체성을 형성해 주는 방향으로 평가함.

▶▶ ● **개요**

주제	나의 진로 인식하기		학년(군)	5~6학년
관련 교과	교과내 ( )	교과통합 (○)	관련 유형	직업교육과정

성취기준	[6실05–02] 성격, 적성, 흥미 등 자신의 특성을 이해하고 다양한 직업을 알아보고 자신에게 맞는 직업을 탐색하게 하여 직업의 중요성을 강조한다 [6실04–07] 소프트웨어가 적용된 사례를 찾아보고 우리 생활에 미치는 영향을 이해한다. [6사06–01] 다양한 경제활동 사례를 통해 가계와 기업의 경제적 역할을 파악하고, 가계와 기업의 합리적 선택 방법을 탐색한다. [6도01–02] 자주적인 삶을 위해 자신을 이해하고 존중하며 자주적인 삶의 의미와 중요성을 깨닫고 실천 방법을 익힌다. [6국01–02] 의견을 제시하고 함께 조정하며 토의한다. [6미02–02] 다양한 발상 방법으로 아이디어를 발전시킬 수 있다.

창의적체험 활동	영역	활동	활동목표
	진로활동	진로탐색 활동	흥미, 소질, 적성을 파악하여 자아 정체성을 확립하고, 자신의 진로를 개발하여 지속적으로 발전시킨다.

교육과정 유형과 재구성 방향	〈교육과정 유형과 수업 접목〉 • 직업 교육과정을 창체의 진로교육으로 접목한다. • 모든 학습자에게 공식적인 최종 교육은 직업 준비 교육이라고 볼 수 있다. 교육은 미래의 일상 생활뿐 아니라 직업생활에의 '준비'로 인식되기 때문이다. • 초등학교의 특성상 직업에 대해 구체적인 학습보다는 좀 더 포괄적인 의미에서 진로교육으로 접근한다. • 진로 교육의 방향 중 초등학생은 진로 인식의 단계이므로 직업에 대한 구체적인 선택이나 적성을 찾기보다 자아의 소질, 흥미 발견하고 학생의 진로 의식을 높이고, 자기의 진로를 탐색하는 일에 관심을 갖게 함과 동시에 진로의 계획, 준비, 선택, 결정 능력을 길러, 장래의 생활에 적응하고, 자아실현의 가능성을 발달시키기 위하여 의도적, 계획적으로 조직되어야 한다. 〈재구성 방향〉 • 진로 교육의 기본인 나의 적성, 장점을 찾는 나를 찾아가기로 진로교육을 시작하여 초등학교 수준에서의 진로 탐색, 진로 체험, 현장학습 등과 연계시킨다. • 창체와 교과를 접목시켜 다양한 체험 중심의 수업으로 디자인한다. • 단순히 직업의 종류를 찾아보고 내가 하고 싶은 직업을 골라보는 것이 아니라 일에 대한 인식과 나의 앞으로의 삶에 대해 인식해보는 기회가 되게 하고자 한다.
재구성을 통한 기대	이 수업은 직업 교육이라는 큰 틀 속에 초등학생 수준에 맞는 프로그램으로 구성하였다. 직업에 대한 관심을 갖고 주변에 많은 직업이 있음을 알게 되는 진로 인식단계로 수업을 구성하였다. 직업은 진로를 생각하게 되고 다양한 직업을 탐색해보고 그것을 위해 자신이 무엇을 해야 할지, 자신이 잘하는 것은 무엇인지 생각하는 시간을 통해 자신의 진로에 대해 넓게 생각해보는 시간이 되길 기대한다.

차시	학습 주제		주요 활동 내용
1차시	나를 찾아가기 (교과통합)		나의 장점 찾기, 내가 좋아하는 것 찾기 • 나의 장점 찾아보기(개인 활동) • 나의 관심사, 내가 좋아하는 것 찾아보기(개인 활동) • 친구의 장점, 관심사 표현하기(모둠 활동) • 나를 설명하기 발표 및 전시회
2차시	진로탐색 (교과통합)	시대별 직업의 변화	• 시대별 대표직업 찾아보기 • 사라진 직업의 종류와 그 이유 생각해보기 • 새로운 직업의 종류와 그 이유 생각해보기 • 직업과 사회와의 관계 생각하고 토론하기 • 시대에 따른 직업지도 그려보기
3~4 차시		장소별 직업찾기	• 직업과 장소의 관계 생각해보기 • 대형마트에서 필요한 직업 찾아보기 • 병원에서 필요한 직업 찾아보기 • 주어진 장소에서 어떤 직업이 필요할지 찾아 표시하기 (모둠별 작업) • 장소에 따른 직업 발표해보기
		AI 이후 직업	• AI에 대해 알아보기 • AI와 그림그리기(auto-draw) • 나의 그림 발표하기 • AI를 활용한 활동에서 알게 된 점 공유하기 • AI와 같이 사는 사회에 필요한 직업 찾아보기
6차시	나의 진로 (외부강사) 창체	진로검사	• 진로검사에 대한 기본 개념 익히기 • 진로검사 실시하기

7차시		초청강의	• 여러 분야의 직업인을 초대하여 직업에 대한 이야기
			  듣고 질문하기(동화작가, 변호사, 의사, 예술가, CEO,
			  웹디자이너...)

차시	학습 주제	주요 활동 내용
8~9	목공	• 나무로 만드는 물건 찾아보기 • 나의 목공작품 디자인해보기 • 내가 만들고자 하는 물건에 맞는 나무찾기 • 목공체험을 통해 알게 된 점 발표하기
10~12	직업체험 (창체 및 교과통합) CEO되기 프로젝트 (수업예시)	• 상품기획 및 상품 홍보물 제작하기 • 물건 홍보하기(자신이 계획하고 있는 상품에 대해 특성, 이동경로, 장점 등을 알리는 홍보하기) • 각자 만든 상품에 대해 판매하기(A, B조로 나누어 판매와 소비자 경험하기)
13	나도 사진작가	• 예술작품에 대한 이야기 나누기 • 사진작가에 대한 특성 알아보기 • 작품사진을 제작하는 방법 익히기 • 사진작가가 되어 나의 작품 제작하기 • 작품전시회하기 • 사진작가체험 공유하기
14~15	크리에이터	• 크리에이터에 대해 알아보기 • 어떤 준비가 필요한지 찾아보기 • 내가 만드는 동영상 생각하고 디자인하기 • 일인크리에이터가 되어 작품제작하기 • 제작한 작품 보고 감상하기 • 크리에이터에 대해 생각나누기
16	현장학습 체험 (창체 및 교과통합) 직업현장 탐방계획	(현장체험학습 전 활동) • 어느 장소, 어떤 직업을 선정할 것인지 학급토의하기 • 정해진 장소에서 무엇을 할 것인지 의논하기 • 질문지 만들고 무엇을 볼 것인지, 무엇을 질문할 것인지 계획서 세우기
17~20	현장체험	(현장체험학습 시) • 탐방장소의 직업인과 질의응답(작성한 질문지 참고하여) • 현장탐색 및 체험
21	성찰	• 탐방 후 소감 나누기 • 현장체험 후 직업에 대한 자신의 의견 나누기 • 현장학습 전과 후의 변한 생각 나누기

▸▸ 수업 개요

본시주제	CEO 되어 보기(일인 기업 운영하기)	차시	10~12/21
성취기준	[6사06–01] 다양한 경제활동 사례를 통해 가계와 기업의 경제적 역할을 파악하고, 가계와 기업의 합리적 선택 방법을 탐색한다. [6미02–02] 다양한 발상 방법으로 아이디어를 발전시킬 수 있다.		
학습 목표	기업주가 되어 판매할 물건을 기획하고 홍보하고 판매할 수 있다.		
수업 의도	경제에 대한 학습을 진로와 연계시켜 체험학습을 하고자 한다. 앞의 차시에서 진로인식, 다양한 진로의 세계를 탐색한 뒤에 진행하는 진로 체험 중에 하나이다. 이 수업은 사회 교과를 중심으로 기업 운영 체험을 하고자 한다. 자신이 기업의 CEO가 되어 아이디어 상품을 제작하고 홍보하여 판매까지 하는 활동이다. 초등학생에게 필요한 물건이라는 조건아래 자신의 경험과 요구를 넣어 잘 팔릴 것 같은 물건을 만들고(디자인도 가능) 그것의 좋은 점을 홍보하고 판매까지 하는 체험이다. 물건의 판매와 더불어 앱(정보서비스)을 바탕으로 정보 판매(app)도 가능하다. 저학년의 시장놀이식 접근보다 기업이라는 입장에서 기획하는 시간이다. 이 활동은 모둠활동보다는 개별 활동으로 진행하는 것이 좋다. 개별로 생각하고 표현하는 시간을 많이 가지면서 자신의 생각이 다른 사람들과 같지 않음을 느껴보는 것도 중요한 체험이다.		

▸▸ 수업 활동

주요 학습 활동 순서

```
직업 체험 활동에      나는 어떤 회사를      판매할 물건       내가 디자인한
   대한 안내     ▶     만들 것인가?    ▶   또는 정보     ▶  물건(app) 홍보 및
                        (10차시)         서비스(app)         판매하기
                                        디자인하기          (12차시)
                                         (11차시)
```

■ **학습문제(미션)제시(동기유발 및 학습문제 제시)**

> 1인 기업을 만들려고 한다. 어떤 물건을 팔면 가장 이득이 많을 것인가? 나는 물건을 만들어 팔 것인가? 서비스를 팔 것인가를 생각하여 내가 가장 잘 팔릴 것이라고 생각되는 것을 만들거나(그림으로 그리거나) 애플리케이션을 개발할 것인가를 선택해서 만들고 팔아보자. 물건을 사용할 대상은 초등학생으로 한정한다.

■ **나의 회사가 판매할 품목 정하기**

- 나는 어떤 회사를 만들 것인가?
- 물건을 직접 만들어 팔 것인가?
- 애플리케이션같은 서비스를 판매할 것인가?

■ **활동단위 정하기**

- 개인별로 할 것인가, 두 명이서 할 것인가 정하기(참여도 차이가 있으므로 세 명 이상의 모둠 구성은 하지 않기)

■ **물건기획하기**

- 내가 생각하는 물품이 시장에 나왔는지 검색하기
- 기존의 물건을 업그레이드해서 발전시킬 수 있는지 살펴보기

■ **물건 제작하기(두 시간 이상의 시간이 필요)**

- 물건을 모형으로 만들거나 자신이 생각하는 물건 또는 서비스를 그림이나 글로 표현하기

■ **자신의 물건 홍보하기**

- 어떻게 홍보할 것인지를 생각하여 홍보전략 세우기
- 물건에 대한 소개, 물건의 장점, 물건의 적당한 가격 등 팔릴 수 있는 물건에 대해 홍보방법을 생각하기
- 물건 홍보에 대해 연습하기(모둠별로 자신이 생각한 방법과 내용을 중심으로 모둠원에게 홍보하는 시간을 가지면서 수정 보완한다.)
- 자신의 회사에 찾아온 손님에게 어떻게 설명할 것인지 표현하기

■ 판매하기

- 자신의 자리에서 구매자를 대상으로 설명하고 물건(또는 서비스)을 판매한다.
- 주어진 칩을 화폐로 대체하여 구입한다(학급을 두 조로 나누어 판매역할, 구입 역할로 나눈다).

■ 성찰하기

- 기업을 운영한 느낌을 이야기해보자.
- 내가 얻은 이익은 얼마인가?
- 내 예상과 실제 판매와는 어떻게 달랐는지 이야기해보자.
- 고객들은 어떤 물건(서비스)에 가장 반응을 보였는지 살펴보자.

■ 평가 및 피드백

이 수업의 평가는 '기업가가 되어 열심히 하는가'를 살펴보는 것이 중요하다. 자신이 개발한 물건(정보 서비스)이 어떻게 고객에게 반응이 있을 것인가에 대한 생각과 더불어 창의적 아이디어가 있는지 살펴보는 것도 필요하다. 판단력, 창의성, 사고력 등 특별한 모습을 보이는 학생에 대한 기록과 칭찬을 위해 교사의 관찰 평가가 중요하다. 수업이 끝난 후 복도에 작품을 전시하여 동료평가를 받아도 좋다.

■ 수업 tip

이 수업은 가상의 기업을 만들어 사장이 되어보는 간접 체험이다. 자신이 창업할 기업을 생각하고, 필요한 자료 조사를 하고, 생각을 표현하는 시간이 필요하므로 하루에 다 수행하기보다는 시간 차를 두고 최소 일주일에 3차시로 나누어 수업하는 것이 좋다. 3차시 수업 모두 자기주도적 학습이 필요한 수업이다. 학생들이 중간에 흥미가 떨어지지 않도록 계속적인 교사의 피드백이 필요하다. 학급에서 역할을 나누어 판매와 구입 경험을 다 하는 것도 좋지만 다른 반 친구들에게 판매하는 방법을 사용하면 훨씬 몰입도가 높아진다. 처음 보는 고객에게 어떻게 나의 물건을 홍보하고 판매할 것인가에 대한 생각을 할 수 있다. 물건의 판매는 박람회 형식으로 하는 것이 운영하기가 수월하다. 학생들에게 이익에 대한 만족도를 높이기 위해 모형화폐나 화폐를 대신하는 칩을 활용하면 효과적이다. 활동이 끝난 후 성찰의 시간을 통해 자신의 생각과 실제 나타난 모습에서의 다른 점을 나누면 직업 체험의 효과를 낼 수 있다.

팔 물건에 대해 친구들의 의견듣기	판매할 물건 만들기	물건 홍보하기	물건의 판매와 구입
미니 청소기(물건)	조식 서비스	IT와 접목한 학용품	

제10장

사회개조 교육을 위한 교육과정 재구성

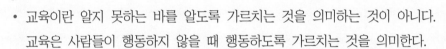

- 교육이란 알지 못하는 바를 알도록 가르치는 것을 의미하는 것이 아니다. 교육은 사람들이 행동하지 않을 때 행동하도록 가르치는 것을 의미한다.

  - Mark Twain(1835~1910)

제1절 ┃ 기본 관점

　사회개조 교육과정은 교육이 기존 사회 체제나 구조를 개선하여 새로운 사회를 건설하는 데 견인차 역할을 해야 한다는 주장에서 출발한다. 근대사회의 시민혁명, 식민지에서 독립 직후의 국가 건설, 왕조사회에서 국민국가로 혹은 독재체제에서 민주사회로의 체제 변경 혹은 민주사회에서 독재사회로의 역행 등은 모두 사회개조에 해당하나, 인류의 보편타당한 문명 발전을 추구하는 자본주의 사회나 산업사회의 모순점에 대한 비판에서 더욱 두드러진다. 신마르크스주의자들은 학교교육을 통해 A. Gramsci가 제창한 자본주의 사회를 뒤엎어 공산 내지 사회주의 사회로 나아가기 위해 사회 모든 분야에 크고 작은 진지를 구축할 혁명적인 전사 양성을 제안한다. 이들에게 학교교육은 의식화교육이며, 정치적 혁명전사 양성을 위한 것이다.

이러한 생각은 미국에서는 L. F. Ward, H. Rugg, G. S. Counts, T. Brameld 등에 의해 진행되었다. 1930년대 Rugg는 학교에서 가르치는 교육과정과 현실사회의 문화 사이에 격차가 있음을 지적하면서, 학교는 사회의 발전에 뒤떨어져서는 안된다고 주장하였다. 당시 대도시에 빈민가와 부유한 동네를 대조해 자본주의 사회의 빈부 차이를 보여주며 교육에서 사회개혁에 앞장설 것을 역설하였다. 이 관점에서 보면 학교는 특정한 전통과 규범만을 교육내용으로 선정함으로써 기존의 불합리하고 불평등한 사회질서를 정당화하는 기능을 가진다. 이에 교사와 학생이 더불어 현실문제를 공동으로 대처하는 교육, 즉 '교사 ⇆ 학생'이 모두 현실을 비판적으로 인식하고, 깨인 새로운 지식을 창조할 것을 강조한다.

교육은 기존사회의 불합리한 조건들을 비판적으로 분석하고, 보다 이상적인 사회로 이끌어가는 능력을 제공해 줄 수 있어야 한다. 이에, 학교교육은 사회의 중요한 문제들을 분석하고 이를 실천에 옮기도록 하는데 주안점을 두어야 한다. 교육에서 사회개조론자들은 학생들로 하여금 사회의 제도나 구조에서 무엇이 왜 어떻게 변화되어야 하는가와 같은 질문을 제기하게 하고, 나아가 국가적 혹은 국제적인 문제에 적극적으로 참여하는 성찰적 실천가를 기르는 데 관심을 둔다.

😊 등장 배경

사회개조주의는 기능주의 교육관에 대한 비판에서 시작된다. 기능주의 이론은 현상유지, 사회질서, 합의, 사회적 통합에 주로 관심을 가지며 '어떻게 사회의 유지 존속이 가능한가?'에 대해 체계적으로 설명하고 교육한다. 18세기 이후 산업화와 도시화에 따른 사회 변동 및 프랑스혁명 이후 정치적으로 불안정한 시기에 사회 사상가들로 하여금 새로운 사회 질서 건설에 관심을 가지게 된 시대적 배경을 바탕으로 구조기능이론, 합의이론, 질서모형, 평형모형, 기능이론 등으로 불리는 기능주의가 발달되었다. 1960년대까지 기능주의 교육관은 학교교육이 자아실현을 가능하게 하며 사회적으로 계층간 불평등을 완화하여 구조적으로 평등화를 실현하는 데 도움을 준다고 보았다. 이들의 견해는 산업화나 민주화를 겪는 사회에서 전체 국민들의 삶의 형편이 일생을 두고 좋아질 때는 어느 정도 사실이었다.

이에 반해 사회개조론자들은 교육은 단순히 기존 사회체제에 적응하는 것뿐 아니라, 적극적으로 기존 사회의 불합리한 조건과 모순을 비판적으로 살펴보고 보다 이상적인 사회를 위해서 새로운 목표를 설정하고 사회변화를 효과적으로 끌고 나갈 수 있는 능력을 갖추어야 한다고 본다. 20세기 들어, 자본주의 사회가 봉착한 위기와 계층 간 빈부차의 심화는 교육과정을 사회변화를 위한 핵심 세력으로 활용하려는 사회재건주의자들의 노력에 힘을 실어 주었다(홍후조, 2018). 사회개조론자들은 개인은 사회 정의에 대해 책임이 있다고 보고, 학교는 사회 변화와 사회 정의 구현에 핵심적 기능을 수행해야 한다고 본다.

교육에 있어서 사회개조주의의 정신은 우리나라 교육제도에서도 뚜렷이 찾아낼 수 있다. 19세기 말에서 20세기 초에 걸쳐 나라가 서구열강과 일본에게 국권침탈을 당하면서 안창호, 이승훈, 조만식 등 교육 선구자들에 의하여 주장되고 실천된 교육구국운동은 당시의 교육자들이 교육의 사회재건 기능을 굳게 믿었음을 시사한다. 또한 일제 식민지에서 벗어난 이후 남한에서는 자유민주주의사회로, 북한에서는 공산주의사회로 체제를 변혁하는데 학교교육은 지대한 역할을 수행하여, 결과적으로 같은 민족에 다른 이념과 체제를 가진 사회를 만들었고 그 구성원들은 전혀 다른 세계관을 가지게 되었다. 5천년 역사에서 대한민국은 지난 70여년 사이에 과거 신분제의 굴레를 벗어나 자주독립적인 자유민주시민으로 거듭나게 만들었다. 또한 산업화를 통해 5천년의 빈곤을 떨쳐버릴 수 있었다. 즉, 20세기 후반부의 대한민국 교육은 자유민주화와 산업화를 초래했다는 점에서 사회개조주의 교육의 모범을 보여주었다. 오늘날 우리나라에서 좌우파, 남녀, 계층 등의 역사관과 세계관, 국가관이 다른 것은 학교교육을 통한 사회개조의 필요성을 말해준다.

사회개조 교육과정의 대표적인 학자에는 H. Rugg, P. Freire, M. Apple 등이 있다. Rugg는 진보주의 교육자로서 자신의 교육적 사상과 상상을 구체화하여 교육프로그램으로 제시한 현실적인 이론가였다. 교육을 사회변화의 대리인으로 보는 관점을 가지고, 개인의 완전성은 좋은 사회에 필수적이며 다양한 학교 밖 프로젝트 활동이나 예술적인 자기 표현활동을 통해 촉진될 수 있다고 보았다. 이러한 교육에 대한 새로운 인식과 과학에 대한 신념을 바탕으로 사회와 과학을 통합하고 통합된 교과를 위한 교육과정을 구성하는 시도를 하였다. 그리고 자신의 아이디어를 반영한 사회과 교육과정을 중등과 초등학교까지 확장하였다.

Rugg가 사회과 교과서 개발에서 시도한 절차에는 현장교사들과의 토론, 이전 교육과정의 분석을 통한 문제점 도출, 통합 성격의 사회과교육 내용 전체를 연결하는 주제 설정, 교과내용으로서 주제의 세부 이슈와 문제, 개념 선정을 위해 과학적 절차를 적용한 연구 등이 포함된다. 특히, 교과내용의 선정에서 각 학문의 전문가로부터 추천받은 도서의 목록에서 사실, 개념, 일반화를 추출할 뿐만 아니라 사회의 현실을 반영하고 있는 잡지와 당대 학문적 이론까지 두루 포용하려 하였다(백선영, 구정화, 2020).

교육을 통해 인간해방의 사회변혁을 추진하려는 Freire(1985)의 사상은 한마디로 '교육은 의식화다'로 요약된다. 교사와 학생이 더불어 현실문제를 공동으로 대처하는 교육, 즉 '교사 ⇆ 학생' 모두가 현실을 비판적으로 인식하고, 지식을 새로이 창조하는 것이다. 자유를 성취하는 과정으로 대화식 교육과 문제제기식 교육을 제안했다(이귀윤, 2000). Freire는 제 3세계 사람들이 억압적인 정부와 파워엘리트에 의해 비인간화되고 있음을 지적한다. 그에 의하면 참다운 교육은 피억압자들을 억압자의 세계에 순응시키고 복종시키기보다는, 오히려 피억압자들이 억압자의 세계로 부터 벗어나 궁극적인 해방을 성취할 수 있도록 도와주는 것이다. 그는 남미의 해방신학자들과 같이 인간해방을 위한 교육의 힘을 믿었으며, 인간은 자성적 비판을 통해 왜곡된 사회구조나 조건들로부터 해방될 수 있다고 보았다. 지식이나 문화가 근본적으로 인간 활동의 산물임을 강조하면서, 지식이나 문화는 전수되는 것이 아니라 재창조되는 것이라고 주장한다. 이렇게 볼 때, Freire의 해방적 접근방식은 당연하게 받아들여져 오던 기존의 지식이나 문화, 외부적인 조건 등을 비판하고 재검토하게 해준다는 점에서 의미가 있다.

학교의 잠재적 교육과정을 경제적 측면과 문화적 이데올로기적 측면에서 분석한 Apple에 의하면 학교는 일상적인 경험뿐만 아니라 공식적으로 가르치는 지식을 통해서도 불평등한 사회구조를 유지 존속시킨다. 학교에서 선정 조직되는 여러 유형의 문화적 자원과 상징들은 계급사회에서 요구되는 규범과 밀접히 관련되어 있다는 것이다(이귀윤, 2000). 정치적 권력, 경제적 부와 소득, 사회문화적 가치와 지위 측면에서 불평등과 불합리가 산재해 있으므로, 교육은 이를 교정하는 의식화 과정으로 본다. 학교지식을 선택하는 데 영향을 미치는 인간들 간의 이러한 행위, 갈등, 관계 등은 우리가 흔히 간과하는 것들이나, 이것은 우리들의 일상생활을 지배하는 사회의 기본적인 규칙, 의사소통방식, 상식적인 행위 등에 뿌리 깊게 스며들어 있는 것이다. Apple은 이것을 Gramsci나 Bernstein의 견해를 빌어 '헤게모니(hegemony)'라고 표현한다. 학교에서 가르쳐지고 있는 지식은 우리 사회의 어딘가로부터 도출된 일종의 자본으로서, 그것은 특히 기존 사회에서 강력한 영향력을 발휘하고 이익을 보는 집단의 신념과 가치를 반영하고 있다. 말하자면, 학교지식은 지배집단의 헤게모니를 전수하고 있는 것이다.

요컨대 학교는 특정한 전통과 규범만을 교육내용으로 선정함으로써 기존의 사회질서를 정당화하는 기능을 가진다. 그 결과 학생들은 현존의 사회질서 속에서 살아가는데 필수적인 규칙, 규범, 가치성향, 때로는 복종, 무기력, 수동성 등을 기르게 된다. 학교생활의 초기부터 학습된 이러한 규범과 가치성향 등은 이후의 학교생활 속에서 지속적이고 반복적으로 작용하여, 향후 사회생활에서도 기본적인 규칙과 가치로 작용하게 된다. 교육은 정치교육이며, 의식화의 과정이라는 점에서는 공통적이다. 이로써 자칫 성장기의 미성년자들이 홍위병으로 양성될 여지도 있다. 다만 그 의식화를 어느 집단의 이익에 봉사하도록 교육하느냐의 문제이므로, 교육에 대한 헤게모니 싸움은 계속된다고 할 수 있다. Apple의 '누구의 지식이 가장 가치있는가?'의 물음에 자본주의 사회의 모순을 드러내고 이를 교정하는 노동자들의 지식과 세계관을 학교에서 적극 선정하여 가르침으로써, 그들이 장차 Gramsci가 말하는 사회 각 분야에 혁명 진지를 구축하고 사회주의 혁명에 앞장서는 전사가 될 것을 강조한다. 그는 우리나라에도 여러 차례 방문해 전교조의 결성과 활동 전개에 큰 힘을 실어주었다.

😀 의의 및 한계

사회개조론자들은 급변하는 사회에 적응하는 교육, 즉 급변하는 정치적, 경제적, 문화적 위기를 극복하기 위한 교육을 주장하며 교육의 기능에 대한 새로운 시각, 즉 교육이 사회개조의 가장 큰 수단이라는 점을 부각시켰다. 더욱이 사회개조주의는 소극적 사회추종 기관이 되어 가는 학교교육에 새로운 용기와 사고 자료를 제공하여 주었으며, 종래의 교육관이 지니지 못했던 목표중심의 미래 지향성을 강조하였다는 점에서 의의를 찾을 수 있다.

그러나 이들은 교육을 통한 건전한 사회적 가치를 전수하는 측면을 무시하고, 학문중심, 또는 인지과정 중심 교육과정에서처럼 교육과정을 실제로 구성하는 데 구체적인 시사를 제공해 주지 못하였다. 우선 사회개조의 초점을 어디에 둘 것이냐에 대한 합의가 대단히 어렵기 때문에, 재건주의자들이 추구하는 사회에 가장 적합한 행동이 무엇인가에 대하여 동의하는 사람은 거의 없다는 것이다(한승희, 1986). 또한 모든 차이는 차별이 아님에도 차별을 모든 영역으로 확산하려고 든다. 교육의 격차도 15세에 어느 고교, 18세에 어느 대학에 들어가고 못가고로 끝나는 것이 아니다. 교육격차는 백년대계답게 일생을 두고 평가해야 할 것이다. 우리나라가 발전한 1960년대에서 오늘날까지 거의 모든 세대와 사람들은 사회적 상향이동을 했음에도 단기간의 성패를 격차로 확정하는 것도 문제가 있다. 자유민주와 자유시장을 국체로 하는 국가의 이념과 체제를 바꾸려는 시도는 너무나 급진적이고 이상주의적이어서 새로운 사회질서 확립이 현실적으로 불가능할 수 있다. 이들은 자유민주주의 사회, 자본주의 사회의 모순에는 매우 비판적이지만, 러시아, 중국, 북한 등 현실의 공산주의나 사회주의 국가에서 인권 유린, 압제, 착취, 거짓 선전 선동 등에 대해서는 침묵하는 편향성을 지니고 있다. 교육의 정치화를 강조하지만 정치의 교육화에는 취약하다. 교육은 인간조종(manipulation)이나 이념주입(indoctrination)의 세계를 경계해야 한다.

제2절 | 교육과정 재구성 방향

● 교육의 목적과 내용

사회개조 교육과정의 주된 목적은 학습자로 하여금 인류가 당면한 심각하고 절실한 문제를 정면으로 바라보게 하는 것이다. 사회개조의 관점에서는 사회구조를 변화시키기 위해 학교는 어떤 사람을 길러내야 하는가에 관심이 높다. 현실의 대다수 학교교육은 학생들을 지나치게 현실세계에 적응하도록 가르치고 있다. 학교는 사회의 정치적, 경제적, 문화적 불합리와 불평등을 해소하는 데 도움을 주지 못하고 있다. 교육의 내용과 활동을 사회적 불합리성과 모순을 깨닫도록 하는 것으로 채워 학생들을 사회적 의식이 깨인 성찰적 실천가로 길러 사회의 구조적 모순을 변화시켜 나가도록 한다.

이에 사회개조 교육과정은 사회의 구조적 모순을 인식시키는데 적합한 사례를 담은 교재, 문제 해결 및 사회 재건 도구로 사용될 수 있는 사회과학, 사회적 자아실현을 위한 경험 등을 교육내용으로 삼는다. Freire는 빈곤한 사람들이 그들 사상과 세계관을 자신들의 언어로 표현된 교재를 사용하여 학생들이 문화적 환경을 비판적으로 고찰하도록 하였다. 교육과정을 설계하는 근거로써 미래계획을 사용하는 대표적인 개조주의자인 H. G. Shane(1977)은 '좋은 삶'이 어떤 것인가에 대한 좀 더 확실한 사회적 합의를 도출하고자 했다. 개조주의자들이 주장하는 교육과정은 자원의 개발, 대기와 수질오염, 전쟁, 인구증가와 천연자원의 불평등한 사용, 매체를 통한 선동, 집단 속에서의 자기절제 등이다. 1975년 베네수엘라 수도 카라카스 빈민가에서 시작된 엘시스테마(El Sistema)는 마약과 폭력에 일상을 위협 당하던 아이들이 음악을 통해 세상의 다른 가치와 삶의 목표를 잡을 수 있도록 도왔다. 악기 연주가 소외계층의 청소년들에게 자존감을 심어주었고, 이 자존감은 베네수엘라의 마약, 빈곤 문제 등의 해결에 상당 기간 동안 기여했다.

사회개조 교육과정은 우선 지배적인 학교 지식을 분석하고 비판하는 데서 사회변화의 새로운 가능성을 찾고 있다. 학교는 보다 큰 사회의 일부분이므로 학교의 성격도 구체적인 사회의 틀 안에서 판단되어야 한다. 결국 교육과정의 성격은 보다 큰 사회를 지탱해주는 경제적 관계, 문화적 자산, 정치적 권력 등을 어떤

식으로 반영하는지를 밝혀야 한다. 이 과정에서 교사들은 모두 기존 보수 세력의 이익을 대변하든지 혹은 사회 변화 세력을 대변하든지, 그 입장을 밝혀야 하는 정치적 존재가 될 수밖에 없다. 교사들은 사회개조를 위해 지역, 국가, 세계적 차원의 목적을 학생들의 목표와 관련시킬 필요가 있다. 학생들이 사회봉사에 관심을 갖도록 고무시키고 나아가 학생들의 신념에 도전감을 부여해 주고, 그들의 비판의식을 개발하는 것이다.

수업 방향과 원리

사회개조 교육과정에 따른 수업에서는 다음 사항을 포함한다.

① 실제적인 것(real)이어야 하며,
② 배우는 것으로 끝나지 않고 행동(action)과 실천(practice)을 요구하며,
③ 옳고 그름과 바람직함에 대한 판단을 포함하는 가치(values)이다.

사회개조 교육은 지역 사회 및 지역 사회 자원과의 협력을 강조한다. 예를 들어, 학생들은 과학수업의 일환으로 지역사회의 건강 프로젝트에 참여하거나 예술과 문학수업의 한 과정으로 연극, 쓰기, 무용 프로그램에 참여할 수 있다. 심지어 예술분야에서 조차도 지역사회의 관심사를 통합시킬 수 있을 것이다. 예를 들면, 학생들에게 예술과 과학의 통합을 통하여 가정계획과 도시계획에 있어서 불건전한 도시와 이상적인 전원도시를 비교하도록 해 볼 수 있으며, 예술과 경제학의 통합을 통해서 이윤추구가 삶의 질에 어떠한 영향을 주는가를 인식시켜 볼 수 있을 것이다.

이 교육과정에서는 초등학교에서부터 사회적·실제적 집단경험을 강조한다. 이를 위해 학생들은 상호협력과 사회적 합의가 필요한 과제를 수행한다. 아동들은 지역사회조사나 협동적인 활동에 참여한다. 초등학교 고학년 교육과정에는 가상사회의 체험을 통하여 유토피아적 신념을 가질 수 있는 내용이 포함될 수 있다. 이런 활동을 통해 학생들은 미래사회의 병원, 의회, 학교 등에 대한 대략적인 모델을 만들 수 있으며, 당면한 주요 문제들과 이러한 문제들을 해결하기 위해서는 무엇이 수정되어야 하는지에 관한 학생들의 인식을 자극해 줄 수 있을 것이다.

사회개조 교육과정 입장에서의 전형적인 수업의 순서를 정리하면 다음과 같다.

① 학생의 사회생활 주변에서 문제가 될 만한 쟁점이 무엇인가를 찾아낸다.

② 이 문제를 초래한 근본적 원인과 제약과 학생들이 이로 인해 일상에서 겪는 현실을 조사하며 발표한다.

③ 문제를 보다 넓은 사회의 제도나 구조와 연결시켜 본다.

④ 사회적 분석 결과를 세계, 국가, 사회, 개인의 희망과 이상에 연결시켜 본다.

⑤ 이상을 현실화시키기 위한 모종의 책임있는 조치나 행동을 취한다.

앞서 언급한 ① 실제적인 것(real), ② 행동(action), ③ 가치(values)가 강조된 수업과 관련지어 볼 때, 프로젝트 학습 모형을 생각해 볼 수 있다.

E. Shorris는 1995년 뉴욕 남부동에 노숙인, 마약중독자, 재소자, 전과자 등을 대상으로 한 인문학 교육과정인 '클레멘트 코스'를 만들었다. 교육의 기회에서 소외된 채 살아왔던 사람들은 일반 대학 교육 수준으로 철학, 문학, 예술 등을 배웠고, 그들의 삶을 송두리째 바꿔놓았다. 그는 일방적 강의 대신 질문을 통해 학생들이 자기 속에 있는 답을 찾도록 도왔다. 인문학을 통해 자유로워지기, 일상을 새롭게 생각해보기, 과거에 짓눌리지 않기를 시작하도록 이끌어주었으며 이러한 교육은 빈민가의 사람들이 사람들과 자유롭게 관계를 맺고 민주주의가 삶의 윤리로 정착하는 데 큰 힘이 되었다(동아일보, 2006.01.18). 취약계층 생활 불편, 교육격차, 인권이나 공정, 인종 문제, 소득 분배와 같은 사회 개혁 문제, 산업 폐기물, 수질오염, 공기 오염, 환경호르몬, 친환경과 같은 더 나은 삶의 조건 등의 주제로 이상을 현실화시키기 위한 행동을 기르는 데 효과적인 프로젝트 학습의 기원은 Dewey의 실험학교이다. 그는 학생들이 문제를 스스로 탐구하는 과정, 가령 집짓기 프로젝트를 수행하는 과정에서 사고하는 방법을 배울 수 있다고 믿었다. 즉, 눈에 보이는 활동을 통해 보이지 않는 지식, 가치, 문제해결력, 의지와 정신능력을 키우는 학습법이다.

프로젝트 학습의 이러한 특성은 학습자 주도성이라는 요소와 탐구 및 표현 활동이라는 요소의 성격에 의하여 뒷받침된다. 즉, 프로젝트 학습은 학생이 교사와 함께 계획하며 운영하고, 탐구와 표현 활동에는 다양한 방식이 있다는 점에서, 전개의 방향이 계속적으로 변화해 간다. 프로젝트 학습은 소집단으로 수행되나 경우에 따라 개별 학생, 학급 전체, 전교생에 의하여 수행되기도 하며, 비교적 장기간에 걸쳐 이루어지는 학습이다. 상황에 따라 1~2시간 정도의 단기간에 마칠 수도 있지만, 일반적으로 한 교과 내에서 특정 단원을 중심으로 교과 통합적 성격을 띠면서 수행될 수도 있다. 일반적인 절차는 다음과 같이 정리된다.

표 4.5 프로젝트 학습 절차

단계	활동 목표 설정	계획 수립	계획 실행	평가
주요 내용	• 교사와 학습자가 함께 의견을 조정해서 주제를 선정함	• 아이디어 수집 및 주제망 구성 • 관찰, 탐색 및 토의 등을 통해 잠재적 계획 수립	• 현장활동에 대한 준비, 실행(관찰, 놀이, 실험, 표현 등) 및 결과 정리 • 전시, 홍보, 캠페인 등	• 프로젝트 결과 제시 및 의견 교환 • 새로운 지식의 개인화, 성찰 및 행동개시

☺ 평가 방향

　　이 학습 모형에서 평가는 학생들의 수업 참여도, 열의, 잠재적 능력과 결과를 통해 보여주는 능력을 폭넓게 포함한다. 쟁점을 분명히 하는 능력, 가능한 해결책을 일반화하는 능력, 세계관을 재조정하는 능력, 이상을 현실화시키기 위한 행동을 기꺼이 실천하는 능력 등으로 평가 대상이 구체화 될 수 있다. 무엇보다 교육과정이 사회 성원들 간의 동의 창출, 약자들의 정치적 힘의 성장, 삶의 질의 향상 등에 미치는 영향에 주목한다. 이에 학생들은 그들 자신의 학습을 스스로 평가하도록 격려되며, 특히 집단의 일원으로 협동적으로 행한 활동이 높게 평가된다.

교육과정 재구성 시 고려 사항

교육과정
• 교육의 역할은 더 나은 사회를 재건하는 것임.
• 교육목표는 비판적이면서 협력하는 시민을 기르는 것임.

교수·학습
• 생활주변의 문제를 비판적으로 바라봄.
• 문제를 세계로 부터 개인의 가치와 이상에 연결시킴.
• 이상을 현실화하기 위한 행동(시위, 항의활동, 캠페인, 불매운동, 홍보, 계몽활동)을 취함.

평가
• 비판적 사고, 문제 해결력, 실천하는 능력 등이 평가 대상임.
• 평가 방법으로 성찰 노트, 포트폴리오, 수행평가 등 활용

▶ ▶ 개요

주제	공정한 사회	학년(군)	5~6학년
관련 교과	교과내 (○)　　　교과통합 (　)	관련 유형	사회개조 교육과정
성취기준	[6도03-02] 공정함의 의미와 공정한 사회의 필요성을 이해하고, 일상생활에서 공정하게 생활하려는 실천의지를 기른다.		
교육과정 유형과 재구성 방향	• 본 내용은 사회개조 교육과정에 따른 재구성이다. 사회개조 교육과정의 주된 목적은 학습자로 하여금 우리 사회가 당면한 심각하고 절실한 문제를 인식하고 이를 개선하기 위한 행동을 이끌어내는 데 있다. 즉, 교육을 통해 학생들이 사회의 구조적 모순이나 불합리성에 대한 관심과 의식을 갖도록 하고 사회개조에 적극적으로 참여하는 실천적 태도를 갖추도록 지도하는 것이 본 교육과정의 목적이다. • 따라서 교육과정에 대한 재구성을 통하여 당면한 사회문제나 불합리성에 대해 관심을 갖고 개선 방안을 탐색하며 이를 실행할 수 있도록 지도하는 것은 매우 중요한 과정이라고 할 수 있다. 특히 빠른 속도로 변화되고 있는 현 사회에는 예전에는 예상하지 못했던 새로운 문제와 갈등, 모순들이 발생하고 있다. 이러한 문제들을 합리적으로 해결하여 바람직한 방향으로의 변화가 필요한 때에 이러한 사회개조 교육과정의 재구성은 매우 가치 있는 시도라고 할 수 있다. • 본 재구성은 도덕과에서 요구하기 쉬운 도덕적 덕목의 개인적인 실천보다는 사회적 시스템이나 구조를 바꾸어 더 많은 모순과 불합리성이 해결되도록 생각을 전환하는 것에 중점을 두었다. 또한 이러한 불합리를 해결하기 위한 방안을 탐색하여 대안을 마련하고 학교나 주민센터, 구청 등 행정기관 등에 건의서 형태로 제출하여 자신의 생각이 현실에 반영되도록 하였다.		
재구성을 통한 기대 효과	• 본 수업은 공정을 지도하기 위해 먼저 자신이 경험했거나 주변에서 보았던 불공정의 사례를 통해 공정의 필요성을 인식하도록 한다. 또한 주어진 일화나 예화를 분석하여 공정의 원리를 찾고, 실제 주변에서 일어나는 일에서 불공정 요소를 찾아 이를 공정하게 바꾸기 위한 방안을 탐색한다. 마지막으로 불공정한 상황을 공정하게 바꾸기 위한 구체적 대안을 건의서로 작성하여 관련 기관이나 담당자에게 제출하는 것으로 학습이 마무리된다. • 이러한 재구성을 통해 기대하는 것은 본 수업이 공정의 의미 이해나 해결 방안의 모색에 그치지 않고 공정이 실행될 수 있는 대안을 제시하고 이를 공유하여 실질적인 사회개조에 기여하는 것이다.		

기존 차시 재구성

단원	차시	차시 주제	차시별 학습 활동
4. 공정한 생활	1	공정한 생활에 대해 알아보아요	• 공정함의 의미 알아보기 • 공정한 생활의 중요성과 노력 방법 살펴보기
	2	공정한 생활을 실천해요	• 공정한 생활을 하기 위한 원리 익히기 • 공정한 생활을 하기 위한 원리 실천 연습하기
	3	공정하게 판단해요	• 올바르게 판단하는 연습하기
	4	공정한 세상을 만들어요	• 공정한 세상을 만들기 위한 노력하기 • 공정한 세상을 만들기 위한 다짐하기

단원	차시	차시 주제	차시별 학습 활동
4. 공정한 생활	1	공정의 필요성	• 불공정의 사례를 분석하여 공정의 필요성을 찾기
	2	공정의 의미	• 공정의 사례를 분석하여 공정의 의미 찾기
	3	공정 실행의 방안	• 공정이 실행될 수 있는 대안 토의하기
	4	공정의 실천- 건의문 작성 (수행평가)	• 불공정의 개선을 위한 구체적인 대안을 건의문으로 작성하고 전달하기

재구성 차시별 수업

차시	학습 활동	주요 교수·학습 활동 내용	시간	자료
1차시	불공정의 사례를 분석하여 공정의 필요성을 찾기	• 경험이나 간접 경험을 통한 불공정 사례 발표하기 • 각 불공정 사례의 키워드를 찾고 불공정의 공통점 찾기 • 불공정 사례를 분석하여 불공정의 결과 도출 • 불공정의 결과를 분석하여 공정의 필요성 도출	40분	• 포스트잇 • 보드마카
2차시	공정의 사례를 분석하여 공정의 의미를 찾기	• 공정을 주제로 한 일화나 예화 읽기 • 일화나 예화의 줄거리 간추려보기 • 일화나 예화의 내용 중 어떠한 부분이 공정과 관련 있는지 찾기 • 위 활동을 통해 발견한 공정의 의미 정리하기	40분	• 일화, 예화 • 학습지
3차시	공정이 실행될 수 있는 대안 토의하기	• 주어진 두 경우 중 공정이 더 잘 실행될 수 있는 경우 생각해보기 • 공정이 더 많이 실현되는 방법으로 시스템이나 구조를 개선하는 것이 중요함을 이해하기 • 불공정 사례를 분석하여 시스템이나 구조적 문제 찾기 • 시스템이나 구조적 문제를 해결하여 공정이 실행될 수 있는 대안 찾기	40분	• 그림자료 • 포스트잇 • 보드마카 • 학습지
4차시	불공정의 개선을 위한 구체적인 대안 제시	• 우리 학교, 우리 지역에서 일어나는 불공정 사례 찾기 • 불공정 사례를 분석하여 시스템이나 구조적 문제 찾기 • 시스템이나 구조적 문제를 해결할 대안 찾기 • 불공정 문제의 사례와 분석내용 대안 등으로 건의문 작성하고 전달하기	40분	• 건의문 양식

3 ▶▶ 수업 사례

💡 ▶▶ 교수·학습 과정안

본시 주제	공정이 실행될 수 있는 방안 찾기(3/4)
성취기준	[6도03-02] 공정함의 의미와 공정한 사회의 필요성을 이해하고, 일상생활에서 공정하게 생활하려는 실천의지를 기른다.
학습 목표	토의를 통해 공정이 실행될 수 있는 방안을 찾아보자.
수업 의도	주변에서 불공정 사례를 찾고 해결 방안을 찾아 개선하는 데 본 수업의 목적이 있다.

단계	교수·학습 활동 내용		교수·학습 자료
동기유발	■ 공정의 실천에 관심 갖기 • 다음 그림이 불공정한 상황이라면 그 이유는 무엇일까? • 이 문제를 해결하기 위해서 할 수 있는 일은 어떤 것일까? • 두 해결 방법의 차이는 무엇일까? • 이 시간에는 공정이 이루어지기 위해 운영방법을 어떻게 바꿔야 할지를 생각해보자.	– 장애를 가진 사람을 정상인과 같은 조건으로 대한 것 – 누군가 휠체어를 밀어주기 – 도로의 턱을 경사길로 바꾸기 – 첫째는 개인의 배려, 둘째는 운영방법을 바꿈	■ 불공정한 사례의 해결 그림자료
학습문제 확인	■ 학습 문제 확인하기 공정이 이루어지기 위해 운영방법을 어떻게 바꿔야 할까? ■ 학습 활동 〈활동1〉 불공정한 사례 살펴보기 〈전체활동〉 〈활동2〉 공정이 이루어지기 위한 운영방법 찾기 〈모둠·활동〉 〈활동3〉 공정이 이루어지는 위한 운영방법 발표하기 〈전체활동〉		
문제찾기	〈활동1〉 불공정한 사례 살펴보기 〈전체활동〉		
	■ 사례의 불공정성 찾기 • 각 사례는 어떠한 점이 불공정한 것일까요?	– 친한 사람이라는 조건으로 맛있는 음식을 차별한 것 – 나이가 어리다고 운동장 사용 기회를 주지 않는 것 – 사람들이 가진 조건과 관계없이 사용할 시설을 만든 것 – 한 번의 기회로 등위를 결정한 것	■ 불공정 사례 네 가지의 그림자료 ■ 개인 학습지

단계	교수·학습 활동 내용		교수·학습 자료
	〈활동2〉 공정이 이루어지기 위한 운영방법 찾기 〈모둠·활동〉		
공정한 운영방법 찾기	■ 사례 선택하기 • 각 모둠별로 불공정한 사례를 한 가지씩 선택하여 보자.	– 불공정한 사례 네 가지 중 모둠별로 한 가지 선택하기	■ 불공정 사례 모습 사진 (칠판용)
	■ 공정을 위한 운영방법 찾기 • 각자 모둠에 주어진 불공정 상황을 공정하게 개선할 수 있는 운영방법을 포스트잇에 써서 모둠학습지에 붙이자.	– 각자 공정이 이루어질 수 있는 운영방법을 포스트잇에 써서 모둠학습지에 붙이기	■ 모둠 학습지
	• 포스트잇에 쓰인 의견을 바탕으로 모둠토의를 통해 공정이 이루어질 수 있는 적절한 운영방법 두 가지를 찾아보자. • 결정된 운영방법 두 가지를 모둠학습지에 기록하기	– 각 사람의 의견을 바탕으로 모둠토의를 통해 공정이 이루어질 수 있는 적절한 운영방법 두 가지 결정하기 – 결정된 모둠 의견을 모둠학습지에 정리·기록하기	■ 포스트잇 보드마카
	〈활동3〉 공정이 이루어지기 위한 운영방법 발표하기 〈전체활동〉		
발표 및 피드백	■ 공정을 위한 운영방법 발표하기 • 각 모둠에서 토의한 내용을 발표해보자.	– 모둠별로 작성한 공정이 이루어질 수 있는 운영방법 발표하기	■ 불공정 사례 모습사진 (칠판용)
	• 발표한 내용에 대한 질문과 보충 의견을 제시해보자.	– 발표한 내용에 대한 질문과 보충 의견을 제시하기 – 발표된 운영방법 수정, 보완, 기록하기	■ 모둠 학습지
	■ 공정을 위한 운영방법 정리 기록하기		※ 피드백 발표 내용에 대한 집단 사고 과정을 통해 다양하고 합리적인 운영방법을 찾도록 한다.
			■ 개인 학습지
정리 및 차시 예고	■ 학습 정리 및 내면화 • 불공정을 공정으로 개선할 수 있는 운영방법 확인하기 • 불공정을 공정으로 개선한 사례 확인하기 • 공정을 실천하려는 마음 다지기		■ PPT (공정의 실천사례)
	■ 차시 예고 • 공정이 실현되기 위해 개선해야 할 건의서 작성		

■ 평가 및 피드백

본 수업은 생활 주변의 불공정한 상황을 찾아 공정이 실행될 수 있는 대안을 제시하는 데 주안점을 둔다. 대안으로는 개인적인 노력이나 선행보다 운영 방법의 개선에 초점을 맞추고 상황에 맞는 적절한 대안을 찾도록 지도한다.

모둠활동을 통하여 다양한 의견을 수렴하고 이를 선별하여 최종 대안을 작성하며 이를 발표하는 과정에서 학생들 상호 간에 보충, 수정 등이 이루어지고, 교사가 최종 피드백을 한다. 이러한 활동의 과정과 결과에 대해 모둠별 평가를 실시한다.

■ 활용 자료

PPT자료

PPT자료 삽화 출처: 2009 개정 교육과정 6학년 도덕 교과서.

학습지

개인별 학습지	모둠별 학습지

학습지 삽화 출처: 2009개정교육과정 6학년 도덕 교과서.

■ 수업 tip

본 단원의 마지막 차시에서 학생들이 작성하는 불공정의 개선 방안이 실제 개선으로 이어지도록 작성한 건의서를 적절한 기관이나 담당자에게 전달하는 것은 학생들에게 매우 의미 있는 과정이다.

따라서 교사는 본 수업 진행 시 개선할 필요성과 가능성이 있는 사례들을 제시하는 것이 중요하다. 또한 학생들의 수준에 따라 스스로 불공정 상황을 찾도록 하는 것도 좋은 방법이다. 모둠별 대안 발표 시 학생들이 대안에 대한 의견을 발표하여 대안에 대한 보충, 수정이 이루어지면 상호 피드백의 기회가 될 수 있다. 이러한 과정에서 더 참신하고 완성도 높은 대안이 만들어져 갈 수 있도록 교사가 적절히 개입하는 것도 필요하다.

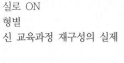

제5부

최근 강조되는
교육과정 재구성

제11장

중핵 교육을 위한 교육과정 재구성

• 아름다움이란 전체의 조화를 저해하지 않고 더하거나 뺄 수 없도록 모든 부분을 비례로 조절하는 것이다.　　　　　- Leon Batt Alberti(1404~1472)

제1절 ┃ 기본 관점

　　'중핵(core) 교육과정'은 문자 그대로 주변에 대비한 중심을 나타낸다. 교육과정을 중심부와 주변부로 나눌 때 중핵은 중심부(center) 교육과정으로, 교육과정을 편성·운영함에 있어 일정한 핵심(core)을 갖는 교육과정이라고 할 수 있다. 중핵 교육과정은 주로 청소년의 관심을 끄는 사회문제나 쟁점 혹은 생활이나 욕구와 관련된 내용이나 경험들이 중심을 차지하고, 이를 둘러싼 주변과정은 계통학습을 하되 몇몇의 영역으로 구분하여 조직된다. 시대와 견해에 따라서 무엇이 중핵을 차지하는가는 달라진다.

　　중핵 교육과정은 교과의 요구보다 학습자와 사회의 요구를 더 중시하는 진보주의 교육관의 소산이다. 무엇이 중핵이 되었든 그것은 매우 교과 통합적이고 사회나 학습자에게 중요하며 핵심적인 것임에 틀림없다. 중핵 교육과정은 교과중심 교육과정이 너무 교과내용에 집착하고, 경험중심 교육과정은 학습자의 흥미나 필요에만 너무 집착하는 문제점을 시정하기 위한 것으로, 교과 통합학습은 물론 사회적 방향과 책임감을 동시에 강조한다.

중핵 교육과정은 교육경험이 생활 문제를 해결하는 데 적절하게 통합되어야 의미 있는 교육이라고 본다. 이에 따라 급변하는 사회에서 학습자에게 사회의 질서, 통치, 사회개조에 필요한 특성, 능력, 태도를 길러줄 것을 강조한다. 그리고 교육내용의 통합, 개인의 인격통합, 나아가 사회의 통합을 지향한다.

학교의 주된 기능을 무엇으로 보느냐에 따라 중핵과정을 구성하는 원리도 변한다. 전통적으로 '교과중심 중핵 교육과정'은 역사와 문학을 중핵으로 수학, 언어, 예술을 이에 기초하여 재조직하는 방식이다. '아동중심 중핵 교육과정'은 개인생활, 공민생활, 개인과 사회의 관계를 중핵으로 아동의 필요와 흥미에 따라 재조직하는 방식이다. 사회의 기능이나 사회의 문제에서 중핵의 원리를 찾는 방식인 '사회중심 중핵 교육과정'은 중핵 교육과정의 가장 발전된 형태이다. 이는 사회기능 중심형과 사회문제 중심형으로 구분된다.

> 중핵 교육과정은 교과, 개인, 사회의 3자를 중핵이라는 곳으로 통합시키려는 것으로서, 중핵과정(core course)과 주변과정(fringe course)이 동심원적으로 조직되는 것을 특징으로 한다. 진보주의의 영향으로 교과보다 학습자와 사회의 요구를 중시하며, 청소년이 관심있어 하는 사회적 문제와 쟁점이 중핵적인 학습주제가 된다.

😊 등장 배경

본래 중핵 교육과정은 대학에서 시작되었다. 그 여파로 아직도 대학의 교양 교육과정을 편성할 때 중핵 교육과정은 광범위하게 이용된다. 이는 19세기 말, 하버드대학 등에서 선택 과목이 등장한 것, 또 1919년 컬럼비아 대학의 학부에 서

구문명을 다루는 "현대 문명"이 들어옴으로써 그 효시가 되었다. 그러다가 1960
년대 이후 구미의 대학들에서 백인우월주의적인 '죽은 백인 남성 위주(dead white
males)'로 역사를 보는 것에 대한 반발과 교정으로 중핵 교육과정은 더 번성했다.
대학 교양교육에서 선택 과목이 다양하게 늘어남에 따라, 그리고 소수집단의 민
권운동, 정치적 차별 철폐의 PC(political correctness), 여성운동, 환경운동 등의 영
향으로, 다양한 분야에서 중핵 교육과정이 등장했다. 즉, 하나의 중핵적 주제 아
래 다양한 이름의 중핵적인 강좌들이 등장한 것이다.

중핵 교육과정은 진보주의가 확산된 1940년대 초·중등학교에서 유행하였다.
중등학교에서 중핵교육과정은 8년 연구(1933~41)로 크게 부각되었다. 8년 연구는
초등교육에서 유행한 진보주의 교육운동을 중등학교로 확산하려는 것이었다. 특
히 대입시의 영향을 많이 받는 교과중심적인 진학계 고교를 바꾸어 진보주의식
교육을 받고도 대학에서 성공적으로 학습하고 생활할 수 있는가를 가늠해본 연구
였다. 연구 결과로 정리된 보고서에는 전통적 교과, Herbart식의 아동 흥미 존중,
사회적 행동주의 및 경험주의 등의 입장이 종합되었으며, 이들은 서로 경합함에
도 함께 협동적으로 논의 가능한 전통을 세웠다.

하지만, 생활적응 혹은 사회기능 중심의 중핵은 시대적, 사회적 변화와 문제
및 쟁점을 적절히 반영하지 못한다는 비판을 받았다. 특히 여러 과목이 추가됨으
로써 적절한 통합이 이루어지지 못하는 다초점 중핵은 그 기능을 상실하게 되었
다. 결과적으로 다양한 선택과 보완 과목이 늘어나게 되면서 학업성취를 강조하
는 교과나 학문중심 교육과정에 자리를 내주게 된다. 1970년대 중반 미국에서 기
본회귀운동(Back-to-basics movement)이 시작될 때 중핵 교육과정은 쇠퇴하거나
변형되었다(홍후조, 2018).

우리나라의 경우 8·15 광복 후 교수요목기에서 제1차 교육과정기에 주로 문
교부 지정 교육과정 연구학교였던 국민학교에서 중핵 교육과정이 도입되어 커다
란 반향을 불러일으켰으나, 그 후 학문중심 교육과정 등 새로운 이론이 나오면서
쇠퇴하였다(함수곤, 2000). 이후 1990년대 초등학교를 중심으로 확산된 열린교육은
진보주의식 교육으로, 중핵교육과정을 기반으로 하였다고 볼 수 있다. 오늘날에
도 중핵적인 주제들은 여전히 교육과정에서 한편을 차지하는데, 교육과정기준 문
서 총론에 등장하는 범교과학습주제가 대표적이라고 볼 수 있다.

최근에는 진보주의나 학습자 등에 기대기보다 더욱 안정적이고 유력한 통합 교과적 학습주제가 등장한다. 가령 과학기술을 사회생활에 연결하여 공부하는 STS, STEM, STEAM 등이 그것이다. 또한 학술적인 학습을 강조하는 IB계의 학교들 중에 PYP(Primary Year Programme)에서는 초학문적(학문 이전의 미분화된 세계) 핵심 학습주제가, MYP(Middle Year Programme)에서는 간학문적 핵심 학습주제가 뚜렷하게 등장한다. 여기에서는 세상을 살아가는데, 그리고 세상을 파악하는데 중요한 질문(big question)을 중심으로 이에 대답하려는 학문이전의 초학문적 혹은 간학문적 학습주제가 중핵 개념(core concepts)으로 등장한다. 그중 MYP의 핵심 개념(key concepts)을 제시하면, 미적 감각(aesthetics), 변화(change), 의사소통(communication), 공동체(communities), 연결(connections), 창의성(creativity), 문화(culture), 개발/발달(development), 형식(form), 세계적 상호작용(global interactions), 정체성(identity), 논리(logic), 관점/시각(perspective), 관계/관련성(relationships), 체계(systems), 시간, 장소, 공간(time, place and space)이 있다.

◎ 주요 학자 및 이론

중핵 교육과정은 하버드대학의 C. Eliot가 모든 강좌를 선택 과목으로 변경하고, 현대 학문과 사회의 다양한 요구들이 대학 교육과정 속에 들어오면서 시작되었다. 초·중등학교에서는 진보주의 교육의 영향으로 학생과 사회의 요구가 학교교육과정 내에 반영되면서 확대되었다. 이와 같은 학습자에 대한 강조는 교육과정 내용을 개별 교과로 구성하는 것에서 벗어나려는 노력으로 이어졌다.

8년 연구를 진행한 진보주의 계열의 연구자와 교육실천가들은 진보주의 교육 방식을 고등학교에 적용하였다. 8년 연구에서 교사들이 모여 중핵 교육과정을 마련할 때 단원의 핵심 아이디어는 민주사회에서 청소년들이 당면한 주요 문제였다. 교육과정의 내용을 결정하는 데 있어 교육과정의 내용과 조직의 뼈대는 첫째, 성인사회의 요구이고, 둘째, 청소년들의 관심사였다. 대부분의 중핵형 프로그램들은 더 크고 유연한 시간 블록들(blocks)을 중심으로 구성되었으며, 내용은 일반적으로 개인 및 사회 문제와 생활 문제에 중점을 두었고, 학교의 교육 문제를 동시에 해결하고자 하였다.

Hopkins(1941)는 교과 교육과정과 경험 교육과정을 양극으로 하고, 광역형 교육과정(the broad fields curriculum)을 중앙에 배치하여 1940년대에 등장한 교육과정의 다양한 유형을 도식화했다. 여기에 따르면 교과 교육과정에서도 중핵 교육과정이 가능하고, 경험 교육과정에서도 중핵 교육과정이 가능하다. 또한 중핵 교육과정을 구성하는 원리는 시대나 관점에 따라 변할 수 있다.

표 5.1 중핵 교육과정의 위상

교과 교육과정	광역형	경험 교육과정
• 상관형(coordinated) • 통합형(integrated) • 융합형(fused) • **중핵형(core)**	• 교과형 • 경험형	• 상관형(coordinated) • 통합형(integrated) • **중핵형(core)** • 작업단원(unit of work) • 사회생활기술(functions of social life)

출처: Thomas Hopkins(1941). Interaction: The Democratic Process. (Boston: D.C. Heath and Company). p.18.

한편, 일련의 연대기 또는 문화기를 주축으로 삼고 각 시대에 해당되는 지식을 교과별로 조직할 수 있다. 예를 들면, 종교개혁, 식민지 시대, 산업혁명 등의 일정한 시대정신을 중심으로 시대별로 관련 교과과정을 주변과정으로 조직하는 것이다. 학습자(또는 경험) 중심의 중핵 교육과정은 개인 생활 및 개인과 사회의 관계 등을 중핵으로 아동의 필요와 흥미에 따라 재조직할 수 있다. 사회의 기능이나 사회의 문제를 중심으로 하는 사회중심 중핵 교육과정도 개발 가능하며, 학습자의 요구와 사회문제를 함께 포함하는 중핵 교육과정을 만들 수도 있다(김대현, 2017).

의의 및 한계

중핵 교육과정은 교과나 경험중심 교육과정이 다양한 양태를 띠듯이 매우 다양한 형태를 띤다. 단일 교과에서 시작하여 교과가 해체된 경험 중심에 이르기까지 그 폭이 넓다. 중핵 교육과정에서는 문제해결이나 프로젝트 수업 방식이 흔히 사용된다. 블록 타임처럼 연속수업을 하는 경우가 많으므로 학생들이 직접 활동할 시간을 많이 갖는 것이 특징이다. 또, 기존 교과가 보이는 구조적 경직성을 벗어나 학생의 흥미나 관심, 사회의 문제나 쟁점을 중핵으로 구성하게 된다. 그러므로 교육의 많은 소재 중에 청소년의 관심사를 존중하고 현대의 문제들을 드러 낼 수 있다. 가령 학교폭력, 사이버폭력, 유행병으로 인한 비대면 화상 수업, 보편 복지와 선별복지, 기본소득 등은 계기적인 특성을 띤다. 이런 문제나 쟁점을 다루 려면 특정 교과 수업에서 주도성을 가져야 가능해진다. 이는 모든 교육과정이 중 심부와 주변부로 이루어진다는 평범한 특성을 가장 잘 드러낸다.

반면 중핵 교육과정은 여러 과목이 추가됨으로써 적절한 통합이 이루어지지 못하는 경우 그 기능을 상실하게 된다. 또한 교과의 체계적인 학습이 어려우며, 범 위가 제한되지 않은 방만한 운영으로 시간과 비용이 많이 들고, 통합에 미숙한 교 사의 경우 교과도 경험도 모두 실패할 위험이 높다. 결과적으로 학습한 결과를 평 가하는 데 어려움이 많다. 그럼에도 불구하고 복잡계를 이루는 사회문화적 지형을 반영하는 대학의 교양 교육과정은 여러 학문영역을 크게 구분하여 각 영역에 중 핵이 되는 과목들로 구성되고 있다.

제2절 ┃ 교육과정 재구성 방향

😊 교육의 목적과 내용

중핵 교육과정은 교육경험이 생활 문제를 해결하는 데 적절하게 통합되어야 의미 있는 교육이라고 본다. 중핵 교육과정은 급변하는 사회에서 학습자에게 사 회의 질서, 통치, 사회개조에 필요한 특성, 능력, 태도를 길러 주고자 하는 교육과 정이다. 이 교육과정은 교육내용의 통합, 개인의 인격통합, 나아가 사회의 통합을 지향한다. 중핵과정과 주변과정이 동심원적으로 조직되는 것을 특징으로 한다. 중핵과정은 주로 사회영역이나 자연영역이 생활 경험을 중심으로 조직되며, 주변 과정은 교과별로 조직되는 경우가 많다.

중핵 교육과정을 이루는 핵심 학습주제는 대체로 4개의 원천을 가진다. ① 청 소년이 관심을 가진 사회적 문제나 쟁점으로서 핵심주제, ② 사회생활을 하는데 필요한 핵심주제, ③ 이 세상 혹은 우리가 살아가는 사회와 생태계를 파악하는데 필요한 핵심주제, ④ 여러 교과들을 관통하는 핵심주제 등이 그것이다.

수업 방향과 원리

중핵 교육과정은 일반적으로 청소년의 필요와 흥미를 중심으로 개발한다. 사회의 문제와 쟁점을 중심으로 여러 교과의 내용을 통합적으로 구성하는 것을 강조한 교육과정으로, 그 중핵 교과와 함께 주변 교과가 연합하여 팀티칭으로 수업을 진행할 수 있도록 짜여진다. 구성주의 교육과정은 중핵 교육과정의 후속이라고 볼 수 있고, 사회적응 교육과정이나 경험중심 교육과정은 중핵 교육과정과 유사한 부분이 많다. 중핵 교육과정은 학습자의 흥미와 관심을 끄는 활동, 목적 달성이나 해결에 도움이 되는 학습 활동을 강조한다. 극단적인 경우는 생활에 쓰이지 않는 학교학습을 위한 교과를 낭비적이고 무기력하다고 여겨 주변으로 돌리거나 경시한다.

교사와 학생은 통합적 단원과 주제를 협동적으로 계획한다. 중핵 교육과정의 실천은 실험, 조사, 집회, 회의, 토론, 현장학습 등을 통해 광범위하게 이루어지고, 시간이나 공간 사용에 매우 융통성이 있다. 수업 시간도 보통의 수업 시간보다 2~3배 정도 확장된 블록타임으로 운영하는 경우가 많다. 교사는 교과학습의 통합적 안내자이며, 생활 지도 및 상담자의 역할도 수행한다. 이 교육과정은 학습자의 자발적·능동적 참여로 의미 있는 학습경험이 가능하며, 지식의 상호 관련성과 문제 해결력을 배울 수 있다. 지역사회 문제 해결에 기여하는 생활인을 기르고 민주적 태도를 함양하는 데 도움을 준다.

중핵 교육과정을 기반으로 하는 수업의 특징은 다음과 같다(Oliva, 2005).

① 모든 학생을 위한 교육과정이다.
② 보통 영어(국어)나 사회과에서 교과간 통합이나 융합의 형태를 띤다.
③ 교과내용의 중심은 여러 교과를 가로지르는 문제에 있다.
④ 주요한 학습 방법은 여러 교과의 소재를 활용한 문제 해결에 있다.
⑤ 수업 시간은 2~3개의 차시를 연속한 블록타임식이고, 교사는 중핵 교사와 그를 돕는 보조교사(또는 외부 초청인사)가 함께 한다.
⑥ 교사가 학생들과 더불어 수업계획을 짤 것을 권장한다.
⑦ 학생들에게 수업진행 안내를 제공한다.

중핵 교육과정을 수업으로 구안할 때 활용 가능한 학습모형은 다양한데, 여기서는 '문제중심학습 모형'을 예로 든다. 문제중심학습은 실생활의 문제 사태를 중심으로 교육과정과 수업을 구조화한 교육적 접근으로, 학습자가 문제를 해결해 나가는 과정을 통해 자기주도성과 비판적 사고 기능, 협동 기능을 신장하도록 하는 학습 형태이다. 일반적인 절차는 다음과 같이 제안할 수 있다(한국교육연수원, 2011).

표 5.2 문제중심학습 모형의 일반적인 절차

단계	문제상황 제시	문제의 발견 및 정의	해결책 고안	해결책 실행	검토 및 정리
주요 내용	• 실제적 문제나 쟁점 발굴로 학습동기 유발	• 문제 해결을 위한 수업진행 계획을 교사와 학생이 공동으로 수립	• 문제 해결을 위한 다양한 방안 탐색	• 논의 결과에 대한 타당성, 현실적합성 진단	• 평가서 작성 및 문제해결 과정의 내면화와 실천

☺ 평가 방향

문제해결과 프로젝트 학습이 그러하듯이, 이 교육과정에서 평가할 자료는 조사, 관찰 보고 등을 통해 만들어지는 포트폴리오 작품집, 협동학습에 의한 집단 창작물 등이다. 이는 기획에서 진행 과정, 결과물의 발표와 평가 등 일련의 종합적인 총체적 평가를 거치게 된다. 주관적인 질적 평가가 필연적이므로 루브릭을 만들어 일정한 기준에 따라 평가하는 것이 적절하다.

사회적 문제나 쟁점은 탐구할 만한 가치를 가져야 한다. 즉, 중핵적인 주제나 개념으로 연결되는가를 가늠할 필요가 있다. 사회적 영향력이 있는 문제나 쟁점을 중핵으로 다루어야 하고, 이와 가장 유관한 교과가 중핵이 되어야 한다. 특정 문제나 쟁점을 조사하여 보고할 때 다면적이고 총체적인 관점에서 바라보는가도 평가의 주안점이 되어야 할 것이다. 또한 학생들의 적극적 참여를 요구하므로 그들의 적극성과 협동적 상호소통력을 비중있게 평가하는 것도 필요하다. 결국 중핵 교육과정에서는 학생들의 시야가 얼마나 넓어졌고 해당 문제와 쟁점에 대한 관점이 잘 정립되었나를 평가하는 것이 중요하다.

교육과정

- 청소년의 관심과 흥미를 끄는 사회적 문제와 쟁점에 관심을 둠.
- 교사는 학생이 찾아낸 문제와 쟁점을 교육적 의의가 높은 주제에 연결시킴. 탐구와 문제해결의 목표를 분명히 함.
- 해당 쟁점과 문제를 가장 비중있게 다루는 교과가 중핵 교과가 됨.
- 사회적 쟁점과 문제를 이해하고, 나아가 해결하는 능력을 기름.

교수·학습

- 학생이 관심을 가진 사회적 문제와 쟁점을 발굴하고 수집·정리함.
- 교사와 학생이 공동으로 협력하여 수업을 계획, 진행, 마무리함.
- 학생들의 적극적, 능동적 참여와 협력이 요구됨.
- 복수의 교과와 교사들이 관여하는 프로젝트식 수업으로 2~3교시를 연속하여 수업함.

평가

- 사회적 쟁점과 문제의 비중, 탐구할 가치를 평가함.
- 학생 참여의 능동성과 집단에서의 소통과 협력 정도를 평가함.
- 수행평가, 과정평가, 작품평가, 질 평가, 성장평가, 총체적 평가 등을 활용함.

제3절 | 교육과정 재구성 사례

 **개요**

주제	스마트 메디컬 홈 시스템 개발하기	학년(군)	5~6학년
관련 교과	교과내 ( ) 교과통합 (○)	관련 유형	중핵 교육과정
성취기준	[6사06-04] 광복 이후 경제성장 과정에서 우리 사회가 겪은 사회 변동의 특징과 다양한 문제를 살펴보고, 더 나은 사회를 만들기 위하여 해결해야 할 과제를 탐구한다.		
	[6과04-03] 우리 생활에 첨단 생명과학이 이용된 사례를 조사하여 발표할 수 있다.		
	[6실05-01] 일과 직업의 의미와 중요성을 이해한다. [6실05-02] 나를 이해하고 적성, 흥미, 성격에 맞는 직업을 탐색한다.		
교육과정 유형과 재구성 방향	〈교육과정 유형과 수업의 접목〉 • 수업디자인의 바탕 이론은 중핵 교육과정이다. 중핵 교육과정은 교과, 개인, 사회의 3자를 중핵이라는 곳으로 통합시키려는 것으로서, 중핵과정(core course)과 주변과정(fringe course)이 동심원적으로 조직되는 것을 특징으로 한다. • 진보주의의 영향으로 교과보다 학습자와 사회의 요구를 중시하며, 청소년이 관심있어 하는 사회적 문제와 쟁점이 중핵적인 학습주제가 된다. 교사와 학생은 통합적 단원과 주제를 협동적으로 계획한다. 중핵 교육과정의 실천은 실험, 조사, 집회, 회의, 토론, 현장학습 등을 통해 광범위하게 이루어지고, 시간이나 공간 사용에 매우 융통성이 있다. 수업 시간도 보통의 수업 시간보다 2~3배 정도 확장된 블록타임으로 운영하는 경우가 많다. 이에 미래 사회의 변화에 따른 과학기술의 활용, 학생들의 건강한 삶을 중핵에 둔 수업 과정을 설계하고자 한다. 〈재구성 방향〉 • 여기에서 제시하는 중핵 교육과정은 사회의 현상을 중핵에 놓고 교과와 학습자의 흥미를 연계하는 방식이다. 오늘날 사회의 큰 특징으로는 유비쿼터스(Ubiquitous) 기술의 발달로 시간과 장소의 구애 없이 자유롭게 네트워크에 접속하여 언제 어디서나 어떤 정보든지 활용할 수 있다는 것인데, 이것을 미래의 의료형태인 스마트 헬스케어와 결합하는 방안을 생각해보았다. 미래를 예측하는 많은 학자들은 '미래의 의학은 생물학보다 데이터 과학의 기여가 더 크게 작용할 것이다'라고 말하는데 이러한 데이터 과학, 즉 빅데이터를 수업에 적용해보려는 것이다. • 이를 위해 사회과의 미래 사회에 대한 탐색, 과학과의 첨단 과학 기술 활용, 나아가 실과의 일과 직업의 의미에 대한 성취기준을 활용하여 수업을 설계하였다. 즉, 사회의 큰 변화를 핵심에 놓고 이를 기반으로 건강하게 생활하기 위해 인간의 삶을 어떻게 설계할 수 있는지 고민해보고자 한다.		
재구성을 통한 기대효과	이 수업은 학생들이 하는 공부가 단순히 학교 내에만 머무르는 것이 아니라 궁극적으로 사회에서의 삶과 연계되며, 특히 건강한 삶은 미래 사회의 특징인 첨단 과학과 직접적인 관련이 있음을 이해하도록 하는 것이다. 학생들은 다양한 활동을 통해 건강한 삶을 위해 사회 및 과학에 대한 진지한 성찰이 필요함을 이해하게 될 것이다.		

② ▶▶ 성취기준 분석 및 평가 계획

성취기준 풀기

성취기준	성취기준 풀기	
	내용기준	수행기준
[6사06-04] 광복 이후 경제성장 과정에서 우리 사회가 겪은 사회 변동의 특징과 다양한 문제를 살펴보고, 더 나은 사회를 만들기 위하여 해결해야 할 과제를 탐구한다.	미래 사회	미래 사회에서 인간의 건강을 관리하는 방법 예측하기
[6과04-03] 우리 생활에 첨단 생명과학이 이용된 사례를 조사하여 발표할 수 있다.	첨단과학, 생명과학	스마트 메디컬 홈 시스템 개발하기
[6실05-01] 일과 직업의 의미와 중요성을 이해한다. [6실05-02] 나를 이해하고 적성, 흥미, 성격에 맞는 직업을 탐색한다.	자신의 소질과 적성, 직업 탐색	스마트 헬스케어 개발자가 되기 위해 해야 하는 일 알기

주요 핵심 개념 추출

학생들이 성취해야 하는 핵심 지식	학생들이 성취해야 하는 기능
학생들은······을 알 것이다.	학생들은······을 할 수 있을 것이다.
• 미래 사회, 첨단 생명과학, 직업 탐색의 개념 • 스마트 헬스케어의 의미와 중요성	• 미래 사회에서 인간의 건강 관리에 대한 자료 찾아 분석하기 • 스마트 메디컬 홈 시스템 개발하기

학습 요소

주요 학습요소	• 미래 사회 • 첨단과학 • 직업 탐색	교과역량	• 정보활용능력 • 과학적 문제해결	기능	• 문제 인식 • 자료의 수집·분석 및 해석 • 탐구 설계와 수행

제5부 최근 강조되는 교육과정 재구성 ┃ 205

평가 계획

성취 수준	평가 기준		
	미래 사회에서 인간의 건강을 관리하는 방법 예측하기	스마트 메디컬 홈 시스템 개발하기	스마트 헬스케어 개발자가 되기 위해 해야 하는 일 알기
상	인간의 수명과 건강 관리 방법에 대해 조사하고 미래 사회에서의 관리 방법을 예측할 수 있다.	건강하고 안전한 삶을 위해 요구되는 다양한 측면의 메디컬 홈 시스템을 다섯 가지 이상 개발할 수 있다.	스마트 헬스케어 개발자가 하는 일과 그 직업을 갖기 위해 해야 하는 일을 설명할 수 있다.
중	인간의 수명과 건강 관리 방법에 대해 적극적으로 조사하였으나 미래 사회에 대한 예측은 하지 못한다.	건강하고 안전한 삶을 위해 요구되는 다양한 측면의 메디컬 홈 시스템을 서너 가지 개발할 수 있다.	스마트 헬스케어 개발자가 하는 일이나 그 직업을 갖기 위해 해야 하는 일 중 한 가지를 설명할 수 있다.
하	인간의 수명과 건강 관리 방법에 대한 조사가 미흡하고, 미래 사회에 대한 예측도 하지 못한다.	건강하고 안전한 삶을 위해 요구되는 다양한 측면의 메디컬 홈 시스템을 한두 가지 개발할 수 있다.	스마트 헬스케어 개발자가 하는 일이나 그 직업을 갖기 위해 해야 하는 일 모두를 설명하지 못한다.

차시	학습 주제	주요 활동 내용	학습 전략
1	미래 사회 전망	• 미래 사회의 모습 예측하기 : 4차 산업혁명, 빅 데이터, AI, IoT 등 첨단 과학의 발전에 따른 새로운 사회의 도래 • 미래 사회의 인간의 모습 예측하기 : 의학기술의 발달로 인간의 수명이 연장됨. 그러나 몸이 불편해지거나 병이 들어 어려움을 겪을 수 있음. 등 • 첨단 과학 기술을 활용한 헬스케어 알아보기 : 미국에서 개발한 왓슨, 웨어러블 기기를 활용한 자가 건강 관리 시스템 발전 등	문제상황 탐색
2	탐구 문제 제시	• 노인 간호를 위한 스마트 메디컬 홈 시스템 개발하기 : 오늘날에는 가족 구성원이 단촐해지고 고령화가 심화되면서 혼자 사는 노인이 많아지고 있음. 이는 장차 미래의 나의 모습일 수 있음. 혼자 사는 노인, 혹은 가족과 함께 생활하지만 노인의 건강과 안전을 위한 스마트 메디컬 홈 시스템을 개발하도록 함. • 스마트 메디컬 홈 시스템 개발의 바탕 : 사물 인터넷의 발달, 다양한 무선 센서의 발달, 통신 속도의 향상, 스마트폰의 발달 등	문제의 발견 및 정의
3~4 (수업 예시)	스마트 메디컬 홈 시스템 설계 및 활용을 위한 시나리오 작성	• 스마트 메디컬 홈 시스템 설계도 만들기 ① 할아버지, 할머니를 비롯하여 각 가족 구성원들에게 필요한 건강관리 내용 탐색하기 ② 건강관리 시스템을 적용할 수 있는 가구나 물건을 생각해보기 ③ 가구나 물건의 배치 공간 고려하기 ④ 이상의 내용들을 종합한 스마트 메디컬 홈 시스템 설계도 그리기 • 스마트 메디컬 홈 시스템 작동 시나리오 구성하기 ① 건강한 상태에서의 시스템 작동 시나리오 구성하기 ② 위급 상황 발생 시 활용 가능한 시스템 작동 시나리오 구성하기	해결책 고안

차시	학습 주제	주요 활동 내용	학습 전략

5	발표 및 평가	• 설계도와 시나리오를 작성하고 발표하기
		• 다른 사람의 발표를 듣고 PMI 기법에 따라 평가하기
		  : P-Plus, M-Minus, I-Interest
		• 설계도와 시나리오 개선하기
		• 스마트 메디컬 홈 시스템의 문제점 확인하기
		  : 개인 정보, 특히 건강 관련 정보 보호에 어려움이 있음을 이해하기
			해결책
			실행

6	진로 탐색	• 스마트(디지털) 헬스케어 개발자/스마트 메디컬 홈 시스템 개발자에 대해 알아보기 ① 하는 일: IT, 빅 데이터 등과 융합된 사용자의 건강 관리를 하는 전문가 ② 필요한 지식, 자질 등: 시스템 운영에 요구되는 전기공학, 기계공학적 지식 및 인공지능 등에 대한 이해가 요구됨. 나아가 가정에서 이를 활용하기 위해서는 시스템 목적에 맞게 꾸밀 수 있는 디자인 감각도 필요함.	발전 및 정리

⚙ ▸▸ **수업 개요**

본시 주제	스마트 메디컬 홈 시스템 설계도를 만들고 각 시스템의 작동 시나리오 구성하기
성취기준	[6사06–04] 광복 이후 경제성장 과정에서 우리 사회가 겪은 사회 변동의 특징과 다양한 문제를 살펴보고, 더 나은 사회를 만들기 위하여 해결해야 할 과제를 탐구한다. [6과04–03] 우리 생활에 첨단 생명과학이 이용된 사례를 조사하여 발표할 수 있다.
학습 목표	첨단 과학 기술을 활용하여 스마트 메디컬 홈 시스템을 설계할 수 있다.
수업 의도	첨단 과학 기술의 발달로 우리의 삶은 빠르게 변화하고 있다. 그중 의학기술, 생명공학의 발달로 인간의 수명도 길어지고 있는데, 이때 중요한 것은 단순한 수명의 연장이 아니라 노인이 되어서도 인간다운 삶을 영위할 수 있도록 하는 것이다. 이에 첨단 과학 기술을 우리의 삶, 특히 건강한 삶을 살아가는 데 활용하는 방안으로 스마트 메디컬 홈 시스템을 개발하는 수업을 기획하였다. 학생들이 경험하였거나 혹은 자료 조사를 통해 확인한 내용들을 가정에서 적용하는 방법을 제안하도록 하여 건강과 과학기술에 대한 관심을 고양시키고자 한다.

⚙ ▸▸ **수업 활동**

주요 학습 활동 순서

| 탐구 문제 확인 | ▶ | 자료 검색
(태블릿pc 활용) | ▶ | 스마트 메디컬 홈
시스템 설계하기 | ▶ | 스마트 메디컬 홈
시스템 작동
시나리오 만들기 |

수업 안내

■ **탐구 문제 확인**

> 우리 집에는 연로하신 할머니가 계신다. 부모님은 모두 직장에 다니시고, 나와 오빠도 학교에 다니므로 할머니를 보살피기 어렵다. 그런데 오늘날에는 4차 산업혁명의 발달로 사물인터넷을 활용한 각종 홈 헬스케어 장치를 가정에 설치할 수 있다. 할머니뿐만 아니라 우리 가족 모두의 건강을 지켜줄 수 있는 스마트 메디컬 홈 시스템을 설계하고, 이의 작동 시나리오를 구성해보자.

- **자료 검색**
  - 현재 활용되고 있는 다양한 홈 헬스케어 방법들을 찾아보자.(태블릿 활용)
    예) 거울형 바디 스캐너, 스마트 컵, 건강을 확인할 수 있는 변기, 자외선 지수를 알려주는 창 등

- **스마트 메디컬 홈 시스템 설계하기**
  - 우리 가족들의 건강 관리를 위해 활용 가능한 홈 시스템을 말해보자.
  - 각 시스템을 우리 집 어디에 설치할지 구상해보자.
  - 이상의 내용들을 종합한 스마트 메디컬 홈 시스템 설계도를 그려보자.

- **스마트 메디컬 홈 시스템 작동 시나리오 구성하기**
  - 일상적인 상황에서 스마트 메디컬 시스템의 작동 시나리오를 써보자.
  - 위급 상황 발생 시 활용 가능한 시스템 작동 시나리오로도 구성해보자.

- **평가 및 피드백**

  이 활동에서는 설계도를 잘 그리는 것이 아니라 미래 사회에서 건강한 인간의 삶에 대한 고민이 충분히 이루어졌는지, 또 가족 구성원에게 필요한 시스템을 개발하였는지에 초점을 두어 평가하고, 그와 관련된 피드백을 주도록 한다.

- **수업 tip**

  이 활동은 미래 사회, 특히 첨단 과학 기술의 발달에 따른 보다 안전하고 건강한 인간의 삶에 대해 고민해보는 것으로, 메디컬 시스템 구성에 정해진 답은 없다. 따라서 학생들이 다양한 측면에서 창의적으로 건강을 지키기 위한 아이디어를 낼 수 있도록 허용적인 분위기를 만든다.

제12장

구성중심 교육을 위한 교육과정 재구성

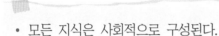

• 모든 지식은 사회적으로 구성된다.

- Lev Semenovich Vygotsky(1896~1934)

제1절 ┃ 기본 관점

　　구성중심 교육은 기본적으로 지식을 개인의 사회적 경험에 의거하여 계속적으로 구성되는 것으로 여긴다. 구성중심 교육의 관점에서는 지식이 "온갖 정보, 이미지, 관계, 실수, 가정, 기대, 유추, 모순, 빈틈, 예감, 규칙, 일반화 등이 뒤섞여 있는 그물망과 같은 것"(O'Brien, 1980)으로서, 이미 존재하고 있는 객관적 실체라기보다, 어떤 상황 안에 있는 개인의 경험이나 행동과 밀접한 관계가 있다고 본다. "복잡하고, 불확실하며, 예화적이고, 독특하고, 가치간의 갈등이 존재하는 현실에서 필요한 것은 추측하고, 탐구하고, 수수께끼를 풀고, 예상하는 노력이며, 계속적으로 외부 상황에 적응할 수 있는 내적 기능의 형성"(Allen, 1992)이라는 것이다. 무엇보다 대중매체, 인터넷 등을 통해 누구나 언제 어디서나 다양한 자료와 정보를 접할 수 있는 현대 사회에서 개인이 다양한 자료와 정보를 의미있게 구성하는 능력은 점점 더 중요해지고 있다(홍후조, 2018).

　이와 같은 관점에 기초하고 있는 구성중심 교육과정에서는 학습을 경험에 토대를 둔 능동적인 의미 형성과정, 기존 개념이나 아이디어의 수정 확대, 세계에 대한 개인의 해석으로 여기며, 학습자들이 자기 주도적인 학습 활동을 통하여 스스로 지식을 구성해 나가도록 돕는 것에 주안점을 둔다. 구성중심 교육의 가장 중요한 전제의 하나는 학습자가 교수자에 의해 제시되는 아이디어나 전달되는 지식을 단순히 흡수하기보다, 개별적 혹은 집단적으로 지식을 구성해 나간다고 보는 것으로, 어떻게 가르칠 것인가에 대한 방법론적인 교수(teaching) 이론보다, 학습자가 어떻게 학습하는지, 학습 과정에 어떻게 반응하고 성취를 이루어 나가는지에 관한 학습(learning) 이론이 더욱 우세한 편이다. 구성중심 교육과정에서 학습이란 학습자가 감각기관을 통하여 지각한 것으로부터 의미와 의미의 체계를 구성하는 능동적 과정으로서, 의미를 구성하는 결정적 활동은 사회적 활동을 통해 이루어진다는 것이다.

　이와 같이 구성중심 교육의 관점에서 학습이 이루어지기 위해서는, 수업상황에서 학습자들이 자기주도적 학습 활동을 통하여 지식을 구성할 수 있는 환경을 조성해야 하며, 이러한 환경이 조성되기 위해서는 다음과 같이 학습자의 주도성뿐 아니라 교수자의 주도성도 동시에 높아야 한다.

그림 5.1 구성중심 교수모형의 성격

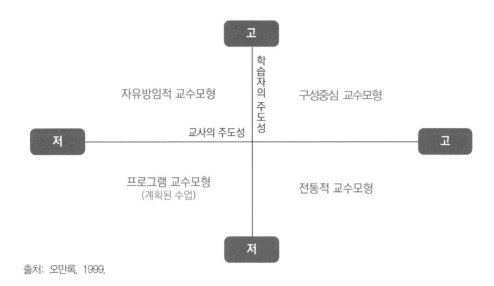

출처: 오만록, 1999.

구성중심 교육과정에서 학습자는 개인적·사회적 경험을 인지·분석·평가하고 이를 다시 재구성하여 새로운 환경과 상황에 적용할 수 있어야 하며, 교수자는 학습자의 지식 습득 및 의미 형성 과정에 관한 성찰을 통해 긍정적 환경을 조성해주어야 한다.

등장 배경

구성중심 교육과정은 기본적으로 구성주의에 기초한다. 구성주의는 산업화 시대를 지배했던 실증주의, 행동주의, 과학주의로 대표되는 객관주의 인식론에 대한 대안으로 등장하였다. 객관주의 인식론에서는 인간의 지식이 학습자의 외적 세계에 별도로 존재하며, 그러한 지식에 관한 정보는 외적 세계를 지각하고 표상하는 과정을 통하여 이루어지는 것으로 본다. 그러나 구성주의 인식론에서는 지식이란 수동적인 방법으로 받아들이는 것이 아니라 인식 주체가 적극적·능동적으로 구성하는 것으로 본다.

또한 구성중심 교육과정은 20세기 초 미국과 유럽 사회에서 현대 사회의 불안정성을 반영하며 다양한 분야에서 다양한 양상을 띠고 나타난 포스트모더니즘 (post-modernism)의 세계관에 토대를 두고 있다. 포스트모더니즘은 절대적 진리·이성·선·역사를 거부하고, 개별성과 다원성을 적극적으로 수용하며 유연성을 옹호한다. 또한 세계의 미결정성과 불확실성을 수용하며, 세계를 임의적이고 우연적인 것으로 받아들이고 있는 입장이다(정상준, 1995). 이것은 철학, 예술, 문학뿐만 아니라 교육의 영역에도 많은 영향을 끼쳤으며, 포스트모더니즘이 교육적으로 적용된 모습의 하나가 구성중심 교육이라 할 수 있다.

서구 근대화 이래 대중적 공교육체제는 합리성, 체계성, 보편성, 객관성, 조직성, 효율성 등을 그 특징으로 발전해 왔으며, 교육은 세계와 인간에 대한 객관적 지식과 보편적인 가치체계를 가르침으로써 학생들로 하여금 이성적인 삶을 영위해 나갈 수 있는 능력을 길러주는 것으로 인식되었다. 그러나 후기 산업사회에 나타난 포스트모더니즘은 학교에서 가르치는 지식과 가치체계는 객관적이거나 보편적인 것이 아니고, 따라서 시·공간을 초월하여 누구나 수용해야 하는 절대적 진리가 아니라고 주장한다. 포스트모더니즘의 지식관은 개별적이고 상대적이며, 시대적인 영향을 받아 변화가능한 의미구성으로 보며, 구성중심 교육과정에는 이런 지식관이 담겨 있다.

☺ 주요 학자 및 이론

구성중심 교육과정이 기초하고 있는 구성주의는 하나의 연구 패러다임에서부터 개별 학습자의 의미 구성을 통한 주변 현상의 이해라는 의미에 이르기까지 폭넓게 사용되고 있다(곽영순, 2016). 이 중 교육학적 구성주의는 J. Piaget(1896~1980)의 연구에 토대를 두고 있는 개인적 구성주의(individual constructivism), von Glasersfeld(1917~2010)로 대표되는 급진적 구성주의(radical constructivism), L. Vygotsky(1896~1934)의 사회적 구성주의(social constructivism)로 나눌 수 있다.

Piaget에 따르면 학습자는 나름의 '스키마'를 갖고 있고, 자신의 기존 스키마로 받아들기 어려운 경우에는 인지적 혼란을 거쳐 새로운 스키마, 즉 새로운 지식을 조절 또는 형성해 간다. 그는 지식의 구성 과정에서 개인의 인지적 경험과 작용을 핵심적인 요소로 본다. 반면, von Glasersfeld는 지식을 개개인이 자신의 경험에서 추출하고 추상화해낸 지적 구성물로서 개인의 인지구조 내에서 형성되는 것으로 본다. 그는 경험의 범위를 넘어서 우리가 구성한 지식의 진위 여부를 견주어 판단할 수 있는 경험 바깥의 객관적 실재는 존재하지 않는다고 할 정도로 급진적이다. 한편, Vygotsky는 인간의 인지적 발달과 기능은 사회적 상호작용이 내면화되어 이루어진 것이라고 주장한다. 실제 과제를 풀어가는 구체적인 과정에서 학생과 교사의 지속적·점진적 참여, 언어와 상호작용을 통해 새로운 지식과 기능을 형성해나간다는 것이다. 이와 같은 Vygotsky 이론에서 가장 중요한 메시지는 각 개인의 인식 발달에 있어서 사회적 교류가 매우 기초적인 역할을 한다는 점이다.

여기서는 구성중심 교육과정과 관련된 여러 이론 중 Vygotsky의 사회적 구성주의에 초점을 맞추고자 한다. Vygotsky에 따르면, 사회적 상호작용은 '근접발달영역'(zone of proximal development: ZDP) 안에서 가장 효과적이고 효율적으로 인지의 확장을 초래한다. '근접발달영역'이란 다음과 같이 학습자가 혼자서 성취할 수 있는 현재 발달 수준과 유능한 또래와의 협업 또는 교사의 안내와 격려를 통해 성취할 수 있는 잠재적 발달 수준 사이의 영역을 가리킨다. 이는 마치 요구분석(needs assessment)에서 현재 상태와 바람직한 상태 사이의 격차(gap)를 요구(needs)로 보고 이를 교육목표로 삼는 것과 유사하다.

그림 5.2 근접발달영역

Vygotsky의 '근접발달영역'에서 구체적인 교수학습방법으로 제시되고 있는 것이 비계(scaffolding)이다. 비계란 본래 건물을 신축하거나 수리할 때 인부들이 건축 재료를 운반하고 작업하면서 오르내릴 수 있도록 건물 주변에 세우는 장대와 두꺼운 판자로 된 발판을 지칭한다. 교육 분야에서 비계는 학습자의 근접발달영역 내에서의 효과적인 교수·학습을 위해 교수자가 적절한 도움을 제공하는 발판이나 도약대를 나타낸다. 근접발달영역에서 적절한 도움이 제공될 경우 학습자 개인이 스스로 도달할 수 있는 수준보다 더 나은 수준에 도달할 수 있다. 여기에서 중요한 것은 학습자의 학습을 돕는 방식이 지식이나 기술을 일방적·직접적으로 전달하는 방식이 아니라, 안내나 조언 혹은 협력의 방식이라는 것이다. 즉, 학습자가 스스로 학습하는 것이 최종 목적이기에, 교사나 동료는 안내자이자 조언자로서의 도움을 제공하다 점점 그 관여 정도를 줄여가고, 궁극적으로 학습자가 모든 문제해결 과정을 스스로의 힘으로 처리할 수 있는 단계에 이르도록 해야 한다.

😊 의의 및 한계

구성중심 교육과정의 의의는 급속한 변화, 불확실성, 복잡성, 다원주의 등으로 특징지어지는 현대 사회 속에서 교수자가 조언자·촉매자로서, 학습자가 자기주도적으로 의미를 생성하고 지식을 구성해가도록 돕는 데 있다. 구성중심 교육과정은 학습자가 장차 당면하게 될 가변적인 상황에서 능동적·적극적으로 지식과 의미를 구성하며 주체적인 삶을 살아가도록 돕는 것에 초점을 맞춘다. 그러나 학생 수가 많거나 자기 주도적 학습 태도가 형성되어 있지 않은 집단에서는 이러한 과정이 혼란을 야기할 수 있으며, 지식을 스스로 구성하여 습득하는 데 시간이 많이 걸린다는 한계점이 있다. 학생의 주도성, 능동성은 개인차가 적지 않고, 학교에서 교사가 기다려줄 수 있는 시간이 충분하지 않기에, 학습자가 오개념을 형성할 수 있는 것이다. 따라서 지식의 핵심 개념이나 구조의 습득을 놓치지 않도록 해야 하고, 특히 도덕적 관습과 규범, 과학적 법칙과 원리 등 장기적·집단적 노력의 결과물에 대한 이해를 간과하지 않도록 해야 할 것이다.

■■ 제2절 ┃ 교육과정 재구성 방향

😊 교육의 목적 및 내용

구성중심 교육의 궁극적인 목적은 학생들이 다양한 맥락에서 적합한 의미를 구성하도록 도움으로서 자신이 살고 있는 세상에 보다 잘 적응하고, 필요에 따라 세상을 의도한대로 변화시킬 수 있는 역량을 기르는 것에 있다. 즉, 실제적인 맥락에서 문제해결능력을 함양하고, 문제해결 과정에서 의미를 구성하며 지식을 형성하도록 돕고자 하는 것이다. 이러한 목적에 도달하기 위해서는 학습자들과 직접적으로 관련되거나 의미가 있으며 실제 사회에서 직면하게 될 과제나 활동들과 유사한 과제를 학습내용과 학습 환경으로 제공하여 학습자들이 변화하는 사회에서 적응력을 높일 수 있도록 해야 한다. 또한 학생이 지식과 이해, 의미의 구성자로서 목표설정, 과제선정, 수업방법 결정, 평가활동에 주체적으로 참여하도록 이끄는 한편, 교사는 교육과정을 재구성하면서 안내자와 조력자, 유의미한 학습 촉진자의 역할을 수행해야 한다.

🙂 수업 방향과 원리

구성중심 교육의 관점에서 교수학습활동은 교사가 일방적으로 어떤 내용을 가르치고 지시하는 것을 계획하는 것보다, 학습자가 능동적으로 자신의 경험을 의미 있게 조직할 수 있도록 돕는 것에 초점을 맞춘다. 이에 따른 학습 원리를 제시하면 다음과 같다.

첫째, 학습자 스스로 의미를 구성하고 조직하도록 한다. 이를 위해서는 인지적 갈등과 혼란을 통해 자극을 주고, 갈등을 해결하기 위해 탐구하고 토의할 수 있는 시간과 공간을 마련해준다.

둘째, 실제적인(authentic) 과제를 설계하여 유의미한 맥락 속에서 학습이 이루어질 수 있도록 한다. 학생들이 학습을 의미 있는 것으로 느끼고 인식하도록 학습의 필요성과 이유를 명료하게 밝혀주고, 학습 내용이 실제 상황에서 적용될 수 있도록 도와준다.

셋째, 협동학습을 통해 사회적 상호작용을 촉진한다. 대화와 토의·토론 수업을 통해 상호교류와 성찰적 사고, 생성적 학습을 촉진할 수 있기 때문에, 대화적·사회적 학습 과정이 필요하다.

넷째, 안전하고 허용적인 학습 환경을 제공한다. 새로운 시도를 하다보면 항상 잘못과 실수가 따를 수 있다는 점을 인식시키고, 긍정적이고 구성적인 피드백과 격려를 통해 도전감과 자신감을 고취시켜 주어야 한다.

다섯째, 학습내용과 학습의 과정 및 성과에 대해 스스로 성찰하도록 고무한다. 자신의 학습에 대하여 그리고 자신의 학습으로부터 무엇인가를 얻기 위해서는 학습한 내용과 학습 활동의 과정 및 성과에 대해 성찰하도록 하는 것이 필요하다.

구성중심 교육과정과 관련된 모형으로 인지적 도제모형, 문제중심 학습모형, 인지적 유연성모형 등이 있는데, 본 장에서는 문제중심학습모형을 예로 들고자 한다. 문제중심학습(Problem Based Learning: PBL)이란 문제를 활용하여 학습자 중심으로 학습을 진행하는 교수·학습 방법으로, 문제해결을 위해 학습자들이 공동으로 방안을 논의한 후 개별학습과 협동학습을 통하여 해결방안을 제시하는 과정에서 학습이 이루어지는 방법을 말한다. 문제중심학습은 다양한 주제 및 개념을 탐색하게 하는 포괄적이면서 현실적인 문제로 학습이 시작되며, 자기주도적 학습과 협동학습으로 진행된다.

표 5.3 문제중심학습모형

문제 제시	모둠구성 및 과제 분담	학습 내용 확인	자기주도 학습	학습내용 반영	문제해결안 작성 및 발표	정리 & 평가
• 문제, 프로젝트, 과제 확인	• 모둠형성 • 규칙 정하기 • 역할 및 과제 분담하기	• 문제에서 요구하는 학습내용 추론 • 모둠별 토론	• 학습분량 분담 • 자료수집, 정리, 분석	• 새롭게 학습한 내용을 문제해결 계획에 반영 • 모둠별 토론	• 전문가의 입장에서 문제 해결안 작성 • 모둠별 발표	• 학습내용 정리 • 성찰저널 작성 • 자기평가 및 상호평가

☺ 평가 방향

구성중심 교육과정에서 평가는 수업내용과 연계하여, 학습자의 학습과정과 결과에 대한 정보제공 및 교사의 교수효율성을 확인할 수 있는 질적 평가, 절대평가, 개별 학생의 수행평가, 성장참조평가를 중심으로 이루어져야 한다. 또한 자기평가와 상호평가를 통해 자기주도적 학습으로서의 평가, 상호작용을 통해 발전적 배움으로 연결되는 평가가 이루어져야 할 것이다. 또한 성장참조평가를 통해 지식과 의미를 구성해낸 성과와 학습자 발달을 확인하고, 창의적·비판적 사고와 문제해결 능력 등의 고차적인 교육목적의 성취, 복잡하고 실제적인 맥락에서의 능동적인 활용 여부 등을 평가하기 위하여 수행평가, 포트폴리오 등을 활용해야 할 것이다.

교육과정 재구성 시 고려 사항

교육과정	• 학습이란 의미와 의미의 체계를 구성하는 능동적 과정으로서, 의미를 구성하는 결정적 활동이 사회적 상호작용을 통해 이루어진다는 관점에 바탕을 두고 있음.
교수·학습	• 학습자 스스로 의미를 구성하고 조직할 수 있는 시간과 공간을 제공해야 함. • 문제중심학습모형, 인지적 도제모형, 인지적 유연성모형 등
평가	• 문제해결력과 비판적 사고력이 주요 평가대상임. • 질적 평가, 절대평가, 개별 학생의 수행평가, 포트폴리오 등

개요

주제	세계여행 박람회	학년(군)	5~6학년
관련 교과	교과내 ( ) 교과통합 (○)	관련 유형	구성주의 교육과정
성취기준	[6국01-04] 자료를 정리하여 말할 내용을 체계적으로 구성한다. [6국01-05] 매체 자료를 활용하여 내용을 효과적으로 발표한다.		
	[6사07-03] 세계 주요 기후의 분포와 특성을 파악하고, 이를 바탕으로 하여 기후 환경과 인간 생활 간의 관계를 탐색한다. [6사07-04] 의식주 생활에 특색이 있는 나라나 지역의 사례를 조사하고, 이를 바탕으로 하여 인간 생활에 영향을 미치는 여러 자연적, 인문적 요인을 탐구한다.		
	[6미01-05] 미술 활동에 타 교과의 내용, 방법 등을 활용할 수 있다.		
	[6미02-03] 다양한 자료를 활용하여 아이디어와 관련된 표현 내용을 구체화할 수 있다.		
교육과정 유형과 재구성 방향	〈교육과정 유형과 수업 접목〉 • 이 수업은 구성중심 교육과정을 바탕 이론으로 삼았다. 구성중심 교육과정은 학생들이 맥락에 적합한 의미를 구성하도록 하고, 자신이 살고 있는 세상에 보다 잘 적응하며, 필요에 따라 세상을 의도한 대로 변화시킬 수 있는 역량을 습득하는 데 유용한 교육과정 유형이다. • 수업은 학생이 실제적인 맥락에서 문제해결능력을 함양하고, 그 과정에서 의미를 구성하며 지식을 형성하도록 한다. 또한, 학습자가 능동적으로 자신의 경험을 의미 있게 조직할 수 있도록 개방적인 환경을 조성하여 문제를 해결하기 위해 탐구하고 토의하는 협동과정을 통해서 실제적인 상황에서의 의미를 재구성할 수 있도록 피드백을 제공한다. • 여기에서는 초등학교 5~6학년군을 대상으로 '함께 해결할 수 있는 문제'를 던져주고, 세계 여러 나라에 대해 살펴보며, 박람회 부스 운영을 통하여 자료를 탐색하도록 한다. 그리하여 그 나라의 문화를 이해하며, 체험부스 운영을 위해 어떻게 설명하고 운영할 것인지에 대한 실질적인 문제해결능력이 가능하도록 구성하였다. 〈재구성 방향〉 • 본 교육과정은 문제중심학습에 기초하여 재구성을 설계하였다. 교사는 학생들에게 프로젝트 과제를 확인시켜 준다. 최종적으로 무엇을 할 것인지 실제적인 미션을 부여하고 역할 및 과제를 분담한다. 학생들은 문제해결을 위하여 요구되는 학습내용을 탐색하고 자료를 수집하여 정리한다. 그러한 과정에서 세계 여러 나라에 대해 탐구하고, 선정한 나라의 특성을 이해하며, 정보를 습득하는 경험을 통해 기존의 생각보다 새로운 교육적 경험을 체험하게 된다.		

	• 이러한 활동은 사회 교과와 밀접한 관련을 가지며, 국어과에서 자료와 매체를 활용하여 정리하고 이를 효과적으로 발표하는 것과 연계되도록 설계하였다. 수집된 자료는 모둠별로 공유하여 함께 토의하고 자료를 정리하는 과정에서 지식을 자신의 삶에 유의미하게 구성하고 가공하여 새로운 지식을 얻게 한다. • 학생들은 세계 각국의 위치와 영토 특성, 세계의 주요 기후 특성과 인간 생활, 세계의 다채로운 의식주 생활 및 정치·경제·문화적인 관계를 살펴보고, 하나의 나라를 중심으로 다시 재구성하고 정리하여 발표하는 일련의 과정을 통해 스스로 지식을 의미있게 재구성해 나가도록 계획하였다. • 마지막으로는 미술교과와 연계하여 다양한 자료를 활용해 표현해 보도록 하고, 나라별 부스 운영이라는 체험 프로젝트를 통해 모둠이 선정한 나라 이외에 다양한 나라에 대한 정보를 상호작용하여 다양한 모둠의 미션을 교류하는 네트워킹의 모습을 구현하고자 하였다.
수업을 통한 기대	세계 여러 나라 박람회 프로젝트 수업은 자신이 선정한 나라에 대한 정보를 수집하고 모둠 구성원과 토의하면서 사회적 상호작용을 통해 지식을 재구성할 수 있도록 하였다. 이러한 문제해결학습은 학습자의 주도성을 기반으로 학습자가 혼자서 성취할 수 있는 학습 수준과 유능한 또래와의 협업 또는 교사의 안내와 격려를 통해 성취할 수 있는 학습 수준의 영역을 결합시킨다. 나아가 다른 모둠과의 교류를 통해 사회적 상호작용에 대한 효능감을 얻어 자신이 가지고 있는 기존의 개인적 지식을 사회적 경험에 기초하여 능동적으로 의미를 형성하게 될 것이다.

성취기준 풀기

성취기준	성취기준 풀기	
	내용기준	수행기준
[6국01–04] 자료를 정리하여 말할 내용을 체계적으로 구성한다.	• 자료 정리 • 체계적 구성	• 자료를 체계적으로 구성하기
[6사07–03] 세계 주요 기후의 분포와 특성을 파악하고, 이를 바탕으로 하여 기후 환경과 인간 생활 간의 관계를 탐색한다. [6사07–04] 의식주 생활에 특색이 있는 나라나 지역의 사례를 조사하고, 이를 바탕으로 하여 인간 생활에 영향을 미치는 여러 자연적, 인문적 요인을 탐구한다.	• 세계 주요 기후 • 기후환경과 인간 생활 관계 • 각 국가의 의식주 생활 • 자연적, 인문적 요인	• 세계 여러 나라의 기후와 인간생활 등 자연적, 인문적 관계 조사·비교·탐구하기
[6미02–03] 다양한 자료를 활용하여 아이디어와 관련된 표현 내용을 구체화할 수 있다.	• 다양한 자료 활용 • 내용 구체화	• 다양한 자료를 활용하여 내용을 구체화하기

주요 핵심 개념 추출

학생들이 성취해야 하는 핵심 지식	학생들이 성취해야 하는 기능
학생들은……을 알 것이다.	학생들은……을 할 수 있을 것이다.
• 세계 여러 나라의 기후환경과 인간 생활 관계 • 각 국가의 의식주 생활 • 각 국가의 자연적, 인문적 요인	• 세계 여러 나라의 기후환경과 인간 생활 관계 조사하기 • 각 국가의 의식주 생활 조사하기 • 각 국가의 자연적, 인문적 요인을 체계적으로 구성하여 비교 및 탐구하기

학습요소

주요 학습요소	• 세계 기후환경 • 세계 각 국가의 인간 생활 관계 • 각 국가의 의식주 생활 • 각 국가의 자연적, 인문적 요인	교과역량	• 문제해결 • 의사소통	기능	• 조사하기 • 비교하기 • 탐구하기 • 문제해결하기

평가계획

영역 성취 수준	평가준거에 따른 평가기준		
	국가의 자연적, 인문적 환경 자료 수집	국가가 삶의 질을 향상시킨 원인 탐구하기	주제와 관련된 자료 전시 및 체험 부스 운영하기
상	국가의 자연적, 인문적 환경 자료를 체계적으로 수집하고 내용을 구체화하여 정리할 수 있다.	국가의 국민들이 열악한 자 연환경을 극복하여 삶의 질 을 향상시킨 것을 구체적인 자료매체를 활용하여 설명할 수 있다.	주제와 관련된 정보가 담긴 전시 부스와 체험 부스를 다 양한 자료를 활용하여 운영 할 수 있다.
중	국가의 자연적, 인문적 환경 자료를 수집하여 체계적으로 정리할 수 있다.	국가의 국민들이 열악한 자 연환경을 극복하여 삶의 질 을 향상시킨 것을 자료와 관 련지어 설명할 수 있다.	주제와 관련된 정보가 담긴 전시 부스와 체험 부스를 운 영할 수 있다.
하	국가의 자연적, 인문적 환경 자료를 수집하여 정리할 수 있다.	국가의 국민들이 열악한 자 연환경을 극복하여 삶의 질 을 향상시킨 것을 설명할 수 있다.	주제와 관련된 정보가 담긴 전시 부스와 체험 부스 중 하나만 운영할 수 있다.

차시	학습주제	주요 활동 내용	단계

1
(수업
예시)
	프로젝트과제
	확인
		• 프로젝트 수업방법 안내
		• 프로젝트 주제(목표) 제시하기
		  – 세계박람회를 개최하려고 한다. 세계 박람회 주제는
		    다음과 같다.
		
		   ┌──────────────────────────────┐
		   │ **세계 각 나라의 국민들은 열악한 자연환경을**
		   │ **극복하여 어떻게 삶의 질을 향상시켜 왔는가?**
		   └──────────────────────────────┘
		
		  박람회 참관은 6학년과 다른 학년 학생들이다. 박람
		  회 방법은 나라마다 부스를 만들어 운영하려고 한다.
		  부스는 전시공간과 체험부스 두 개를 운영하고자 한
		  다. 어떤 나라를 어떻게 운영할지 생각해보자.
			문제제시

2	역할 및
	과제분담하기
		• 세계 여러 나라에 대한 자료 살펴보기(교과서, 기타 다
		  른 자료활용)
		• 박람회에 출품할 나라 정하기
		• 박람회에 소개하고 싶은 나라를 발표하고 같은 생각을
		  가진 학생들이 모둠을 구성한다.
		• 구성된 모둠별로 모여 자료수집을 위한 역할 분담하기
			모둠구성 및
			과제분담

3~5	프로젝트를
	위한 지식쌓기
		• 세계 박람회 부스운영을 위해 익혀야 할 지식(주제와
		  관련하여) 알아보기
		• 전세계의 자연환경, 문화에 대해 알아보기
		• 5대양 6대주의 개념 이해하기, 세계 여러나라의 모습
		  살펴보기
		• 교과서를 읽으면서 세계 여러 나라 소개의 조건 찾아
		  보기
		• 디지털교과서를 활용하여 세계 여러 나라에 대한 여러
		  가지 지식 쌓기
		• 세계 여러 나라에 대한 궁금증 나누기(게시판 활용)
			학습내용
			확인

6~7	자료수집, 정리	• 각자 세계 여러 나라에 대해 탐색하기 • 내가 정한 나라를 가장 효율적으로 알리는 방법 찾기 – 열악한 자연환경을 극복하는 삶의 모습 조명하기 • 나라의 특성을 나타내는 자료찾기 • 내가 정한 나라와 우리나라와의 관계 알아보기 • 모둠에서 정한 역할에 따라 자료 모으기 • 자료 정리하기	자기주도 학습

차시	학습 주제	주요 활동 내용	단계
8~9	수집한 자료료 모둠 토의 및 자료정리	• 선별된 항목에 맞게 자료정리 • 부스운영에 필요한 물건 모으기 • 체험할 코너 만들어보기 • 모둠별로 준비한 자료 공유하기 • 보충할 자료가 있는지 살펴보고 자료보충 및 정리하기	학습내용 반영
10~11	나라별 부스운영방법 계획하기	• 박람회 운영을 위한 전체 계획 세우기 • 박람회 안내부스 설치계획(입간판, 전시항목 등) • 박람회 체험부스에 적합한 활동찾기	문제해결안 작성
12	수정 및 보완	• 전시회 계획 발표하기 • 모둠별 작품 전시하기(완성되지 않은) • 다른 모둠의 박람회 전시계획에 대해 의견 나누기 • 나라의 특성이 잘 나타나는 전시물, 체험 등에 대해 의견나누기 • 모둠 작품 수정하기	문제해결안 작성
13~16	박람회 준비하기	• 수정된 계획서를 바탕으로 실제 박람회 준비하기 • 나라별로 전시와 체험으로 나누어 부스 준비하기 • 부스운영의 역할 나누기(체험부스운영, 전시물 및 설명회 운영) 　– 삶의 질이 생산될 수 있는 전시 내용과 전시 체험 실시하기	문제해결안 작성
17	전시회 (부스운영)	• 각 주제별 부스 운영하기 • 관람하는 학년(6학년, 다른 학년)에 따라 어떻게 설명하고 운영할 것인지 생각하며 활동하기	발표
18	프로젝트 성찰	• 세계박람회 부스 운영에 대한 소감나누기 • 다른 친구들의 활동에 대해 칭찬하기 • 하고 싶은 다른 프로젝트에 대해 이야기나누기	정리평가

▶▶ 수업 개요

본시주제	프로젝트 수업 활동 계획하기
성취기준	[6국01-04] 자료를 정리하여 말할 내용을 체계적으로 구성한다. [6미02-03] 다양한 자료를 활용하여 아이디어와 관련된 표현 내용을 구체화할 수 있다.
학습 목표	단원의 학습내용을 예상하고 활동을 계획할 수 있다.
수업 의도	이 수업은 세계 여러 나라 박람회 프로젝트 미션(세계 각 나라의 국민들은 열악한 자연환경을 극복하여 어떻게 삶의 질을 향상시켜 왔는가?)을 수행하기 위한 첫 시간으로 프로젝트 과제를 확인해 보고 앞으로 어떠한 프로젝트 수행을 할 것인지 계획하고 살펴보는 시간이다. 프로젝트는 스스로 학생들이 참여하여 실제적인 삶의 문제를 해결하는 데 도움을 줄 수 있는 것이 바람직한 접근 방법이다. 따라서 학생들은 최종적인 프로젝트 완성과 수행과제가 무엇인지를 확인하고, 세계여행 박람회 부스 운영을 위한 전반적인 조망도 위에서 모둠별로 어떤 준비와 어떤 수업을 해야 할지 학생들이 스스로 수업의 방향을 정하는 것에 초점을 두었다.

- ■ 프로젝트 주제(목표) 제시하기

- 세계박람회를 개최하려고 한다. 그 주제는 '세계 각 나라의 국민들은 열악한 자연환경을 극복하여 어떻게 삶의 질을 향상시켜 왔는가?'로 정하여 제시한다. 박람회 참관은 6학년과 다른 학년 학생들이다. 박람회 방법은 나라마다 부스를 만들어 운영하려고 한다. 부스는 전시공간과 체험부스 두 개를 운영하고자 한다. 어떤 나라를 어떻게 운영할지 생각해 보고 프로젝트 주제에 대하 전반적인 계획을 1차시에 계획한다.

▶▶ 수업 활동

주요 학습 활동 순서

학습문제 제시 ▶ 개별활동하기 ▶ 모둠별 토의하기 ▶ 역할 분담 및 조사할 내용 정리하기

수업 안내

■ **학습 문제 제시**

> - 세계의 나라 이름 대기 릴레이 게임을 모둠별로 실시한다. 학생들은 자신이 알고 있는 나라와 친구가 알고 있는 나라 이름을 교류하면서 프로젝트를 위한 선행조직자를 활성화하게 된다. 세계의 다양한 나라는 어떤 정보들을 가지고 있을까? 그 나라의 문화, 기후, 의식주 및 정치·경제·사회 등 이러한 정보를 알아보려면 어떻게 하면 좋을까? 교사는 세계여행박람회가 열렸던 여수세계박람회 동영상, 여행사 박람회 동영상, 북한박람회 동영상 등을 통해 세계 여러 나라에 대한 다양한 정보를 접근하는 아이디어를 제공하고, 세계 여행 박람회 프로젝트 학습문제를 제시한다.
> - 세계여행박람회 및 하루 만의 세계일주 등 온라인 검색을 통하여 학생들에게 동기유발을 한다.(검색어: 세계여행박람회, 하루 만의 세계일주, 북한박람회 등)
> - http://www.gomtv.com/view.gom?contentsid=15694916&auto=1북한박람회

■ **개별활동하기(자료, 정보찾기)**

- 읽기자료 전체를 읽으면서 나라를 표현하려면 어떤 것들을 알아야 할지 찾아보기(읽기자료 전체를 훑어보면서 어떤 공부가 필요한지에 대한 생각을 하고 개인적으로 정리한다)
- 동영상 감상을 참고로 하여 나라 소개에 필요한 활동 생각하기

■ **모둠별 토의하기**

- 모둠활동에서 각자 찾은 항목에 대해 토의하기
- 어떤 사전지식이 필요할지 살펴보기
- 세계 여행 박람회를 개최하기 위해 필요한 것들에 대해 생각해 보기
- 박람회 부스 운영 시 전시공간과 체험부스 두 개를 어떻게 운영할지 고민하기
  (첫 시간에 프로젝트를 확인하고 계획해 보는 단계이므로 여행할 나라를 정하지 않는다.)

■ **역할 분담 및 조사할 내용 정리하기**

- 모둠활동에서 찾은 공부해야 할 내용, 준비해야 할 일, 조사해야 할 것 등 정리하기

- **다음 차시 예고**
  - 5대양 6대주라는 것이 무슨 뜻인지 알아보기
  - 우리나라는 어디에 속하는지 알아보기, 우리나라의 지정학적 위치 이해하기
  - 우리 모둠의 프로젝트 나라 선정하기

- **평가 및 피드백**

  프로젝트 첫 시간은 평가를 하기보다는 프로젝트에 집중하고 관심을 가질 수 있도록 활동 위주의 관찰평가를 진행한다.

  세계 여러 나라 중 **열악한 자연 환경 속에서도 삶의 질을 향상시켜 온 것**에 대하여 6학년 친구들과 선생님께 소개하는 박람회 부스를 운영하고자 한다. 어떤 방법으로 준비해야 할까?

- **수업 tip**

  프로젝트는 한 주제를 지속적으로 장시간에 걸쳐 탐구하는 것으로 학생들에게 깊이 있는 학습을 가능하게 한다. 단원 중심 수업은 분절된 지식을 주입하는 방식이라면, 프로젝트 수업은 깊이 있고 통합된 지식을 학생의 실제 생활에 접목되도록 하는 전략이다. 무엇보다 모둠별 구성원의 협업을 통해 상호작용으로 얻어진 의미있는 지식이 재구성될 수 있다는 장점이 있다. 따라서 학생이 학습의 과정에 주도적으로 참여하고 교사와 함께 만들어가는 교육과정으로 계획하는 것이 좋다. 실생활과 관련된 정답이 하나가 아닌 다양한 결과가 나오는 것을 목표로 문제를 찾아내는 '세계 여행 박람회' 프로젝트는 학생의 자기 주도성, 동료성 기반의 협업, 실제 상황에 적용 가능한 유의미한 지식과 정보를 습득한다는 차원에서 사회적 상호작용이 능동적으로 일어날 수 있도록 교육적 환경을 조성한다. 이때, 학생의 주도성이 극대화될 수 있도록 에듀테크 지원을 최대화하고, 모둠원의 역할 분담 및 파트너십이 발휘되도록 적절한 모둠 구성을 사전에 구조화하도록 한다.

제13장

개념기반 교육을 위한 교육과정 재구성

교육과정 설계에서는 지식, 과정과 관련된 개념적 이해(conceptual understanding)를 명확히 밝히고 수업과 평가를 안내해야 한다. 또한, 교사는 개념적 이해를 향한 귀납적 교수법과 탐구를 사용하여 개념적 수준의 깊이 있는 이해의 형성을 지원하고 학생의 지적 능력을 계발시켜야 한다.

- H. Lynn Erickson

제1절 | 기본 관점[1]

오늘날 복잡성이 증가하는 세상에서 필요로 하는 능력은 단순히 많은 내용을 기억하거나 반복적 인지능력을 발휘하는 것이 아니라 학습한 어떤 지식을 또 다른 상황에서 적용할 수 있는 사고력, 전이력, 수행력이다. 이러한 능력은 학습

---

[1] 임유나(2022). '교육과정 개발과 실행에서 개념적 접근의 교육적 의의와 과제'를 재구성함.

내용에 대한 이해가 충분할 경우 발현될 수 있는 것으로, 사고와 학습 과정에 대한 뇌 연구의 발전은 인간학습과 관련한 이해를 확장하면서 학교교육의 내용과 방식을 새롭게 전환해야 할 필요성에 힘을 싣고 있다. 학습과학(science of learning) 연구들에 따르면, 학습은 뇌에 투입된 정보를 '연결'하는 능력의 영향을 받고, 정보의 연결은 정보를 다양한 상황에서 적용할 수 있게 하는 '구조'를 형성한다(Bransford, Brown & Cocking, 2000; Sousa, 2011; Sylwester, 2015 등). 이러한 구조는 낱낱의 사실이나 정보로 이루어지는 구조가 아니라 그 이상의 '개념' 수준의 학습이 이루어졌을 때 개념을 중심으로 형성될 수 있는 구조이다. 학습이 특정 사실과 정보 습득을 위한 과정이 아니라 개념 습득의 과정이 되어야 한다는 '개념적 접근(conceptual approach)'은 최근 초·중등교육에서 크게 주목받고 있는 방식이다.

초·중등 교육과정에서 '개념'이 교육내용 선정과 조직의 주요 요소로 등장한 것은 2015 개정 교육과정이다. 당시 교육과정 개정에 있어서는 교육내용량 과다 문제가 배움을 즐기는 교육, 삶의 문제를 해결하고 새로움을 창출할 수 있는 능력을 기르는 교육을 방해해 온 난제라는 것을 지적하며, 각 교과의 '핵심 개념'을 중심으로 한 교육내용 적정화를 교과 교육과정 개발의 주요 지침으로 삼았다(교육부, 2015). 2022 개정 교육과정에서도 '깊이 있는 학습'을 교과 교육과정 개발의 지향점으로 삼아 각 교과의 본질과 얼개를 드러내는 소수의 '핵심 아이디어'를 중심으로 학습 내용을 엄선하고, 교과 고유의 사고와 탐구를 명료화하는 것을 설계 원리로 삼았다(교육부, 2021). 또한, 이미 IB(International Baccalaureate)를 비롯한 선진 교육과정에서는 개념적 접근의 관점에서 교육과정을 설계하여 운영하고 있다.

😊 등장 배경

미국에서는 교육이 글로벌 무대에서 경쟁할 인재를 기르는 데 적절하게 대응하고 있는가에 대한 비판적 논의와 우려가 커지면서 1990년대 부시 행정부에서는 'American 2000 Act', 'Goals 2000' 법안 등을 통해 기존의 교육과정 모델과 교수·학습법을 새롭게 전환하기 위한 교육개혁이 일어났다. 이들 법안은 거의 모든 학문 분야에서 국가 기준을 개발하게 되는 발판으로 작동했고, '기준중심 교육개혁'이 화두가 되었다(Erickson, 2002). 이때부터 '성취기준'이라는 용어가 도입되면서 교과 내용을 제시하는 방법에 관한 연구가 활성화되었고, 교과 교육과정 기준의 진술 방식은 기존의 주제 나열형에서 '내용＋행동'의 수행기준으로, 교육평가에서는 국가 교육과정에 근거한 절대평가 기준을 마련하는 형태로 반영되었다(이상은, 2009).

　　또한, 연구자들은 미국의 교육과정을 '1인치의 깊이와 1마일의 넓이(an inch deep and a mile wide)'로 묘사하였고(Schmidt, McKnight & Raizen, 1997), 교육자들은 학교에서 다루어야 하는 방대한 교육내용이 학습자의 인지적 발달을 제한한다는 사실을 인식하기 시작했다(Erickson, 2002). 동시에 사고나 학습에 관한 뇌 연구의 발전에 따라 인간이 학습하는 방식에 관한 관심이 고조되었다. 특히 1990년대 후반 미국 국가연구위원회(National Research Council)가 지원한 연구들이 'How people learn(Bransford et al., 2000)'으로 출판되고, 이후 학습과학 분야가 발전하면서 교육에 대한 전통적인 접근 방식의 대안으로 개념적 접근이 더욱 관심을 끌게 되었다.

　　이러한 상황에서 1990년대 후반 국가 및 주 단위에서 주요 교과별 기준들이 개발되던 때에 Erickson(1995, 2002)의 개념기반 교육과정, Wiggins와 McTighe (1998/2005)의 이해중심 교육과정(Understanding by Design) 등 지식에 대한 깊이 있는 이해를 추구하는 교육과정 설계 이론과 모형이 소개되었다. 개념기반 교육과정이나 이해중심 교육과정에서는 교육과정을 질적으로 우수한 수업으로 구현하기 위해 교과의 교육내용이 학문기반의 핵심 개념과 원리들로 구성되어야 하고, 교과의 사실이나 기능을 단순히 암기하거나 숙지하는 차원을 넘어서 학습한 지식이나 기능을 새로운 사태에 적용할 수 있도록 해야 한다고 주장한다(Erickson, Lanning & French, 2017; Wiggins & McTighe, 2005). 사실상 이는 무엇을 교육내용으로 삼아야 한다고 강조하는지에 대하여 학문의 기조를 이루는 기본 개념과 일반적 원리를 가르쳐야 한다고 본 학문중심 교육과정과 입장이 크게 다르지 않은 것으로 볼 수 있다.

　　학문중심 교육과정에서도 지식의 구조를 학습하게 되면 다양한 상황에 대한 적용과 전이가 쉽게 이루어질 수 있다는 점을 강조한다(Bruner, 1960). 그러나 학문중심 교육과정에서 지식의 구조가 가지는 전이 효과는 실제 학생 삶으로의 전이라기보다는 유사한 학문 분야에서의 전이에 국한된다. 학문에서 발견한 지식의 구조는 관련 학문 분야에 쉽게 전이되어 학생의 이해를 도울 수 있으나, 실생활에서의 적용이나 전이는 또 다른 차원의 접근이 필요하다는 것이다(이홍우, 2007; 한혜정, 이주연, 2017). 이에 비해 개념기반 교육과정에서는 학문이나 교과 전체를 관통하는 핵심 개념을 논하고 실세계로의 전이를 지향하며 사회적 필요의 변화에 능동적인 대응을 함께 강조한다는 점에 차이가 있다(Stern, Lauriault & Ferraro, 2018).

특히 오늘날에 개념기반 교육과정과 같은 개념적 접근이 주목받는 것은 불확실성의 특징을 지닌 지식 폭증의 시대, 창의성과 융합이 강조되는 시대의 학생들은 개념적으로 사고할 수 있는 능력을 갖출 필요가 있고, 개념적 접근이 21세기 학생 역량과 관련된 고차원적 수준의 사고와 이해를 촉진하는 학습을 가능하게 한다고 보기 때문이다. 즉, 오늘날의 학생들에게 기대하는 역량인 정보를 비판적으로 검토하고 탐구하는 능력, 선지식과 연결하여 패턴을 인식하는 능력, 핵심적인 이해를 끌어내는 능력, 시간이나 상황에 따라 이해의 진실성을 평가할 수 있는 능력 등은 개념적 사고를 기반으로 한다. 또한, 창의적으로 문제를 해결하거나 새로운 생각, 과정, 산출물 등을 만들어내는 능력은 개념적 이해를 적용할 수 있을 때 가능하다.

☺ 주요 학자 및 이론

교육과정 개발에 있어서 개념적으로 접근한다는 것은 교과목의 핵심적인 개념들이 교육과정 설계의 토대이자 기본 조직자 역할을 하게 한다는 것이다. 이렇게 개념들을 중심으로 교육내용을 조직하고 설계한 교육과정을 개념기반 교육과정으로 칭하고 있다. 전통적인 내용기반 교육과정(content−based curriculum)과 다르게 개념기반 교육과정은 교과특수 내용 대신 여러 학문이나 교과 영역에 걸쳐 연결되는 범교과적인 개념과 빅 아이디어를 강조하는 접근 방식에 따라 설계된다(Murphy, 2017). 예를 들어, 수학과의 '패턴', 과학과의 '생애주기', 사회과의 '문명'이라는 교과 개념은 '변화'라는 큰 개념 속에서 서로 연결된다. 개념기반 교육과정이 실행되는 교실에서 학생들은 '변화'라는 핵심적이고 거시적인 개념을 수학, 사회, 과학 등의 여러 교과 속에서 학습하며 범교과적으로 개념적 연계성을 인식하게 되고 학습 전이력을 높일 수 있게 된다.

개념기반 교육과정은 Erickson과 Lanning의 '지식의 구조'와 '과정의 구조'

를 통해 체계적으로 설명될 수 있다.

그림 5.3 지식의 구조와 과정의 구조

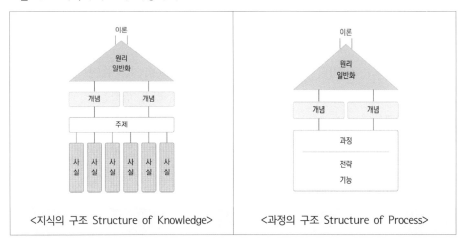

출처: Erickson 등(2017: 30)의 그림을 번역함.

먼저, '지식의 구조'는 사고의 대상인 지식 차원을 '사실-주제-개념-일반화/원리-이론'으로 이어지는 구조로 개념화한 틀이다. 여기서 '사실'은 구체적인 예이고, '주제'는 사실들을 묶는 틀이자 단원 학습의 맥락을 제공한다. 한두 개의 명사형 단어로 표현되는 '개념'은 사실과 주제로부터 도출된 지적 구성체로, 추상화 수준이 높고 개념 수준에서부터는 전이가 가능한 것으로 본다. '일반화'는 두 개 이상의 개념 간 관계를 진술한 문장이다. '원리'는 수학의 정리(定理)나 과학의 법칙과 같이 학문의 기초를 이루는 진리로 간주된다. 일반화와 원리가 빅아이디어에 해당한다. '이론'은 현상이나 실천 양상을 설명하기 위해 사용되는 개념적 아이디어의 집합이나 가정이다(Erickson et al., 2017). 이론은 고등교육 수준에서, 초·중등교육에서는 주로 개념과 일반화 수준까지 논의되는 편이다.

한편, '과정의 구조'는 사고의 과정에 해당하는 차원을 '기능-전략-과정-개념-일반화/원리-이론'의 구조로 개념화한 것이다. 여기서 '기능'은 가장 작은 행동이나 조작들을 말하고, '전략'은 자신의 수행을 향상하기 위해 의식적으로 적용하거나 점검하는 체계적인 계획을, '과정'은 글쓰기 과정, 과학적 과정과 같이 결과를 만들어내는 행동을 말한다(Erickson et al., 2017). 앞의 그림에서 '기능–전략–과정'이 함께 묶여 있지만 '기능'이 가장 단편적이고, '과정'이 가장 광범위하면서도 복잡한 요소이다. 지식의 구조에서 지식 개념(knowledge concepts)이 내용(주제)으로부터 도출된 정신적 구성, 아이디어를 의미한다면, 과정의 구조에서 과정 개념(process concepts)은 학문이 내재한 복잡한 과정, 전략 및 기능에서 도출된 정신적 구성 또는 아이디어를 특성화한다(Lanning, 2013). 학생들이 '과정의 구조'의 개념 단계에 이르게 되면, 그냥 행하는 것에서 우리가 행하는 것을 왜 행하는지 알고 이해하는 것으로 나아가게 된다. 과정의 구조에서 개념은 과정, 전략 또는 기능을 활용하는 것과 같이 어떠한 것을 하는 행위는 아니지만, 이해를 지원하기 위해 이러한 각 요소에서 개념을 끌어낼 수 있다고 보는 것이다. 또한, 개념은 단원이 끝날 때까지 학생들이 깨닫기를 바라는 이해(일반화) 진술을 작성하는 데 사용된다.

　　지식의 구조와 과정의 구조에 비추어 보면, 전통적인 교육과정에서는 주로 단편적 지식에 해당하는 낱낱의 사실이나 주제(또는 소재), 기능 수준에 초점을 맞추어 교과 교육과정의 교육내용을 구성해 왔다. 이와는 달리 개념기반 교육과정에서는 사실이나 주제보다 상위의 요소인 개념이 교육내용 선정과 조직의 중심이 되고, 학생들이 개념을 중심으로 교과 간 통용 가능하고 상호작용적인 '개념적 이해'의 수준으로 연결되도록 하는 것을 강조한다.

　　교육과정에 대한 개념적 접근은 내용 지식을 강조하던 전통적 관점에서 개념과 개념적 학습을 강조하는 것으로의 패러다임 대전환을 의미한다(Giddens & Brady, 2007). 내용중심 교육과정과 개념기반 교육과정은 '독립 혁명에 관한 사실을 암기할 것인가, 그렇지 않으면 독립 혁명에 관한 학습의 결과로서 자유와 독립에 대한 개념과 관련된 생각을 공유하고 발전시킬 것인가'의 차이와 같다(Erickson, 2002). 교육과정은 사고를 자극하고, 성찰하게 하며, 학습 주도성을 갖도록 설계되었을 때 학습에 대한 더 많은 동기를 유발하고 단지 기억하는 것 이상의 학습경험을 만들어 줄 수 있다. 학창 시절 배웠던 것들을 성인이 되어 기억하지 못하는 이유는 이해 없이 알고리즘에 따라 단지 행했을 뿐이며 학습한 것과 실세계와의 관련성을 보지 못했기 때문이다. 지식의 구조나 과정의 구조는 이해하는 것(understanding), 아는 것(knowing), 행하는 것(doing) 간의 관계를 보여준다

(Lanning, 2013).

이처럼 개념과 일반화 차원의 교육내용을 제시함으로써 강조하고자 하는 교수·학습의 방향은 학생들이 개념들을 중심으로 학습하고 정보나 지식을 특정 상황에 적용하는 경험을 하게 함으로써 '사고하는 과정, 사고하는 방법'을 배우도록 하는 것이다(Stern et al., 2018). 즉, 교육과정에 대한 개념적 접근의 가장 중요한 목표는 학생들이 이해해야 할 대상에 대해 나름의 개념적 이해를 형성하고, 이를 다양한 맥락과 상황으로 전이하여 적용할 수 있도록 하는 데 있다. 그리고 이것이 곧 '역량'을 함양하는 것으로 본다.

🌐 의의 및 한계

개념기반 교육과정의 의의는 다음과 같다. 첫째, 교육과정 개발 시 교육내용 선정·조직에 있어 개념적으로 접근하는 방식은 교육내용 적정화의 동인이 될 수 있을 뿐만 아니라 교사의 전문성과 자율성을 구현할 수 있는 방식이기도 하다. 또한, 추상성, 보편성의 특성을 지난 개념적 차원으로 접근하여 개발된 교육내용은 하나의 뼈대로서 존재하기 때문에 시대·사회적 요구에 따라 흔들리지 않게 되고, 역동적으로 변화하는 하위 차원의 지식에 대해서도 수용성과 개방성도 갖게 된다는 점에서 미래지향적 교육과정 개발 방식에 시사하는 바가 크다.

둘째, 개념기반 교육과정은 전통적 수업 방식을 변화시킬 수 있는 대안으로서 긍정적 가능성을 지니고 있다. 수업에서 개념적으로 접근하는 것은 수동적이고 정적인 상태에서의 학습이 아니라 학습자가 중심이 되는 참여적이고 도전적이며 협력적인 학습경험을 제공하는 데 상당히 유리하고 적합한 방식이 되기 때문에, 오늘날 우리가 지향하는 역량 함양 교육이나 학습자 주도성을 기를 수 있는 교육을 실제적으로 구현하는 방법으로 작동할 수 있다. 또한, 수업의 과정에서 학생들이 자신의 사고 과정을 성찰하게 하고 더 나아간 탐구를 할 수 있도록 장려하는 방식은 평생학습을 위한 인지적 기초와 능력을 함양할 수 있게 하는 것이기도 하다. 이러한 이유에서 개념적 접근은 오늘날 적극적으로 고려해야 할 수업 접근의 관점으로서 의의가 있다.

셋째, 개념기반 교육과정과 수업의 원리는 인간의 뇌가 학습하는 방식에 가장 적합하여 학습의 자연스러운 과정에 잘 부합한다. 인간의 뇌가 학습하는 방식은 그 자체가 개념적 학습으로 이루어진다. 물론 학습은 환경이나 학습자 특성과 같은 여러 변수가 작용하는 복잡한 과정이지만, 학습과학에서 보았을 때 개념적으로 접근하는 것은 인간 뇌가 학습하는 자연스러운 과정에 가장 잘 부합하기 때문에 상당히 효율적이고 효과적인 접근 방식이 될 수 있다. 또한, 개념을 중심으로 개념들을 연결하고 조직하면 풍부하고 방대한 지식을 체계적으로 관리할 수 있게 되기 때문에 암기 중심 교육이 지우는 인지적 과부하에 대한 부담도 덜게 된다. 이뿐만 아니라 학생들이 개념에 대한 깊은 이해와 인지적 연결을 통해 아이디어를 다른 상황으로 전이할 수 있는 능력을 기를 수 있게 한다는 점에서도 미래지향적 학습의 틀로서 가능성을 지니고 있다.

이상의 긍정적 가능성에도 불구하고 개념적으로 접근하는 방식이 풀어야 할 과제도 존재한다. 첫째, 교육과정이 개념적 접근에 따라 개발되기 위해서는 우선적으로 교육과정 개발자들의 개념에 대한 일반적인 이해가 충분해야 하고, 각 교과의 핵심 개념에 대해 합의해야 한다는 점에서 어려움이 있다. 특히, 교과의 내적 적합성을 갖출 수 있는 교육내용 선정·조직 방식으로서 개념적 접근이 모든 교과에 자연스럽게 수용되기 어렵다는 점에서 내재적 한계가 존재한다.

둘째, 교육과정을 실행해야 하는 교사가 개념적 접근에 따라 개발되고 실행되는 교육과정과 수업에 대해 가지고 있는 전문성과 역량은 큰 한계 요인으로 작동할 수 있다. 가령 교사가 개념을 명확하게 이해하지 못했거나 추상적인 개념과 사실적 내용을 연결하여 교육과정을 재구성하고 수업하는 것이 어떤 것인지, 학습자의 깊이 있는 이해를 유도하는 방법이 무엇인지 등에 대한 이해와 경험, 개념기반의 관점에서 개발된 교육과정에 대한 문해력이 부족한 경우 교사는 개념적 수업을 구현하는 것에 어려움을 겪을 수밖에 없고, 전통적 수업에서 개념적 수업으로의 전환은 쉽지 않다.

셋째, 개념이라는 것 자체가 지식의 구조상 상위 차원의 추상적 속성을 지니기 때문에 개념이 명확하게 정의되지 않는 한 효과적으로 가르치기가 어렵다. 또한, 학습자가 개념을 이해하기 위해서는 개념을 다룰 만한 인지적 능력이 있어야 하며, 학습 방법 측면에서는 탐구활동과 학습을 지속해 나갈 만한 내재적 동기와 주도성 등이 기반이 되어야 한다. 즉, 개념적 접근은 학문의 기본 아이디어를 중심으로 한 사고력 같은 인지적 측면을 강조한다는 면에서 특정 학습자에게는 상당한 인지적 부담과 학습 부담을 가중할 수 있다. 그렇기 때문에 개념적 접근은 인지 수준이 높은 상위학습자, 학습 주도성을 가진 학습자에게 유리한 접근 방식으로 보기도 한다.

제2절 | 교육과정 재구성 방향

🌑 교육의 목적과 내용

개념기반 교육과정은 지식의 가장 낮은 수준인 사실이나 이해를 가르치는 수준을 넘어 이러한 개념을 바탕으로 통합적인 사고 과정과 다른 지식으로의 전이, 나아가 실제 세계에서 필요로 하는 지식과 기능을 학습하는 방법이 된이다. 여기에는 개념 기반 및 역량 함양을 통한 삶과 연계된 깊이 있는 학습을 강조하게 한다. 다시 말해서 개념기반 교육과정에서는 '개념적 이해'를 기반으로 학생이 접할 수 있는 실세계에서의 어떤 기능을 능숙하게 수행하는 것을 강조한다. 따라서 개념과 관련된 핵심 기능의 이해를 통한 실제적인 수행을 중요하게 다루는 것을 목적으로 한다.

2022 개정 교육과정에서는 교수학습의 방향을 '깊이 있는 학습', '교과 간 연계와 통합', '학생의 삶과 연계한 학습', '학습 과정에 대한 성찰' 등을 제시하고 있다. 개념기반 교육과정은 위의 네 가지 교수학습 방향을 모두 담아낼 수 있다. 개념기반 모형은 '개념적 이해'를 바탕으로 깊이 있는 학습을 하도록 함으로써 실제적 맥락에서 이루어지는 참평가 구현', 학습목표 달성으로서의 핵심 아이디어 도출', 매크로 개념을 활용한 교과간 통합', 모든 학습 과정에서의 '성찰' 등을 통한 학습이 가능하다.

개념기반 교육과정의 내용은 단원 수준에서 이루어진다. 단원 수준에서 학습 설계를 계획하므로 각 교과의 단원을 대상으로 설계할 수 있으나 학교나 학년, 학급의 실태를 고려하여 개념을 중심으로 교과 내, 교과 간 성취기준의 연계를 통한 통합수업도 구현할 수 있다.

😊 수업 방향과 원리

　개념기반 교육과정에서 수업은 다양한 사실을 파악하고 이를 기반으로 개념을 도출한다. 여기서 개념은 사실들의 공통적 속성을 정의한 것이다. 그러나 이 수업 전개에서는 개념을 도출하는 것으로 학습이 끝나지 않고 개념과 개념의 관계를 일반화된 문장으로 기술하여 핵심 아이디어에 도달하게 해야 한다. 핵심 아이디어는 영속적 이해를 명제화한 것이며 개념과 개념 간의 관계를 진술한 문장이다. 다시 말해서 학습자는 사실을 통하여 개념을 이해하고 개념과 개념간의 관계를 일반화(핵심 아이디어)시키는 것을 주요 학습의 원리로 삼는다. 여기서 일반화는 학습자가 도달해야 하는 목표적 성격을 갖는다고 할 수 있다. 따라서 학습은 사실에 대한 탐구, 개념 도출, 일반화 도달 등의 과정을 거친다. 이는 주로 탐구학습 방법을 적용하는데 그 절차를 보면 다음과 같다.

그림 5.4

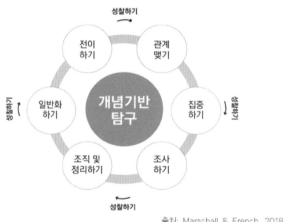

출처: Marschall & French, 2018

　개념기반 교육과정을 탐구에 기반하여 수업할 경우 6단계의 과정을 거치며 각 단계마다 성찰을 강조한다. 단계별 학습 내용을 살펴보면 다음과 같다.

　첫째, 관계 맺기에서는 학생들의 사전 지식을 활성화시키고 이미 알고 있는 것을 연결시키며 동기를 부여함으로써 시작한다. 주제에 학생이 관심 갖기, 학생의 경험과 사전 지식을 주제와 연결하는 활동으로 이루어진다.

둘째, 집중하기에서는 사실적인 사례에 대한 예를 소개한다. 여기에는 개념의 예시와 아닌 것을 분류하거나 개념을 기술하거나 정의 하기, 개념 형성 지원을 위한 예시 자료를 순서화하거나 비교 대조하는 활동을 한다.

셋째, 조사하기에서는 개념이나 일반화를 설명하기 위해 조사하는 특정 사례 또는 예(사건, 사람, 기간, 문제, 가상 상황 등)를 탐색하고 이를 단원 개념에 연결한다.

넷째, 조직 및 정리하기에서는 학생은 발견한 내용을 이해하고 표상(글, 그림)하고 공유 다른 자료, 방법을 사용하여 개념 나타내기, 맥락내에서 기능을 알아내고 적용한다.

다섯째, 일반화하기에서는 사실적 에시 안에서 존재하는 패턴을 알아내고 연결성을 찾는다.

여섯째, 학생들이 새로운 상황으로 이해를 전이하고 행동으로 옮긴다.

○ 평가 방향

개념기반 교육과정에서 평가는 실제적 수행을 강조한다. 따라서 수행 과제가 개발되어야 하며 개념적 이해를 실제 적용하는데 초점을 둔다. Wiggins는 다음과 같이 수행과제를 제시할 경우 고려해야 할 기준들을 수행과제의 특징으로 제시하였다. 이는 Wiggins와 McTighe가 제안한 GRASPS 기법 외에 모든 수행과제 선정 시 고려할 수 있다. 수행과제 선정 시 실제 상황과 비슷하게, 비구조화된 문제로 제시, 구체적인 청중을 고려하기, 탐구 기술과 지식을 통합할 수 있는 과제가 되도록 해야 한다.

수행과제를 위한 GRASPS는 학습 내용을 실제 상황이나 이와 유사한 상황을 설정하여 학생이 이해한 정도를 확인하기 위해 학생에게 제시된다. 학생은 수행과제를 파악하여 무엇을 왜 해야 하는지, 어떻게 해야 하는지, 어떻게 평가될 것인지를 미리 확인할 수 있다. GRASPS 수행과제는 시나리오 형식으로 '~이다.'로 기술하거나 학생들이 수행과제를 해 가며 문제를 해결해가거나 협력하거나 배운 것을 적용하는 등 학생이 명확히 이해할 수 있도록 간단히 제시된다.

예시: 수행과제명: 미래 먹거리 메뉴 개발하기(시나리오 형태)

- Goal(목표): 당신은 미래 음식 박람회에 참가하여 개발한 음식을 소개합니다.
- Role(역할): 당신은 미래 먹거리를 개발하여 박람회에 참가한 참가자입니다.
- Audience(청중): 대상은 미래 먹거리 박람회에 참가한 세계 각국의 사람들입니다.
- Situation(상황): 미래 먹거리 개발을 위한 사람들이 노력하고 있습니다. 미래 음식 개발을 위해 사용될 수 있는 식재료를 가지고 음식을 개발하여 홍보자료를 만들고 박람회에서 소개합니다. 음식 소개 후 그 사람들이 여러분의 음식에 투표를 합니다.
- Performance(산출물과 수행): 음식을 소개할 홍보자료를 만들고 소개합니다.
- Standard(기준):
  ① 개발한 음식의 이름을 정합니다.
  ② 개발 메뉴의 식재료를 소개합니다.
  ③ 개발한 음식의 좋은 점을 설명합니다.

교육과정 재구성 시 고려 사항

교육과정

- 단원 수준에서 교과내, 교과간 통합하여 단원 설정
- 핵심 아이디어 및 성취기준 확인하기
- 개념적 렌즈 추출: 개념적 렌즈 추출 및 마이크로 개념 선택
- 개념망 작성하기
- 핵심 질문 생성하기

교수·학습

- 개념망에 따른 핵심 아이디어 진술하기
- 안내 질문 만들기(사실적, 개념적, 논쟁적)
- 개념망에 따른 학습경험 배열하기
- 개념망에 따른 차시 배열하기

평가

- 평가 과제 및 루브릭 개발하기
  - 평가 요소를 지식·이해, 과정·기능, 가치·태도 제시
  - 실생활 맥락에서 참평가 구현(GRASPS)
  - 과제 루브릭 개발

제3절 | 교육과정 재구성 사례

 **개요**

주제	소리의 성질	학년(군)	3~4학년군
관련 교과	교과내 (○)　　교과통합 (　　)	관련 유형	개념기반 교육과정
성취기준	[4과08-01] 여러 가지 물체에서 소리가 나는 현상을 관찰하여 소리가 나는 물체는 떨림이 있음을 설명할 수 있다. [4과08-02] 소리의 세기가 높낮이를 비교할 수 있다. [4과08-03] 여러 가지 물체를 통하여 소리가 전달되거나 반사됨을 관찰하고 소음을 줄이는 방법을 토의할 수 있다.		
교육과정 유형과 수업 구성 방향	〈교육과정 유형과 수업 접목〉 • 개념기반교육과정은 일반화 도달을 학습의 주요 목표로 한다. 이는 사실과 기능을 탐구하여 일반화에 도달하게 하는 것이고 여기에 개념적 렌즈가 가교 역할을 한다. • 개념 기반 교육과정은 지식의 가장 낮은 수준인 사실이나 이해를 가르치는 수준을 넘어 이러한 개념을 바탕으로 통합적인 사고 과정과 다른 지식으로의 전이, 나아가 실제 세계에서 필요로 하는 지식과 기능을 학습하는 것이다. 개념기반 교육과정은 단원 수준의 학습 설계로 계획하므로 각 교과의 단원을 대상으로 설계할 수 있으나 학교나 학년, 학급의 실태를 고려하여 개념을 중심으로 교과 내, 교과 간 성취기준의 연계를 통한 통합수업도 구현할 수 있다. • 여기서 단원은 과학과를 통하여 '소리의 성질' 단원명을 설정하였다. 이는 소리의 발생 원인, 소리의 특징, 소리의 반사, 전달 등을 학습하여 소리의 특성을 포괄적으로 탐구하도록 한다. • '평가 계획' 단계에서는 GRASPS 기법을 활용한 수행과제를 제시하여 학습된 개념적 이해를 지식으로만 이해하는 차원을 넘어 실제적 맥락에서 적용하도록 핵심 기능을 강조하였다.		
재구성을 통한 기대 효과	• 개념기반 교육과정은 '깊이 있는 학습', '교과 간 연계와 통합', '학생의 삶과 연계한 학습', '학습 과정에 대한 성찰' 등을 모두 담아낼 수 있는 교수 설계 방법이 된다. 이는 '개념적 이해'를 바탕으로 깊이 있는 학습을 하도록 함으로써 실제적 맥락에서 이루어지는 참평가 구현', '학습목표 달성으로서의 핵심 아이디어 도출', 매크로 개념을 활용한 교과간 통합', 모든 학습 과정에서의 '성찰' 등을 통한 학습이 가능하기 때문에 지식의 심연에 도달할 수 있는 학습이 이루어질 수 있다.		

② ▶▶ 단원 분석

단원의 이해

이 단원에서는 학생들에게 친숙한 우리 주변의 소리에 대한 호기심과 탐구를 통하여 과학하는 즐거움을 경험하도록 한다. 주위에서 소리를 내는 여러 가지 물체에 관심을 가지고 소리가 물체의 떨림에 의해 만들어지는 것을 관찰하여 발견할 수 있도록 한다. 또한, 소리가 멀리 전달되거나 반사되는 현상을 관찰하여 소리의 발생과 전달에 대해 학습하며, 소리의 세기와 높낮이가 다른 소리를 구별할 수 있도록 한다. 이러한 소리의 성질에 대한 이해를 바탕으로 일상생활 속에서 소음을 줄이기 위한 다양한 방법을 탐구할 수 있도록 한다.

핵심 아이디어	소리는 물체에 자극으로 발생하며 소리는 전달되거나 반사된다. 소리는 물체의 특징에 따라 다르며 높낮이와 세기는 다르게 나타난다.		
성취기준	[4과08-01] 여러 가지 물체에서 소리가 나는 현상을 관찰하여 소리가 나는 물체는 떨림이 있음을 설명할 수 있다. [4과08-02] 소리의 세기가 높낮이를 비교할 수 있다. [4과08-03] 여러 가지 물체를 통하여 소리가 전달되거나 반사됨을 관찰하고 소음을 줄이는 방법을 토의할 수 있다.		
개념적 렌즈 (매크로 개념)	상호작용	마이크로 개념	소리, 떨림, 전달, 소음
개념망	<table><tr><td>**소리의 발생** - 소리발생 - 떨림</td><td></td><td>**소리의 구별** - 소리의 세기 - 소리의 높낮이</td></tr><tr><td></td><td>소리는 어떻게 발생하고 있는가?</td><td></td></tr><tr><td>**소리의 전달** - 소리 전달 - 물체에서 소리 전달</td><td></td><td>**소음** - 소음 - 소음 줄이기</td></tr></table>		
핵심 아이디어	–물체의 떨림은 소리를 만든다. –같은 물체라도 다양한 소리가 만들어진다. –소리는 물질을 통하여 전달된다. –소음은 안전한 생활을 방해한다.		

단원 지도 계획

개념망	하위 핵심 아이디어	안내 질문 (사실적, 개념적, 논쟁적)	수업 내용			평가 방법
			지식·이해	과정·기능	가치·태도	
소리의 발생	물체의 떨림은 소리를 만든다.	(사) 소리가 발생하는 원인은 무엇인가? (개) 소리와 물체의 떨림은 어떤 관계인가?	○ 소리 ○ 소리 발생	○ 관찰을 통한 자료를 수집하고 비교 분석하기		보고서 평가
소리의 구별	같은 물체라도 다양한 소리가 만들어진다.	(사) 소리의 세기, 소리의 높낮이란 무엇인가? (개) 소리의 세기, 높낮이는 어떻게 구별할 수 있는가?	○ 소리 높낮이 ○ 소리의 세기	○ 관찰을 통한 자료를 수집하고 비교 분석하기		실험평가
소리의 전달	소리는 물질을 통하여 전달된다.	(사) 어떤 물질에서 소리가 잘 전달되는가? (개) 실 전화기가 소리를 잘 전달 하는 조건은 무엇인가? (논) 공기가 없는 달에서 소리를 어떻게 전달할 수 있을까?	○ 소리의 전달	○ 문제 해결위한 탐구 설계 ○ 과학 창의성		발표평가 구술평가
소음	소음은 안전한 생활을 방해한다.	(사) 소음이 무엇인가? (개) 소음을 줄이는 방법이 있는가? (논) 어떤 소리가 소음인가?	○ 소음	○ 문제 해결 위한 탐구 설계하기	○ 과학적 유용성: 과학지식이 일상 문제 해결에 활용됨을 인식하기	발표평가

단원 교수 · 학습 계획

개념망	차시	학습 활동 및 피드백
소리 발생	1	· 소리 추리하기
	2	· 소리는 어떻게 만들어지는가?
소리 구별	3	· 센소리와 약한 소리는 어떻게 구별되는가?
	4	· 높은 소리와 낮은 소리는 어떻게 구별되는가?
소리 전달	5	· 소리는 무엇을 통해서 전달되나요?
	6	· 실을 통해서 소리를 전달할 수 있나요?
소음	7	· 소음이 뭔가요?
	8	· 소음을 어떻게 줄일 수 있나요?
총괄평가	9	· 수행평가

평가 과제 및 루브릭 개발

평가 과제 개발	여러분은 '아파트 층간 소음 문제 해결'에 대한 아이디어 경진대회에 참가하려고 합니다. 아파트 각 층에서 발생하는 소음에 대해서 ① 소리의 성질(소리의 발생 원인, 소리의 전달)과 관련지어 '층간 소음 문제'를 어떻게 해결할 수 있을지에 대한 ② 아이디어를 제시해 보세요. 여러분의 아이디어는 다음의 기준에 따라서 평가됩니다.
평가 방법	☑ 서술 · 논술 ☐ 구술 · 발표 ☐ 토의 · 토론 ☐ 프로젝트 ☐ 실험 · 실습 ☐ 포트폴리오 ☐ 자기평가 ☐ 동료평가 ☐ 관찰평가 ☐ 기타( )

루브릭	수준	매우 우수	우수	보통
	소리 성질	소리의 성질과 관련된 용어를 실생활에 적용하여 모두 바르게 사용한다.	소리의 성질과 관련한 용어를 올바르게 사용한다.	소리의 성질과 관련한 용어를 바르게 이해하여 사용할 필요가 있다.
	아이디어 제시	소리의 발생 원인이나 소리의 전달과 관련된 소음 문제를 해결 아이디어를 올바르게 제시한다.	소음의 발생이나 전달 과정에 대한 설명 없이 소음을 줄이는 방법 위주로 아이디어를 제시한다.	소음을 줄이는 아이디어만을 몇 가지 제시한다.
	관심 및 실천	소리와 관련된 일상생활의 문제에 관심을 가지고 적극적인 해결을 위해 실천한다.	소리와 관련된 일상생활의 문제에 관심을 가지고 실천한다.	소리와 관련된 일상생활의 문제에 관심을 가진다.

3. 개념망에 근거한 교수 · 학습 설계

학습주제	소리의 높낮이	차시	4/9
		학습 장소	과학실
핵심 아이디어	같은 물체라도 다양한 소리가 만들어진다.		
교수 · 학습 방법	☐ 협동학습　　☑ 탐구학습　　☐ 문제중심학습　　☐ 토의 · 토론학습 ☐ 프로젝트 학습　☐ 거꾸로 학습　☐ 블랜디드 러닝　☐ 기타(　　　　)		

단계	교수 · 학습 활동
집중 하기	• 예시 중 소리가 다른 특징을 보이는 것 하나 찾기 <table><tr><td>소리 관련 예시</td><td>3개 공통점</td></tr><tr><td>① 멀리 있는 친구를 부를 때 ② 수업 시간 친구들 앞에서 발표할 때 ③ 야구장에서 우리 팀을 응원할 때 ④ 도서관에서 친구와 대화할 때</td><td></td></tr></table> • 공통점 발표하기 – 센 소리와 약한 소리의 차이임
조사 하기	〈사실적 질문〉 센 소리, 약한 소리는 어떻게 다를까? • 탐구활동: 들려주는 두 소리의 차이점 탐구 – 한 물체에서 발생하는 센 소리 약한 소리 듣기 – 두 소리의 차이점과 공통점 찾기 <table><tr><td>한 물체가 만드는 소리 2개 들려주기</td><td>차이점</td><td>공통점</td></tr><tr><td>살짝 친, 세게 친 자일로폰 소리 살짝 친, 세게 친 북소리 살짝 친, 세게 친 소리 굽쇠</td><td></td><td></td></tr></table> • 탐구활동: 위 소리를 만들 때 차이 관찰하기 – 자일로폰이나 소리굽쇠를 치는 모습의 차이 관찰 – 북 위 좁쌀이 튀는 높이 관찰
조직 하기	〈개념적 질문〉 소리의 세기와 물체의 떨리는 정도는 어떤 관계인가? • 개념 도입: 소리의 세기, 센 소리, 약한 소리 • 실험 결과 말하기: 세게 칠수록 떨리는 폭이 커진다 등
일반화	• 배운 내용을 **소리 세기와 물체의 떨림 간의 관계를 나타내는 문장**으로 만들어 보자. (예) 물체를 세게 치면 물체의 떨림 폭이 커지고 센 소리가 난다. 물체를 세게 치는 정도에 따라 물체의 소리가 달라진다.
성찰 하기	• 5분 성찰일자피드백, 학생이 학습 주체임을 알도록 한다. • 오늘 학습 이해도 (상, 중, 하), 수업 참여도 (상, 중, 하) 스스로 점검하기

제14장

이해중심 교육을 위한 교육과정 재구성
(Understanding by Design: UbD)

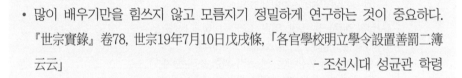

• 많이 배우기만을 힘쓰지 않고 모름지기 정밀하게 연구하는 것이 중요하다.
『世宗實錄』卷78, 世宗19年7月10日戊戌條,「各官學校明立學令設置善罰二簿
云云」   - 조선시대 성균관 학령

제1절 ┃ 기본 관점

　이해중심 교육과정이란 '앎'이 아닌, '이해'를 우선시하는 교육과정 설계모형
을 말한다(김경자, 온정덕, 2014). 이해중심 교육과정에서는 무엇을 가르쳐야 하는지
와 어떤 평가의 증거를 수합해야 하는지에 초점을 둔다. 이 설계 모형의 목적은
바람직한 교육과정 개발 원리를 자세히 기술하고 적용할 수 있도록 절차를 안내
하는 것이다. 이해중심 교육과정은 Wiggins와 McTighe(2004)에 의해 처음 제안된
교육과정 설계 모형으로, 설계 순서에서 교수·학습 과정을 먼저 계획하는 것이

아니라 학생들이 이해했음을 나타내는 증거인 수행 과제를 먼저 개발한다고 하여 '백워드 설계(backward design)'라고 불리기도 한다.

'이해'는 학생들이 아는 것을 자유자재로 유연하게 사고하고 행동하는 수행 능력이며, 학습자는 습득한 지식을 맥락과 다른 상황에 적용하여 새로운 방식으로 산출할 수 있어야 한다. 이해중심 교육과정에서는 단원 설계의 목적을 학생들의 영속한 이해(enduring understanding)로 설정하고, 이러한 단원 목표를 실현하기 위하여, 단원 설계의 절차를 '바라는 결과의 확인(목표 설정)', '수용 가능한 증거 결정(평가 계획)', '학습 경험과 수업 계획(수업 계획)'으로 제시하였다.

🐾 등장 배경

이해중심 교육과정은 1980년대부터 2000년대 초반까지 진행된 미국의 교육개혁 운동과 밀접한 관련이 있다(조재식, 2005). 1985년에 발표된 IEA(International Association for Evaluation of Education Achievement) 결과에 의하면, 미국 학생들의 수학 및 과학 성취도가 다른 나라의 학생들에 비하여 현저하게 낮았다. 또한 시간이 지남에 따라 백인과 유색 인종의 학력 격차가 심화되었다. 이에 따라 미국 정부는 학생들의 학력 향상을 위한 다양한 방안을 마련하였다. 이 중 대표적인 것이 2000년대 초반 미국 부시 정부가 발표한 낙오학생방지법(NCLB: No Child Left Behind)과 연간 학력 향상 계획(AYP: Adequate Yearly Progress)이었다. 이 정책들은 학생의 학업성취도에 대한 학교와 교사의 책무성을 강조한다. 이에 따라 미국의 학교와 교사는 학생들의 학업성취도 향상을 위한 다양한 노력을 시도하였다. Wiggins와 McTighe는 평가 전문가로서, 성취기준을 기반으로 한 교육과정과 수업의 설계에 관심을 갖고, 학생들이 영속한 이해를 달성할 수 있는 이해중심 교육과정 모형을 개발하였다.

🐾 주요 학자 및 이론

이해중심 교육과정을 처음 제안한 학자는 Wiggins와 McTighe이다. 이들은 단원 설계의 각 단계에서 요구되는 다양한 전략과 기법, 그리고 요소들을 추출하고, 이를 종합적으로 구성하여 이해중심 교육과정을 제안하였다. 이해중심 교육과정에서는 기존의 수업 설계 모형의 단계와 요소 등에서 유사한 부분이 발견된다. 예를 들어, W. Dick과 L. Carey(2015)의 체제적 수업 설계 모형에서도 이해중심 교육과정과 유사하게 평가 계획이 수업 설계에 앞서서 이루어진다. 그럼에도 불구하고, 이해중심 교육과정이 주목받게 된 이유는 단원 설계의 목적이 학생들의 영속한 이해, 즉 핵심 개념과 원리 중심의 심층적인 학습을 통한 '이해로서의 수행'에 있기 때문이다.

전통적으로 보면 보통은 수업 계획이 평가 계획에 앞서서 이루어진다. 그러나 이해중심 교육과정에서는 다음과 같이 교육목표를 설정하면 이후 평가 계획을 수립하고 최종적으로 수업을 계획한다. 각 절차에 대해 안내하면 다음과 같다.

그림 5.5 이해중심 교육과정의 절차

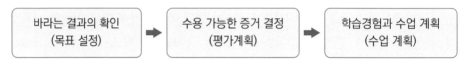

(1) 바라는 결과의 확인: 목표 설정

이해중심 교육과정에서는 의도된 학습 성과를 중시한다. 단원 설계자는 의도된 성과, 즉 목표를 설정하기 위하여 네 가지 주요 활동을 한다. 즉, 단원 설계자는 '1단계: 바라는 결과의 확인' 단계에서, ㉠ 설정된 목표 확인, ㉡ 여섯 가지 이해의 측면 설정, ㉢ 본질적 질문 개발, ㉣ 핵심 지식과 핵심 기능 등을 개발한다.

단원 설계자는 교육과정 문서의 성취 기준에 해당하는 영속한 이해를 추출해야 한다. 2009 개정 교육과정에서는 교사들이 영속한 이해를 찾아야 하지만, 2015 개정 교육과정에는 영속한 이해가 '일반화된 지식'으로 제시되어 있다. 영속한 이해는 빅 아이디어(big ideas)에 기반하고 있다. 2015 개정 교육과정에서는 빅 아이디어를 '핵심 개념'으로 표현하였다.

단원 설계자가 영속한 이해를 설정하면, 그 다음에는 단원 학습과 관련있는 여섯 가지 이해의 측면을 설정한다. 이해중심 교육과정에서는 이해를 다차원적으로 제시하고 있는데, 설명, 해석, 적용, 관점, 공감, 자기 지식이 여기에 해당된다. 이해의 여섯 가지 측면은 다음과 같다.

표 5.4 이해의 여섯 가지 측면

이해의 종류	정의
설명(explanation)	근거, 정당화 과정을 통하여, 현상, 사실, 자료를 설명하는 것
해석(interpretation)	의미있게 이야기 말하기, 적절하게 변환하기, 이미지, 일화, 은유, 모형 활용하기, 아이디어와 사건에 대하여 역사 또는 개인적인 차원 관련짓기
적용(application)	다양한 상황에 지식을 효과적으로 활용하고 적용하기
관점(perspective)	다양한 시각에서 조망하기, 비판적이고, 큰 그림 보기
공감(empathy)	다른 사람의 가치를 발견하고, 감성적으로 인식하고, 이전 경험에 기초하기
자기지식 (self-knowledge)	개인의 스타일, 편견, 투사를 인식하고 이해의 충동과 형태 모두를 고려하는 습관, 이해하지 못하는 것과 왜 이해하는데 어려운지 아는 것

본질적 질문(essential question)은 학생 스스로 의미를 구성할 수 있는 방향으로 진술된다. 본질적 질문은 사실 회상 질문, 동기 유발 질문과 구분되는 것으로써, 학생들의 사고력을 유발하는 탐구 질문의 성격을 갖는다. 본질적 질문은 학생들로 하여금 교과 내용의 탐구와 진정한 이해를 하는 데 기여할 뿐만 아니라, 단원 전체를 구조화하는 역할을 한다(Wiggins & McTighe, 2005). 또한 본질적 질문은 학습자의 흥미를 유발하는 방법이 되며 학생에게 깊이 있는 이해를 위해 큰 개념을 안내하며 학습내용에 존재하는 중요 개념, 주제, 이론, 이슈, 문제 등을 탐구하

그림 5.6 본질적 질문과 단계별 역할

본질적 질문의 활용

여섯 가지 이해와 연계   일반화

여섯 가지 이해 측면의 기본 방향 → WHERETO 단계에서 수행과제의 중심축 → 일반화 도출의 방향

학습의 방향성 설정

학습자는 학습의 방향을 가늠하게 되는 잣대와 구체적인 학습 내용을 간파하는 동기를 제공하게 된다.

는 길을 안내한다. 본질적 질문은 포괄적 질문과 주제적 질문으로 구분한다.

그리고 단원 설계자는 영속한 이해 달성에 직접적으로 관련있는 핵심 지식과 핵심 기능을 설정한다. 핵심 지식은 명제적 지식에 해당하는 것으로, 단원학습 전반을 통해서 학생들이 반드시 알고 기억할 수 있어야 하는 사실과 기본 개념이다. 2015 각론 교육과정에서 '학년(군)별 내용 요소'가 핵심 지식에 해당된다. 핵심 기능은 절차적 지식에 해당되는 것으로써, 학생들이 단원학습 전반을 통해서 반드시 익혀야 하는 기술과 절차를 의미한다. 2015 각론 교육과정의 '기능'이 핵심 기능에 해당한다.

(2) 수용 가능한 증거 결정: 평가 계획

이해중심 교육과정은 평가를 강조한 수업 설계 모형이다. 단원 설계자는 학생들의 영속한 이해 달성 여부를 판단할 수 있는 방향으로 평가를 계획한다. 단원 설계자는 '2단계: 수용 가능한 증거 결정' 단계에서, ㉠ 수행 과제 개발, ㉡ 수행 과제에 대한 루브릭 개발, ㉢ 기타 증거 자료(수행 과제 이외의 평가 방법) 등을 개발한다.

기타 증거 자료에 앞서서 수행 과제를 먼저 개발하는 것은 1단계에서 설정한 영속한 이해의 달성 여부를 강조하기 위한 것이다. 이해중심 교육과정에서는 '수행으로서의 이해'를 추구하기 때문에 이를 판단하기 위한 평가방법으로 수행 과제 또는 프로젝트 과제를 활용한다. Wiggins와 McTighe(2005)는 수행 과제 개발 기법으로 GRASPS 기법을 다음과 같이 제시하였다.

표 5.5 수행 과제 개발을 위한 GRASPS 기법

GRASPS 요소	정의
목표(G: Goal)	수행 과제의 목표를 기술
역할(R: Role)	수행 과제 수행자의 역할
대상(A: Audience)	수행 과제의 실시 대상
상황(S: Situation)	수행 과제가 이루어지는 맥락, 상황조건 설명
수행(P: Performance)	결과물 제작
기준(S: Standard)	수행 과제에 포함되어야 할 것

영속한 이해가 학교 상황이 아닌 일상생활에 관한 지식을 활용하는 것이라면, 평가 장면 역시 그것을 확인할 수 있는 실제 상황에서 이루어져야 한다. 이들은 이러한 형태의 평가 방법을 참평가(authentic assessment)라고 지칭한다. 학생들은 자신이 이해한 내용을 바탕으로 수행 과제 또는 프로젝트 과제를 해결하고, 이 과정에서 자신이 획득한 지식과 기능을 활용하게 된다. 평가를 강조한 수업 설계 모형이 다수 존재하지만, 이해중심 교육과정과 같이 핵심 개념과 원리 중심의 심층적인 학습에 기초한 영속한 이해를 강조하지는 않았다.

수행 과제 또는 프로젝트 과제가 개발되면, 단원 설계자는 수행 과제의 타당도와 신뢰도를 확보하기 위하여 평가 준거 또는 루브릭(rubric)을 개발한다. 루브릭은 총체적 루브릭과 분석적 루브릭이 있으며, 이것은 수행 과제의 질을 판단하는 기능을 한다.

마지막으로 단원 설계자는 수행 과제 해결과 관련이 있거나 학생들이 단원 학습 과정에서 반드시 습득해야 하는 핵심 지식과 핵심 기능에 대한 평가 계획을 수립해야 한다. Wiggins와 McTighe(2005)는 이것을 기타 증거 자료 수집으로 명명하였다. 단원 설계자는 수행 과제 이외에 퀴즈, 관찰, 상호평가 등과 같은 다양한 평가 방법을 고려하여 평가를 계획할 수 있다.

(3) 학습 경험과 수업 계획: 수업 계획

이해중심 교육과정은 단원 설계에 적합한 수업 설계 모형이다. 따라서 학습 경험과 수업 계획이 차시를 중심으로 구성되기보다는 단원의 전체적인 흐름, 즉 개관 형태로 이루어진다.

학습 경험과 수업 계획은 이해중심 교육과정의 1단계와 2단계와의 일관성을 고려하여, 영속한 이해를 달성할 수 있는 방향으로 이루어진다. 영속한 이해는 심층적인 학습을 통해서 달성가능하며, 이를 위해서는 학습자의 적극적인 의미 구성, 즉 사고 과정이 필수적으로 요구된다. 또한 Wiggins와 McTighe(2005)는 수업 설계가 매력적이고 효과적으로 이루어져야 하는데, 이러한 수업에는 공통적으로 다음과 같은 'WHERETO'의 일곱 가지 요소가 반영되어 있다고 밝히고 있다.

표 5.6 WHERETO 요소

요소	설명
W	목표 제시 및 목표 확인(Where is the work headed? Why?)
H	동기유발 및 관심 유지(Hook the student)
E1	핵심 개념 및 주제 탐구(Explore and Equip)
R	학생 스스로 학습과정에 대한 자기 평가 기회 제공(Rethink and Revise)
E2	과제 발표 및 평가(Evaluate)
T	학생 개개인의 재능, 흥미, 요구 반영(Tailor)
O	수업 내용의 조직화 및 계열화(Organize and sequence)

😊 의의 및 한계

현재 우리나라 학교 수업의 문제점으로 지적되는 내용 중에는 학습량이 많다고 하면서도 교과서에 있는 것을 모두 가르치려고 하는 것도 포함된다. 이러한 학습량의 과다는 진도 나가기에 초점을 맞추게 되고 자연스럽게 주입식, 설명식 수업으로 연계된다. 또한, 평가 과정 없이 수업이 종료되는 경우가 많고 학습에 대한 즉각적인 피드백도 어려워 진정한 이해에 도달하기에는 어려움을 겪는다. 뿐만 아니라 6차 교육과정 이후 강조되어 온 교육목표-교육내용-교수·학습 및 평가의 비일관성으로 인하여 수업의 효율성 및 효과성이 약화된다.

하지만, 이해중심 교육과정에서는 피상적으로 이루어지는 교과서 중심의 수업과 무의도적으로 이루어지는 흥미 위주의 활동중심 수업을 비판하고, 학생들의 영속한 이해를 강조한다. 이는 우리나라 수업 방식의 개선 방향이 어떠해야 하는지를 시사하는 점이라고 할 수 있다. 뿐만 아니라 이해중심 교육과정을 활용하여 단원을 개발하는 교사는 교육과정 개발자, 실행자, 평가 전문성을 향상시키는 경험을 할 수 있다.

Wiggins와 McTighe(2005)는 이해중심 교육과정의 의의를 두 가지로 설명하고 있다. 첫째, 교육목적과의 관련성이다. 이해중심 교육과정에서는 학생들의 영속한 이해를 추구한다. 이것은 '무의도적으로 이루어지는 활동중심의 수업과 교과서 중심으로 이루어지는 피상적인 수업'의 두 가지 문제를 개선하려는 의도에서 개발되었다. 둘째, 이해중심 교육과정은 교사들에게 단원 수준에서 교육과정을 체계적이고 효율적으로 개발하고 실행할 수 있는 틀을 제공한다. 이해중심 교육과정은 성취기준의 교육개혁 운동에서 비롯된 것으로, 이것은 단원 전체에서 추구하는 큰 개념(big idea)에 기초하여, 학생들의 영속한 이해를 추구하고, 궁극적으로 학생의 학력 향상을 강조한다.

반면, 이해중심 교육과정의 한계로는 첫째, 이해중심 교육은 학생의 이해도와 학습 수준을 중심으로 설계되기 때문에 전체 교육과정에 포함되어 있는 중요한 주제나 개념이 누락될 수 있고, 둘째, 학생의 이해도와 학습 수준을 평가하려면 개별화된 평가 방법과 절차가 필요한데, 이를 교수자가 설계하는데 어려움이 있고, 또 효과적이고 공정한 평가를 구현하기 어렵게 만들 수 있으며, 셋째, 일부 학생들은 학습에 대한 동기 부족으로 인해 자기주도적인 참여에 부응하지 않을 수 있다는 점을 들 수 있다.

제2절 | 교육과정 재구성 방향

교육의 목적과 내용

이해중심 교육과정에서는 무의도적으로 이루어지는 활동중심의 수업과 교과서를 중심으로 이루어지는 피상적인 수업의 두 가지 문제를 개선하고, 핵심 개념과 원리 중심의 '영속한 이해'를 추구한다. 여기서 영속한 이해란 지식의 구조, 핵심 개념과 원리, 빅 아이디어 등에 비유할 수 있다. 이것은 학생들이 각 교과에서 획득한 지식과 기능을 일상생활 또는 주변 상황에서 자유자재로 활용할 수 있는 '이해로서의 수행'으로 구현된다.

수업 방향과 원리 및 평가 방향

이해중심 교육과정에서 교수와 평가는 학습자가 핵심 개념과 원리를 이해하도록 함으로써 정보와 사실들을 학습자의 기억 속에 오래 남을 수 있도록 돕고, 맥락과 상황이 달라졌을 때 현상과 사건들 간의 연결고리를 찾을 수 있도록 유도한다. 그렇다면, 영속한 이해를 달성하는 데 적합한 교수 방법은 무엇일까? 그것은 학생중심의 문제중심학습, 프로젝트학습, 자기주도학습모형, 상황학습모형 등이 적용될 가능성이 높다. 왜냐하면, 학생들이 획득한 지식을 맥락화할 수 있는 수업 환경을 조성할 때, '이해로서의 수행'이 가능하기 때문이다.

이해중심 교육과정은 평가를 강조한 수업 설계 모형으로, 수행 과제 개발, 수행 과제에 대한 루브릭 개발, 기타 증거 자료(수행 과제 이외의 평가 방법) 등을 개발하여 활용한다. 영속한 이해가 학교 상황이 아닌 일상생활에 관한 지식을 활용하는 것이라면, 평가 장면 역시 그것을 확인할 수 있는 실제 상황에서 이루어져야 한다. 수행 과제 또는 프로젝트 과제가 개발되면, 단원 설계자는 수행 과제의 타당도와 신뢰도를 확보하기 위하여 평가 준거 또는 루브릭(rubric)을 개발한다. 또한, 수행 과제 해결과 관련이 있거나 학생들이 단원 학습 과정에서 반드시 습득해야 하는 핵심 지식과 핵심 기능에 대한 평가 계획을 수립하도록 유의해야 한다.

제3절 ┃ 교육과정 재구성 사례[1]

1 ▶▶ 개요

주제	더불어 함께 사는 세상	학년(군)	5∼6학년
관련 교과	교과내 (　　)　　　교과통합 (○)	관련 유형	이해중심 교육과정
성취기준	[6국01–07] 상대가 처한 상황을 이해하고 공감하며 듣는 태도를 지닌다. [6사08–06] 지속가능한 미래를 건설하기 위한 과제(친환경적 생산과 소비 방식 확산, 빈곤과 기아 퇴치, 문화적 편견과 차별 해소 등)를 조사하고, 세계시민으로서 이에 적극 참여하는 방안을 모색한다. [6도02–03] 봉사의 의미와 중요성을 알고, 주변 사람의 처지를 공감하여 도와주려는 실천 의지를 기른다. [6실01–04] 건강한 가정생활을 위해 가족 구성원의 다양한 요구에 대하여 서로 간의 배려와 돌봄이 필요함을 이해한다. [6체03–08] 네트형 경쟁 활동에 참여하면서 다른 사람들의 입장을 이해하고 공감하며 게임을 수행한다.		
교육과정 유형과 수업 구성 방향	〈교육과정 유형과 수업 접목〉 • 이해중심 교육과정에서는 단원 설계의 목적을 학생들의 영속한 이해(enduring understanding)로 설정하고, 이러한 단원 목표를 실현하기 위하여, 단원 설계의 절차를 '바라는 결과의 확인(목표 설정)', '수용 가능한 증거 결정(평가 계획)', '학습 경험과 수업 계획(수업 계획)'으로 제시한다. 2015 개정 초등학교 교육과정의 5–6학년군 각론 교육과정의 성취기준을 분석한 결과, 국어, 사회, 도덕, 실과, 체육의 5개 교과에서 '공감'이라는 공통 요소를 발견하였다. 이에 '더불어 함께 사는 세상'이라는 주제를 기반으로 21차시 분량의 단원 설계를 시도하였다. • '목표 설정' 단계에서는 성취기준을 기반으로 통합 단원 '더불어 함께 사는 세상'을 설정, 6가지 이해의 측면을 고려한 후 본질적인 질문, 간학문적 지식 및 핵심 지식, 간학문적 기능 및 핵심 기능을 선정하였다. • '평가 계획' 단계에서는 GRASPS 기법을 활용하여 두 개의 수행 과제 '공감 광고 만들기', '더불어 함께 사는 세상 기사 만들기'를 개발하고, 각각의 평가 루브릭을 제시하였다. • '수업 계획' 단계에서는 WHERETO 요소에 따라 수업을 설계하고 주요 교수–학습 활동을 개발하였다. 이후 최종적인 백워드 설계 탬플릿을 제안하였다.		
재구성을 통한 기대 효과	• 이해중심 교육과정을 기반으로 계획된 수업 및 평가 계획에 따라 학생들은 빅 아이디어에 기초하여 영속적인 이해를 추구하고, 최종적으로는 학생들이 학습한 지식을 실제 상황에 적용하여 해결책을 찾는 능력을 기를 수 있을 것으로 기대한다.		

---

1 박일수(2017). '백워드 설계 모형을 활용한 간학문적 통합 단원 설계'를 재구성한 것임.

성취기준 분석

성취기준	핵심개념	일반화된 지식	학년군별 내용요소 (학습요소)	기능
[6국01-07] 상대가 처한 상황을 이해하고 공감하며 듣는 태도를 지닌다.	듣기·말하기의 태도	듣기·말하기의 가치를 인식하고 공감·협력하며 소통할 때 듣기·말하기를 효과적으로 수행할 수 있다.	공감하며 듣기 (공감하여 듣는 태도 갖기)	• 경청·공감하기 • 상호 교섭하기 • 점검·조정하기
[6사08-06] 지속가능한 미래를 건설하기 위한 과제(친환경적 생산과 소비 방식 확산, 빈곤과 기아 퇴치, 문화적 편견과 차별 해소 등)를 조사하고, 세계시민으로서 이에 적극 참여하는 방안을 모색한다.	현대의 사회 변동	사회 변동 양상에 대한 정확한 이해와 대응을 통해 지속가능한 사회가 실현된다.	지속가능한 미래 (지속가능한 미래, 세계시민의 자세)	• 조사하기 • 참여하기
[6도02-03] 봉사의 의미와 중요성을 알고, 주변 사람의 처지를 공감하여 도와주려는 실천 의지를 기른다.	배려	가족 및 주변 사람들과 더불어 살아가기 위해 서로 존중하고 예절을 지키며 봉사와 협동을 실천한다.	서로 생각이 다를 때 어떻게 해야 할까? (공감, 존중) 우리는 남을 왜 도와야 할까? (봉사)	• 도덕적 대인 관계능력 • 도덕적 정서 능력
[6실01-04] 건강한 가정생활을 위해 가족 구성원의 다양한 요구에 대하여 서로 간의 배려와 돌봄이 필요함을 이해한다.	관계	가족의 중요성에 대한 이해와 바람직한 의사소통으로 비롯되는 친밀한 가족 관계는 가족의 건강함을 유지시킨다.	가족의 요구 살피기와 돌봄 (배려와 돌봄의 필요성)	• 계획하기 • 실천하기 • 제안하기 • 실행하기 • 추론하기
[6체03-08] 네트형 경쟁 활동에 참여하면서 다른 사람들의 입장을 이해하고 공감하며 게임을 수행한다.	경쟁·협동 수행 대인관계	대인 관계 능력은 공정한 경쟁과 협력적 상호 작용을 통해 발달된다.	네트형 게임의 방법과 기본 전략 배려	• 협력하기 • 의사소통하기 • 경기수행하기

수업 설계

차시	본질적 질문 및 평가 주제	학습 경험 및 수업 계획
1~2	왜 사람들은 공감하지 못하는가?	• 층간 소음 문제에 대한 동영상 시청하기 • 주변 사람들의 처지와 입장을 공감하여 들었는지 반성하기 • 공감하며 듣는 방법 및 태도 학습하기
3	타인의 감정을 이해하고 존중해야 하는 이유는 무엇인가?	• 빈곤과 기아에 시달리고 있는 동영상 시청하기 • 타인의 감정을 이해하고 존중해야 하는 이유에 대한 토의 및 발표
4	타인의 감정을 헤아리면서 살 수 있는 방법은 무엇인가?	• 타인의 감정을 헤아리면서 살아가는 방법에 대한 토의 및 발표 • 타인의 감정을 헤아리면서 실천하고 있는지 반성하기
5~6	지속가능한 미래는 무엇인가?	• 지속가능한 미래를 건설하기 위한 과제(친환경 생산과 소비, 빈곤과 기아, 문화 편견 및 차별 해소 등) 살펴보기 • 지속가능한 미래의 개념 및 필요성 이해하기
7~9	[수행 과제] 공감 광고 만들기	• 공감 광고 만들기 유의사항 및 루브릭 설명 • 공감 광고 만들기/ 발표하기
10~15	상대방을 배려하며 게임을 해야 하는 이유는 무엇인가?	• 네트형 게임의 종목 설명 및 규칙 알기 • 네트형 게임의 기본 기능 연습하기 • 네트형 게임의 기본 전략 익히기
16	동일한 사건 및 현상에 대해서 사람들은 왜 다른 감정을 갖는가?	• 상대가 처한 상황을 이해하며 공감하여 듣기의 중요성 파악하기 • 공감하여 들은 내용 발표하기
17	[수행 과제] '더불어 함께 살아가는 세상' 신문 기사 만들기	• 신문 기사 만들기 유의사항 및 루브릭 설명 • 신문 기사 계획서 만들기
18~19	일상생활에서 타인의 마음과 입장을 헤아리면서 실천하고 있는가?	• 가족 간에 원만하고 친밀하게 지낼 수 있는 방법 토의 및 발표 • 건강한 가정생활을 위해 가족 간 배려와 봉사한 사례 찾기
19~20	타인의 감정을 헤아리면서 살 수 있는 방법은 무엇인가?	• 봉사의 의미, 중요성, 실천 방법 정리하기 • 다른 사람의 입장을 배려하며 생활했는지 반성하기
21	수행 과제 발표 및 '공감'의 실천 의지 다지기	• '더불어 함께 사는 세상' 신문 기사 최종 선정하기 • '더불어 함께 사는 세상'을 위한 실천 의지 형성하기

통합 단원 설정

통합 단원의 공통 요소는 '공감'이며, 영속한 이해는 '인간에 대한 공감적 이해를 바탕으로 삶의 의미와 가치를 발견하고 향유한다'와 '사람들은 상대방의 감정을 헤아리며 생활한다'로 설정하였다. 이러한 의미가 내포될 수 있는 방향으로 통합 단원명을 '더불어 함께 사는 세상'으로 설정하였다.

이해의 측면 설정하기

간학문적 통합 단원의 하위 목표로써 여섯 가지 이해의 측면을 설정한다. 아래의 여섯 가지 이해의 측면을 고려하여 '더불어 함께 사는 세상'에 대한 이해의 측면을 간학문적 통합의 공통 요소인 '공감'에 기초하여 개발한다.

표 5.7 '더불어 함께 사는 세상' 통합 단원의 6가지 이해의 측면

이해의 측면	학생들이 이해해야 할 것(공통 요소: 공감)
설명	인간에 대한 공감적 이해가 중요함을 설명한다.
해석	상대방을 공감하고 배려하는 생활이 가치 있다는 것을 이해한다.
적용	타인의 입장을 이해하고 공감하며 생활한다.
관점	사람들은 과거 경험과 가치관에 기초하여 감정 이입을 한다.
공감	상대방이 처한 상황을 이해하고, 그 마음을 헤아린다.
자기지식	주변 사람들의 처치와 입장에 공감하며 생활하고 있는지 반성한다.

포괄적인 본질적 질문 개발

본질적 질문(essential question)은 간학문적 통합 단원에서 학생들이 스스로 의미를 구성할 수 있는 방향으로 진술한다. 본질적 질문은 간학문적 단원 전체를 구조화하고, 학생들의 탐구와 진정한 이해에 기여하는 역할을 한다. 본질적 질문

은 포괄적인 질문과 제한적인 질문으로 구분된다. 포괄적인 질문은 특정 교과의 단원에 한정하지 않고 광범위한 내용을 다루는 질문이며, 제한적인 질문은 개별 단원 또는 주제를 해결하는 데 사용되는 질문이다.

간학문적 통합은 서로 다른 공통 요소에 의하여 단원을 통합하기 때문에 포괄적인 질문이 적합하다. '더불어 함께 사는 세상'에 관한 본질적인 질문은 '공감 능력'에 기초하여 다음과 같이 개발하였다.

표 5.8 '더불어 함께 사는 세상'의 본질적인 질문

포괄적인 본질적 질문
왜 사람들은 공감하지 못하는가?
타인의 감정을 이해하고 존중해야 하는 이유는 무엇인가?
타인의 감정을 헤아리면서 살 수 있는 방법은 무엇인가?
동일한 사건 및 현상에 대하여 사람들은 왜 서로 다른 감정을 갖는가?
일상생활에서 타인의 마음과 입장을 헤아리면서 실천하고 있는가?

간학문적 지식 및 핵심 지식 선정

단원 설계자는 영속한 이해와 여섯 가지 이해의 측면, 본질적 질문을 달성하는 데 핵심적인 지식을 선정한다. 핵심 지식은 단원에서 학생들이 습득해야 하는 사실과 기본 개념이다. 2015 개정 각론 교육과정의 '학년(군)별 내용 요소'가 핵심 지식에 해당한다. 또한 5개 교과에서 공통적으로 발견되는 간학문적 지식으로 '공감의 중요성'을 선정하였다.

표 5.9 '더불어 함께 사는 세상' 단원의 간학문적 지식과 핵심 지식

간학문적 지식		공감의 중요성
핵심 지식	국어	상대가 처한 상황 이해하기, 공감하며 듣는 태도
	사회	지속가능한 미래, 친환경적 생산과 소비, 빈곤과 기아, 문화적 편견과 차별 해소, 세계 시민의 자세, 현대 사회의 변화
	도덕	봉사의 의미와 중요성, 봉사의 모범 사례
	실과	건강한 가정 생활, 가족 구성원의 요구, 배려와 돌봄의 필요성
	체육	네트형 경쟁의 의미, 기본 기능, 방법과 기본 전략, 배려

간학문적 기능 및 핵심 기능 선정

단원 설계자는 영속한 이해와 여섯 가지 이해의 측면, 본질적 질문을 달성하는데 필요한 핵심 기능을 선정한다. 핵심 기능은 단원에서 학생들이 습득해야 하는 기술과 절차를 의미한다. 2015 개정 각론 교육과정의 '기능'이 핵심 기능에 해당된다.

'더불어 함께 사는 세상'은 간학문적 통합 단원이기 때문에, 핵심 기능과 함께 5개 교과에서 공통적으로 발견되는 간학문적 기능을 선정해야 한다. '더불어 함께 사는 세상' 단원의 간학문적 기능과 핵심 기능은 다음과 같다.

표 5.10 '더불어 함께 사는 세상' 단원의 간학문적 기능과 핵심 기능

간학문적 기능		경청하기, 공감하기, 협력하기			
핵심 기능	국어	• 맥락 이해·활용하기 • 자료·매체 활용하기 • 평가·감상하기	• 청자 분석하기 • 표현·전달하기 • 경청·공감하기	• 내용 생성하기 • 내용 확인하기 • 상호 교섭하기	• 내용 조직하기 • 추론하기 • 점검·조정하기
	사회	• 조사하기 • 비교하기 • 존중하기 • 분석하기 • 비평하기 • 참여하기			

	도덕	• 도덕적 대인관계능력
		  – 경청·도덕적 대화하기 – 타인 입장 이해·인정하기
		  – 약속 지키기 – 감사하기
		• 도덕적 정서 능력
		  – 도덕적 민감성 갖기 – 공감 능력 기르기 – 다양성 수용하기			

	실과	• 탐색하기 • 계획하기 • 실천하기 • 조작하기 • 활용하기 • 적용하기 • 종합하기 • 평가하기 • 제안하기 • 설계하기 • 제작하기 • 실행하기 • 판단하기 • 조사하기 • 추론하기			
	체육	• 분석하기 • 협력하기 • 의사소통하기 • 경기 수행하기			

4 ▶▶ ● 수용 가능한 증거 설정(평가 계획)

수행 과제 개발

이해중심 교육과정에서는 '수행으로서의 이해'를 추구한다. 따라서 이해의 증거
는 수행 과제 또는 프로젝트 과제 형태로 나타난다. Wiggins와 McTighe(2004)는 아
래와 같이 수행 과제 개발을 위한 GRASPS 기법을 다음과 같이 제시하였다.

표 5.11 수행 과제 개발을 위한 GRASPS 기법

GRASPS 요소	정의
목표(G: Goal)	수행 과제 목표 기술
역할(R: Role)	수행 과제 수행자 역할 제시
대상(A: Audience)	수행 과제 대상
상황(S: Situation)	수행 과제의 맥락 및 상황조건 설명
수행(P: Performance)	결과물 제작 형식
기준(S: Standard)	수행 과제에 포함되어야 할 것

영속한 이해, 여섯 가지 이해의 측면, 본질적 질문을 포괄하고, 핵심 지식과
핵심 기능이 활용될 수 있는 방향으로 수행 과제를 개발하였다. 여기서는
GRASPS 기법을 활용하여 다음과 같이 2개의 수행 과제를 개발하였다.

그림 5.7 GRASPS 기법을 활용한 '더불어 함께 사는 세상' 단원의 수행 과제 개발

수행과제1: 공감 광고 만들기(광고 만들기)

- 목표(G: goal): 과제는 공감 공익 광고를 만드는 것이다.
- 역할(R: role): 여러분은 광고 제작자이다.
- 관객(A: audience): 대상은 광고 시청자이다.
- 상황(S: situation): 최근 타인을 마음을 헤아리지 못한 사건과 사고가 끊임없이 발생되고 있다. 여러분들은 이러한 문제점을 대중에게 알리고, 타인의 감정과 입장을 헤아리면서 함께 살아가는 세상을 만들기 위한 공감 공익 광고를 준비하고 있다.
- 수행(P: performance): 스마트 기기를 활용하여 1분 내외의 분량으로 광고를 제작하여 발표한다.
- 기준(S: standard): 광고를 제작하여 발표할 때에는 다음이 포함되어야 한다.
  - 우리 주변에서 보고 듣고 경험한 소재를 활용하여 공감 광고를 제작해야 한다.
  - 시청자들이 광고를 보고 공감의 중요성과 실천 의지를 형성할 수 있도록 내용을 구성해야 한다.
  - 신문 기사, 인터넷 광고 등을 참고해서 광고를 제작해도 되지만, 저작권에 유의한다.
  - 공익 광고의 특성에 맞게, 자극적인 소재를 피하고 감동이 있는 소재를 적극 활용한다.
  - 광고 발표회 때에 광고 제목, 광고 제작 이유, 역할 분담, 광고 만든 소감 등을 함께 제출한다.

수행과제2: '더불어 함께 살아가는 삶' 투고하기(신문 기사 쓰기)

- 목표(G; goal): 과제는 신문의 독자란에 신문기사를 투고하는 것이다.
- 역할(R: role): 여러분들은 신문 기사 투고자이다.
- 관객(A: audience): 대상은 신문사 편집장이다.
- 상황(S: situation): 내가 구독하는 신문에는 '더불어 함께 살아가는 삶'이라는 코너가 있다. 이 코너는 구독자들이 투고한 내용을 선별하여 매주 1편씩 기사가 소개된다. 내 주변에는 다른 사람의 처지와 입장을 고려하여 도와주는 사람이 있다. 이 사람의 선행을 알리기 위하여 신문사에 기사를 투고하려 한다.
- 수행(P: performance): 우리 주변에서 타인의 입장과 처지를 공감하여 도와준 사례를 조사하여 신문 기사를 작성한다.
- 기준(S: standard): 신문 기사를 작성할 때에는 다음을 고려해야 한다.
  - 가족, 이웃, 친구 등과 같이 우리 주변에서 친숙하게 접할 수 있는 사람들의 실제 사례를 관찰 또는 조사하여 신문 기사를 작성해야 한다.
  - 신문 기사의 형식(제목, 내용, 투고자)과 특징(육하원칙, 사실성, 시사성)에 유의하여 투고해야 한다.
  - 주변 사람의 처지를 공감하여 도와주려는 실천 의지를 기를 수 있도록 신문 기사를 작성한다.

루브릭 개발

단원 설계자는 수행 과제의 타당도와 신뢰도를 확보하기 위하여 평가 준거 또는 루브릭(rubric)을 개발한다. 루브릭은 수행 과제의 양이 아닌 질을 판단하는 데 기여해야 한다. 루브릭에는 총체적 루브릭과 분석적 루브릭이 있다. 총체적 루브릭은 수행 과제에 대한 단일 점수를 산출하거나 결과나 수행의 등급을 부여할 때 활용된다. 분석적 루브릭은 학생들의 수행 결과를 상세하고 분석적으로 활용할 때 사용된다.

학생들의 수행 결과를 상세하고 분석적으로 판단하기 위하여 모두 분석적 루브릭을 활용하여 수행 과제의 질을 판단하도록 하였다. 두 가지 수행 과제에 대한 분석적 루브릭은 다음과 같다.

표 5.12 '수행 과제1'에 대한 분석적 루브릭

점수	광고 내용	광고 소재	공감 실천	광고 형식
3	• 감동적인 소재를 활용하여 시청자들이 공감의 중요성을 이해하고, 공감 관련 실천 의지를 가질 수 있는 광고를 만든다.	• 저작권에 유의하며, 지구촌 사회 또는 우리 생활 주변에서 공감과 관련된 소재를 활용하였다.	• 광고를 제작하는 과정에서 배려, 소통, 협력의 필요성을 알고, 이를 적극적으로 실천하여 공감의 중요성을 알게 되었다.	• 광고 분량이 적절하고, 사회상과 시대상을 반영하여 공익광고의 목적, 형식, 특징에 부합하게 광고를 제작하였다.
2	• 시청자들이 공감의 중요성과 실천 의지를 가질 수 있는 광고를 만든다.	• 지구촌 사회 또는 우리 생활 주변에서 공감과 관련된 소재를 활용하였다.	• 광고를 제작하는 과정에서 배려, 소통, 협력의 필요성을 알고, 이를 실천하여 공감의 중요성을 알게 되었다.	• 광고 분량이 적절하고, 목적, 형식, 특징에 유의하여 광고를 제작하였다.
1	• 공감을 소재로 하여 공익 광고를 만든다.	• 지구촌 사회 또는 우리 생활 주변의 소재를 활용하였다.	• 광고 제작 과정에서 배려, 소통, 협력이 필요함을 알고 있으나, 공감 실천을 하지 못하였다.	• 공익광고의 목적, 형식, 특징에 유의하여 광고를 제작하였으나, 광고 분량이 적절하지 않다.

표 5.13 '수행 과제2'에 대한 분석적 루브릭

점수	제목과 내용의 일관성	투고 형식	자료 조사	기사 내용
3	• 기사 제목이 독자들의 이목을 끌 수 있는 방향으로 제시되었으며, 기사 내용과 어울린다.	• 사실성과 시사성 및 읽는 사람을 고려하여 기사를 작성하였으며, 투고자의 이름, 연락처, 동의서를 작성하였다.	• 다른 사람의 입장과 처지를 공감하며, 우리 주변에서 친숙하게 접할 수 있는 사람들의 이야기를 구체적으로 조사하였다.	• 독자들이 주변 사람의 처지를 공감하여 도와주려는 실천 의지를 기를 수 있는 방향으로 기사를 작성하였다.
2	• 기사 제목과 기사 내용이 어울린다.	• 사실성과 읽는 사람을 고려하여 기사를 작성하였으며, 투고자의 이름, 연락처, 동의서를 작성하였다.	• 다른 사람의 입장과 처지를 공감하며, 살아가는 우리 주변에서 접할 수 있는 사람들의 이야기를 조사하였다.	• 독자들이 주변 사람의 처지를 공감하는 것이 필요하다는 것을 알 수 있도록 기사를 작성하였다.
1	• 기사 제목과 기사 내용이 어울리지 않는다.	• 읽는 사람을 고려하여 기사를 작성하였으며, 투고자의 이름, 연락처, 동의서를 작성하였다.	• 주변에서 접할 수 있는 사람들의 이야기를 조사하였다.	• 독자들이 주변 사람에 대한 관심이 필요하다는 것을 알 수 있도록 기사를 작성하였다.

기타 증거 자료 수집 계획

단원 설계자는 수행 과제 해결과 관련이 있거나 학생들이 학습 과정에서 습득해야 하는 핵심 지식과 핵심 기능에 대한 평가 계획을 수립해야 한다. Wiggins와 McTighe(2004)는 수행 과제 이외의 평가 방법을 기타 증거 자료 수집으로 명명하였다. '더불어 함께 사는 세상' 단원의 기타 증거 자료 수집 방법으로 서술형·논술형 평가, 관찰평가, 토의/토론법, 구술평가, 자기평가를 활용하였다. '더불어 함께 사는 세상' 통합 단원의 기타 증거 자료는 다음과 같다.

표 5.14 '더불어 함께 사는 세상' 단원의 기타 증거 자료

평가방법	평가내용
서술형·논술형 평가	• 지속가능한 미래를 건설하기 위한 방안 글쓰기 • 가족의 요구 조사 및 배려와 돌봄 계획 세우고 실천하기
관찰 평가	• 네트형 경쟁 게임 운동 수행 능력 및 타인 배려
토의/토론	• 사람들이 공감을 하지 못하는 이유 및 실천 정도가 다른 이유
구술 평가	• 타인의 감정을 헤아리면서 살 수 있는 방법 말하기 • 봉사의 의미, 중요성, 실천 방법 말하기 • 타인의 감정 이해 및 존중의 필요성 말하기
자기 평가	• 공감하며 생활하는 태도 • 봉사와 협동 실천 기록표

5 ▶▶ 학습 경험과 수업 계획

학습 경험 및 수업 설계

이해중심 교육과정은 단원 설계에 적합한 수업 설계 모형이다. 따라서 학습 경험과 수업 계획이 차시를 중심으로 구성되기보다는 단원의 전체적인 흐름, 즉 개관 형태로 이루어진다. Wiggins와 McTighe(2005)는 수업 설계에 대한 문헌을 종합적으로 검토한 결과 효과적이고 매력적인 수업 설계에서 공통적으로 발견되는 요소를 'WHERETO'로 제시하였다.

단원 설계자는 학습 경험과 수업을 설계한 후 이들 개별 교수−학습 활동들이 WHERETO의 요소와 어떻게 관련되는지 확인한다. 이것은 학습 경험과 수업 설계가 단원 목표 및 평가 계획과 일관성이 있는지를 확인하는 데 도움이 된다. 학습 경험과 수업 설계가 목표와 평가에 부합하지 않는다면 단원 설계자는 학습 경험과 수업 설계를 수정해야 한다.

표 5.15 WHERETO 요소

요소	설명
W	목표 제시 및 목표 확인(Where are we going? What? Why?)
H	동기유발 및 관심 유지(Hook the student)
E1	핵심 개념 및 주제 탐구(Explore and Equip)
R	자기 평가 기회 제공(Rethink and Revise)
E2	과제 발표 및 평가(Evaluate)
T	학생 개개인의 재능, 흥미, 요구 반영(Tailor)
O	수업 내용의 조직화 및 계열화(Organize and sequence)

　　이해중심 교육과정을 기반으로 하는 수업 설계에서는 '더불어 함께 사는 세상' 단원의 총 수업 시수를 21시간으로 설정하였다. 영속한 이해, 본질적인 문제, 핵심 지식과 기능을 달성하기 위한 총 62개의 교수-학습 활동은 다음과 같이 설계되었다.

표 5.16 '더불어 함께 사는 세상' 단원의 학습 경험과 수업 계획

학습 경험 및 수업 계획	W	H	E1	R	E2	T	O
1. 층간 소음 문제에 대한 동영상 시청하기		○					
2. 왜 사람들은 공감하지 못하는가?　　　　[본질적 질문]	○						
3. 공감을 하지 못하는 이유에 대한 토의 및 발표 〈관찰평가〉			○		○		
4. 상대가 처한 상황을 이해하는 방법 알기			○				○
5. 공감하며 들어야 하는 상황 제시		○					
6. 공감하며 듣는 방법 및 태도 학습하기			○				
7. 주변 사람들의 처지와 입장을 공감하여 들었는지 반성하기 〈자기평가〉			○	○	○		○
8. 빈곤과 기아에 시달리고 있는 동영상 시청하기		○					
9. 타인의 감정을 이해하고 존중해야 하는 이유는 무엇인가? [본질적 질문]	○						

학습 경험 및 수업 계획	W	H	E1	R	E2	T	O
10. 타인의 감정을 이해하고 존중해야 하는 이유에 대한 토의 및 발표			○		○		
11. 타인의 감정 이해 및 필요성 정리하기 〈구술평가〉					○		○
12. 타인의 감정을 헤아리면서 살 수 있는 방법은 무엇인가? [본질적 질문]	○						
13. 타인의 감정을 헤아리면서 살아가는 방법에 대한 토의 및 발표			○				
14. 타인의 감정을 헤아리면서 실천하고 있는지 반성하기 〈자기평가〉			○	○	○		○
15. 지속가능한 미래는 무엇인가?		○					
16. 지속가능한 미래의 개념 및 필요성 이해하기			○				
17. 지속가능한 미래에서 삶의 태도의 중요성 알기	○		○				○
18. 지속가능한 미래를 건설하기 위한 과제(친환경 생산과 소비, 빈곤과 기아, 문화 편견 및 차별 해소 등) 살펴보기			○				
19. 지속가능한 미래 건설을 위한 지구촌의 문제 조사하기			○				
20. 지속가능한 미래 건설을 위한 지구촌의 문제 발표하기			○				○
21. 공감 광고 만들기 '수행 과제' 제시 [수행과제 제시]	○						
22. 공감 광고 만들기 유의사항 및 루브릭 설명		○	○				
23. 공감 광고 만들기 계획서 만들기		○		○		○	○
24. 공감 광고 제작을 위한 자료 수집하기			○	○		○	
25. 공감 광고 영상 편집 및 시연			○	○		○	
26. 공감 광고 발표하기 〈수행 과제 평가〉			○			○	
27. 지속 가능한 미래 건설을 위한 글쓰기 〈서술형·논술형 평가〉			○				○
28. 상대방을 배려하며 게임을 해야 하는 이유는 무엇인가?	○	○					
29. 네트형 게임의 종류 말하기		○					
30. 네트형 게임의 종목 설명 및 규칙 알기			○				
31. 네트형 게임할 때의 주의할 점 알기			○				○
32. 네트형 게임의 기본 기능 연습하기(1)			○	○			○
33. 네트형 게임의 기본 기능 연습하기(2)			○	○			○

학습 경험 및 수업 계획	W	H	E1	R	E2	T	O
34. 네트형 게임의 기본 전략 익히기(1)			○	○			○
35. 네트형 게임의 기본 전략 익히기(2)			○	○			○
36. 네트형 게임하기 〈관찰평가〉			○				
37. 다른 사람의 입장을 배려하며 게임했는지 반성하기 〈자기평가〉			○	○	○		○
38. 동일한 사건 및 현상에 대해서 사람들은 왜 다른 감정을 갖는가? [본질적 질문]	○						
39. 상대가 처한 상황을 이해하며 공감하여 듣기의 중요성 파악하기			○				
40. 공감하여 들은 내용 발표하기			○			○	○
41. 일상생활에서 타인의 마음과 입장을 헤아리며 실천하고 있는가? [본질적 질문]	○						
42. '더불어 함께 살아가는 세상' 신문 기사 만들기 '수행 과제' 제시 [수행 과제]	○		○				
43. 신문 기사 만들기 유의사항 및 루브릭 설명			○				
44. 신문 기사 계획서 만들기			○	○		○	○
45. 가족 간에 원만하고 친밀하게 지내는 동영상 시청하기			○				
46. 가족 간에 원만하고 친밀하게 지낼 수 있는 방법 토의 및 발표			○	○		○	
47. 건강한 가정생활을 위한 가족 구성원의 요구 조사 계획하기			○				○
48. 건강한 가정생활을 위한 가족 구성원에게 필요한 것 발표하기			○				
49. 건강한 가정생활을 위해 가족 간 배려와 봉사한 사례 찾기			○				
50. 가족 간 배려와 봉사한 사례 발표하기			○				
51. 가족의 요구 조사를 바탕으로 돌봄과 배려 계획 세우기 〈서술형·논술형 평가〉			○				○
52. 가족 간의 돌봄과 배려 계획 실천 결과 발표하기 〈서술형·논술형 평가〉			○				
53. 봉사의 의미와 중요성 알아보기			○				

학습 경험 및 수업 계획	W	H	E1	R	E2	T	O
54. 봉사 활동 실천 방안 토의 및 발표하기			○				
55. 봉사의 의미, 중요성, 실천방법 정리하기 〈구술평가〉			○				
56. 주변에서 봉사와 배려심이 있는 사람 조사하기			○				○
57. 봉사와 배려심이 있는 사람 발표하기			○				
58. 봉사를 실천하는 마음 갖기			○			○	
59. 다른 사람의 입장을 배려하며 생활했는지 반성하기 〈자기 평가〉			○		○	○	○
60. '더불어 함께 사는 세상' 신문 기사 전시하기	○		○		○		
61. '더불어 함께 사는 세상' 신문 기사 최종 선정하기		○	○				
62. '더불어 함께 사는 세상'을 위한 실천 의지 형성하기			○	○	○	○	○

'더불어 함께 사는 세상' 통합 단원 UbD

'더불어 함께 사는 세상' 통합 단원에 대한 최종적인 백워드 설계 템플릿은 다음과 같다.

그림 5.8 '더불어 함께 살아가는 삶' 통합 단원에 대한 백워드 설계 템플릿

1단계: 바라는 결과의 확인

설정된 목표(G)

• 인간에 대한 공감적 이해를 바탕으로 삶의 의미와 가치를 발견하고 향유한다.
• 사람들은 상대방의 감정을 헤아리며 생활한다.
[6국01-07] 상대가 처한 상황을 이해하고 공감하며 듣는 태도를 지닌다.
[6사08-06] 지속가능한 미래를 건설하기 위한 과제(친환경적 생산과 소비 방식 확산, 빈곤과 기아 퇴치, 문화적 편견과 차별 해소 등)를
　　　　　 조사하고, 세계시민으로서 이에 적극 참여하는 방안을 모색한다.
[6도02-03] 봉사의 의미와 중요성을 알고, 주변 사람의 처지를 공감하여 도와주려는 실천 의지를 기른다.
[6실01-04] 건강한 가정생활을 위해 가족 구성원의 다양한 요구에 대하여 서로 간의 배려와 돌봄이 필요함을 이해한다.
[6체03-08] 네트형 경쟁 활동에 참여하면서 다른 사람들의 입장을 이해하고 공감하며 게임을 수행한다.

이해(U)

• 인간에 대한 공감적 이해가 중요함을 설명한다.
• 상대방을 공감하고 배려하는 생활이 가치 있다는 것을 이해한다.
• 타인의 입장을 이해하고 공감하며 생활한다.
• 사람들은 과거 경험과 가치관에 기초하여 감정 이입을 한다.
• 상대방이 처한 상황을 이해하고, 그 마음을 헤아린다.
• 주변 사람들의 처지와 입장에 공감하며 생활하고 있는지 반성한다.

본질적 질문(Q)

• 타인의 감정을 이해하고 존중해야 하는 이유는 무엇인가?
• 타인의 감정을 헤아리면서 살 수 있는 방법은 무엇인가?
• 일상생활에서 타인의 마음과 입장을 헤아리면서 실천하고 있는가?
• 동일한 사건 및 현상에 대하여 사람들은 왜 서로 다른 감정을 갖는가?
• 왜 사람들은 공감하지 못하는가?

핵심 기능(S)

■ 경청하기, 공감하기, 협력하기(간학문적 기능)
　• 경청 · 공감하기　　• 상호 교섭하기　　• 감사하기
　• 점검 · 조정하기　　• 조사하기
　• 참여하기　　　　　• 경청 · 도덕적 대화하기
　• 타인 입장 이해　　• 인정하기
　• 공감 능력 기르기　• 다양성 수용하기
　• 계획하기　　　　　• 실천하기
　• 제안하기　　　　　• 실행하기
　• 추론하기　　　　　• 협력하기
　• 의사소통하기　　　• 경기수행하기

핵심 지식(K)

■ 공감의 중요성(간학문적 지식)
　• 상대가 처한 상황 이해하기　• 공감하며 듣는 태도
　• 지속가능한 미래　　　　　• 친환경적 생산과 소비
　• 문화적 편견과 차별 해소　　• 빈곤과 기아
　• 세계 시민의 자세　　　　　• 현대 사회의 변화
　• 봉사의 의미와 중요성　　　• 봉사의 모범 사례
　• 건강한 가정 생활　　　　　• 가족 구성원의 요구
　• 배려와 돌봄의 필요성　　　• 네트형 경쟁의 의미
　• 네트형 경쟁의 기본 기능　　• 배려
　• 네트형 경쟁의 게임 방법과 기본 전략

2단계: 수용 가능한 증거 결정

수행과제(T)

■ 최근 타인의 마음을 헤아리지 못한 사건과 사고가 끊임없이
　발생되고 있다. 여러분들은 이러한 문제점을 대중에게 알리고,
　타인의 감정과 입장을 헤아리면서 함께 살아가는 세상을 만들기
　위한 공감 공익 광고를 제작한다.
　• 평가준거: 광고 내용, 광고 소재, 공감 실천, 광고 형식
■ 우리 주변에서 타인의 입장과 처지를 공감하여 도와준 사례를
　조사하여 신문 기사를 작성한다.
　• 평가준거: 제목과 내용의 일관성, 투고형식, 자료조사, 기사
　　내용

기타 다른 증거(OE)

• 지속가능한 미래를 건설하기 위한 방안 글쓰기
• 가족의 요구 조사 및 배려와 돌봄 계획 세우고 실천하기
• 네트형 경쟁 게임 운동 수행 능력 및 타인 배려
• 사람들이 공감을 하지 못하는 이유 및 실천 정도가 다른 이유
• 타인의 감정을 헤아리면서 살 수 있는 방법 말하기
• 봉사와 의미, 중요성, 실천방법 말하기
• 타인의 감정 이해 및 존중의 필요성
• 공감하여 생활하는 생활 태도 반성
• 봉사와 협동 실천 기록표

3단계- 학습경험과 수업 계획

• 상대가 처한 상황 이해, 공감하여 듣기
• 지속가능한 미래의 개념, 지속가능한 미래의 과제 및 해결방안 발표
• 네트형 게임의 종류, 규칙, 기본 기능, 전략, 게임, 배려하기
• 가족 간에 건강하고 화목하게 지내기, 가족 간 요구 조사, 가족의 돌봄과 배려
• 봉사의 의미와 중요성, 봉사 실천하기, 봉사 모범 사례 찾기, 공감하는 생활 반성
• 신문 기사 전시하기, 신문 기사 선정하기, 공감하는 마음을 갖고 생활하기
• 타인의 감정 이해 및 존중 이유, 공감 방법, 공감 실천 반성
• 공감 광고 만들기 제시, 제작, 발표, 글쓰기
• 공감하여 듣기, 공감 사례 발표, 신문 기사 제작 수행 과제 제시

제15장

역량중심 교육을 위한 교육과정 재구성

• 미래는 불확실하고 예측하기 어렵다. 그렇지만 우리는 미래에 대해 대응할
  준비가 되어 있어야 한다. 학교교육을 통해 학생들은 자신의 삶을 꾸려 나
  가고 타인의 삶에도 기여할 수 있도록 하는 목적의식과 자기주도성, 그리고
  미래 사회를 살아가는 데 있어 필요로 하는 역량을 함양할 수 있어야 한다.

  - Andreas Schleicher(1964~)

제1절 | 기본 관점

　　교육의 역사를 보았을 때, 학생이 학문적 지식을 습득하고 인지적인 능력을
개발하도록 하는 것은 학교교육 목표로서 가장 중요한 비중을 차지해 왔으며, 교
육받은 사람(the Educated Person)의 모습은 주로 학문적으로 성공한 사람을 의미해
왔다. 규격화와 대량화의 생산 양식에 적합한 인재를 필요로 하던 20세기 산업사
회에서는 주어진 지식의 습득과 기능을 숙달시키기 위한 표준화되고 정형화된 교

육 방식이 적절했다. 그러나 과학기술의 발달과 글로벌 경제 체제가 가속화된 21세기 사회는 불확실성과 모호성 등을 특징으로 하고 있고, 지식을 암기하여 축적하기 위해 힘을 기울이던 인간의 노력을 보다 창의적이고 생산적이며 인간만이 할 수 있는 가치있는 일에 힘을 기울일 수 있도록 하는 환경을 제공하고 있다. 이러한 변화 속에서 사회는 변화에 대응할 수 있는 창의성과 다양성, 유연성을 갖춘 인재를 요구하고 있으며, 이에 따라 학교교육도 학생들의 '역량'을 길러주는 것으로 교육의 방향이 변화해야 한다는 인식이 커지고 있다.

역량을 중심에 두는 교육과정은 인지적인 측면 외에도 실제로 행하는 능력, 기꺼이 하고자 하는 기질, 동기, 태도, 감성, 사회성, 시민성 등의 비인지적 측면을 더욱 부각하고, 전인(全人)으로서의 인간의 고른 모습을 건강한 사회를 이끌어 나가는 역량으로서 강조하고 있다. 즉, 학교교육에서 역량을 강조하는 것은 단지 인지적 측면만이 아니라 비인지적 측면과의 조화로운 발달을 추구하는 것이며, 학생들이 나날이 복잡성을 띠는 사회에 대응하여 자신의 삶을 영위해 나갈 수 있도록 하는 능력을 학교교육이 적극적으로 지원하고자 하는 것이다.

핵심역량은 복잡하게 변화하는 사회 환경에 유연하게 대처하고 삶을 영위해 나가기 위해 필요한 핵심적인 능력으로서 선정된 것으로, 지식, 기능, 태도, 가치 등의 총체이자 학교교육을 통해 길러야 할 일반적이고 필수적이며 보편적 능력에 해당한다. 역량의 개념에는 지식, 기능, 태도 등의 요소가 포함되지만, 단순히 지식을 습득하고 기능을 숙달한 것으로 역량을 갖추었다고 보지는 않는다. 또한 역량은 지식이나 기능과는 달리 역량 그 자체를 가르칠 수 있는 것이 아니라 학생들이 특정 상황이나 맥락 안에서 인지적, 비인지적 요소들을 총 동원하여 문제나 요구를 해결해 나가는 의미 있는 경험들을 통해 함양될 수 있다. 학생이 자기주도성을 가지고 수행해 나가는 과정이 중요시되기 때문에 역량 함양 교육에서는 스스로 기꺼이 하고자 하는 기질과 태도 등과 같은 정의적 특성도 더욱 강조된다.

따라서 핵심역량 함양을 위한 교육과정 재구성에 있어서는 학생들이 수행해야 할 과제를 실제적이고 상황적인 맥락과 함께 구성함으로써 학생들의 도전 정신과 주도성을 끌어낼 수 있어야 한다.

등장 배경

전통적으로 학교교육과 교육과정은 그 자체의 논리적 구조를 갖추었다고 보는 교과의 틀 속에서 학문적 지식을 강조해 왔다. 지식은 학교교육의 중심에 놓였고 교육과정에서는 각 학문의 지식으로서 '무엇'을 가르칠 것인가를 결정하는 것이 주된 관심사였다. 학문적 성격의 지식을 폭넓게 획득하는 데 중점을 두어 온 전통적인 지식 교육은 일상생활을 살아가면서 필요로 하는 삶의 요구나 직업 세계 및 경제적 요구에 대응할 수 있는 실제적인 지식이나 기능 등은 무시해 옴으로써 변화하는 사회와 적절히 연결되지 못했다.

과학기술의 발달 및 세계화의 진전과 함께 온 21세기 사회는 기존의 산업사회를 지배해 오던 확실성이 흐려졌고, 불확실성과 모호성, 복잡성이 지배하는 사회로 변화하고 있다. 현대 사회에서 지식의 변화 속도는 급격해지고 있으며, 지식은 고정불변한 것이라는 통념을 깨고 좀 더 광범위하고 초학문적인 다양한 맥락 속에서 지식의 생성은 계속적으로 이루어지고 있다. 전통적으로 형성되어 있던 분야 간 경계들이 모호해지면서 지식의 경계도 모호해졌고, 기존의 지식 중심의 교육은 학생들이 직면하게 될 불확실한 미래에 적절히 대응하며 살아가는 능력을 길러주는 데 충분하지 않다. 이러한 사회적 변화와 지식 생성 양식의 변화는 위계적으로 구조화되어 있는 분과학문적인 지식을 아는 것보다는 실제적 맥락에서 지식을 활용하고 새로운 지식을 창출해낼 수 있는 능력을 요구하고 있다. 또한 지식을 많이 안다고 해서 반드시 무엇을 할 수 있게 되는 것은 아니라는 전통적 교과 지식 중심 교육이 보인 한계는 학교교육의 방향에도 변화가 필요하다는 인식을 확대하였다.

이렇듯 오늘날 전 세계적으로 학생 역량 함양에 대한 관심이 크게 부각되고 있는 것은 학교교육이 21세기 사회 변화에 따라 요구되는 지식의 성격과 변화하는 사회에 적절히 대응하지 못하고 있다는 문제의식에 터하고 있는 것이다. 학생의 생활과 삶은 그들이 속한 사회적 삶과 분리될 수 없기 때문에 학교교육은 지식이나 교육내용의 사회적 정합성에 무관심 할 수 없다. 미래 사회의 불확실성에 비추어 보면, 학교교육은 확고 불변한 고정된 형태의 지식을 익히게 하는 것을 넘어서서 학생들이 직면하게 될 다양한 상황과 불확실성에 대비하여 학생들이 주체적이고 실천적으로 행동할 수 있는 능력을 길러주는 데 중점을 둘 필요가 있고, 이러한 점에서 역량 함양 교육은 미래를 준비하는 교육으로서 가장 실용적인 대안으로 떠오른 것이다.

이러한 변화의 맥락 속에서 우리나라 교육과정에서도 2015 개정 교육과정의 개정에 있어서 미래사회의 변화에 대응하기 위한 국가·사회적 요구를 반영하여 '창의융합형 인재 양성'을 비전으로 삼고, 미래사회가 요구하는 창의융합형 인재가 갖추어야 할 핵심역량을 다음과 같이 여섯 가지로 선정하고 정의하였다.

┃ 2015 개정 교육과정의 핵심역량 ┃

- 자아정체성과 자신감을 가지고 자신의 삶과 진로에 필요한 기초 능력과 자질을 갖추어 자기주도적으로 살아갈 수 있는 **자기관리 역량**
- 문제를 합리적으로 해결하기 위하여 다양한 영역의 지식과 정보를 처리하고 활용할 수 있는 **지식정보처리 역량**
- 폭넓은 기초 지식을 바탕으로 다양한 전문 분야의 지식, 기술, 경험을 융합적으로 활용하여 새로운 것을 창출하는 **창의적 사고 역량**
- 인간에 대한 공감적 이해와 문화적 감수성을 바탕으로 삶의 의미와 가치를 발견하고 향유하는 **심미적 감성 역량**
- 다양한 상황에서 자신의 생각과 감정을 효과적으로 표현하고 다른 사람의 의견을 경청하며 존중하는 **의사소통 역량**
- 지역·국가·세계 공동체의 구성원에게 요구되는 가치와 태도를 가지고 공동체 발전에 적극적으로 참여하는 **공동체 역량**

위의 핵심역량은 추구하는 인간상을 구현하기 위해 교과교육을 포함한 학교교육 전 과정을 통해 중점적으로 기르고자 하는 역량으로써, 2015 개정 교육과정은 단순한 지식 습득에서 벗어나 실제적인 역량의 함양이 가능하도록 교과 교육과정을 핵심개념 중심으로 구조화하고 협력학습, 토의·토론학습 등의 학생 참여 중심 수업과 과정 중심 평가를 확대하는 등의 수업 방향을 제시하였다. 한편, 2022 개정 교육과정은 교육부에서 2022년 12월 22일에 발표하였는데, 디지털 전환, 환경 및 인구구조의 변화, 상호 존중과 공동체 의식, 맞춤형 교육, 교육과정 자율화와 분권화, 주도적인 삶을 살아가기 위한 능력의 필요성에 대응하기 위한 방향으로 교육과정을 구성하였다. 2022 개정 교육과정은 국가와 사회가 요구하는 바를 반영하여 '포용성과 창의성을 갖춘 주도적인 사람'으로 그 비전을 설정하였고, 2015 개정 교육과정 문서를 계승하는 형태를 보이면서 수정·보완된 역량 함양 교육과정을 표방하였다(교육부, 2021; 교육부, 2022).

2022 개정 교육과정에서 핵심역량 재구조화가 일어났는데, 6개 중 5개의 핵심역량은 유지되었고, 의사소통 역량이 '협력적 소통 역량'으로 수정되면서 다음과 같이 중점적으로 기르고자 하는 바를 제시하였다.

| 2022 개정 교육과정에서 수정된 핵심역량 |
• 다른 사람의 관점을 존중하고 경청하는 가운데 자신의 생각과 감정을 효과적으로 표현하여 상호협력적인 관계에서 공동의 목적을 구현하는 **협력적 소통 역량**

이는 단순한 의사소통을 넘어서서 다른 사람의 관점을 경청하며 상호관계를 바르게 유지해야 한다는 점을 강조하기 위한 것이며(황규호, 2022), 2022 개정 교육과정은 현 시대적 배경과 사회적 요청을 반영하면서도 시대와 사회의 변화와 무관하게 강조되어 온 교육적 가치를 그대로 강조하면서 역량 중심의 교육과정 연속성을 보여 주고 있다.

20세기 말부터 21세기 사회에 적합한 교육의 방향이 무엇인가에 대한 탐색은 꾸준히 이루어져 왔다. 경제협력개발기구(OECD)의 DeSeCo(Definition and Selection of Competencies) 프로젝트나 미국의 21st Century Skills 연구 등은 21세기 학교 교육의 방향 설정에 큰 영향을 미쳤고, 교육 목표의 재구조화나 학습의 개념, 내용, 방법, 평가, 환경 등 학교교육 변화의 중심에 미래 사회가 요구하는 '핵심역량'을 두는 것이 세계적인 추세가 되었다. 특히 특정 분야나 직무에서 정립, 사용되던 역량의 개념이 일반적인 삶의 질과 관련된 논의로 발전하여 학교교육에 영향을 미치게 된 데에는 DeSeCo 프로젝트를 수행한 OECD의 역할이 매우 컸는데, OECD는 2015년부터 교육 2030 프로젝트(Education 2030)를 새롭게 수행하며 1주기(2015–2018년)에는 2030년의 사회로 나아갈 학생들에게 필요한 핵심역량과 프레임을 재설정했고, 2주기(2019년–)에는 국가가 역량 개발을 지원할 수 있는 교육 시스템과 학습 환경을 탐색하기 위한 연구 중에 있다.

OECD 교육 2030 1주기 사업의 최종 결과물인 'OECD 2030 학습나침반'에는 2015년부터 진행되어 온 연구 성과가 종합적으로 집대성되어 있다. 2030 학습나침반은 개인적 웰빙과 사회적 웰빙을 향한 교육의 방향성과 지향점을 제시하는 것이며, 학습나침반이라는 비유는 학생이 교사의 수업을 단순히 따라가거나 지시를 수용하는 것이 아니라 낯선 상황에서도 스스로 의미를 찾아 책임 있게 나아갈 수 있는 자질을 강조하기 위한 것이다.

교육 2030 프로젝트에서는 학생들이 성공적인 삶을 일구고 더 나은 미래를 구현해 나가는 데 필요한 역량으로 '새로운 가치 창출하기, 갈등과 딜레마 조정하기, 책임감 갖기'의 세 가지 변혁적 역량(transformative competencies)을 제시했다. 그리고 지식의 유형을 학문적, 융합적, 인식론적, 절차적 지식의 네 가지로, 기능은 메타인지적 기능, 사회정서적 기능, 신체적·실용적 기능의 세 가지로 구분했다. 태도와 가치 역시 2030 학습나침반을 구성하는 핵심요소가 되는데, 개인, 사회, 환경의 웰빙을 추구하는 과정에서 학생의 판단과 선택, 실천적 행동에 영향을 미치게 되는 원칙과 신념을 가리킨다. 또한 포용적이고 공정하며 지속가능한 사회를 구현하기 위해서는 학생들이 시민의식의 핵심가치를 함양하도록 하여 공동체에 대한 신뢰를 형성할 것을 강조하고 있다. 이것은 2015 개정 교육과정에서 지식, 기능, 가치 및 태도라는 역량의 총체성을 제시하는 데 기초가 되었으며, 2022 개정 교육과정에서 지식·이해, 과정·기능, 가치·태도라는 교과 역량의 모습을 형성하는 데까지 영향을 주게 된다.

2030 학습나침반에서는 전 교육과정을 심도 있게 학습할 수 있는 기반 조건이자 학생주도성과 변혁적 역량 계발의 근거로 핵심기초(core foundations)를 제시하였는데, 여기에는 문해력, 수리력, 건강 리터러시, 디지털 리터러시, 데이터 리터러시 등이 포함된다. 학습의 과정은 예측-행동-성찰(Anticipation-Action-Reflection cycle) 주기가 반복되는 과정으로 제시함으로써 학생들이 계획-경험-성찰의 과정을 통해 공동체의 웰빙을 위한 사고력과 행동력을 향상시키고 사회에 대한 심도 있는 이해와 폭넓은 관점을 지닐 수 있을 것으로 보았다.

2030 학습나침반이 포함하고 있는 가장 핵심적인 개념은 학생의 행위주체성(student agency)이다. 학생 행위주체성은 학생이 자신 주변의 일에 관심을 갖고, 변화를 가져오기 위해 목표를 세우고 성찰하며 책임감 있게 행동하는 것을 의미한다. 이는 학생이 다른 사람의 지시에 따라 행동하는 것이 아니라 자기 능동성에 바탕을 둔 책임 있는 선택이나 결정을 할 수 있다는 것을 말한다. 협력적 행위주체성(co-agency)은 학생, 교사, 학부모, 지역사회가 함께 협력하여 학생의 학습

그림 5.9 OECD 2030 학습나침반

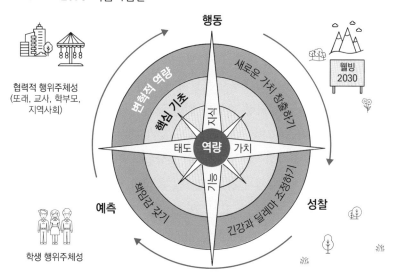

을 지원하는 것을 의미한다.

OECD는 이러한 맥락에서 학생들이 나와 사회의 발전을 위해 영향력을 미치며 성장하기 위해 '역량'의 개념을 새롭게 정의하였는데, 역량이란, '복잡한 요구를 충족시키기 위해, 지식, 기능, 태도와 가치를 동원하는 능력'이라고 말하였다. 즉, 무언가를 알고 있다는 사실이 아니라 아는 것을 활용하고, 타인과 협력하여 무언가 결과물을 만들어 낼 수 있는 힘과 가능성을 담은 것으로 보았다(최수진 외, 2019).

☺ 의의 및 한계

학교교육의 주류를 형성해 오던 지식 중심 교육에서는 교과 그 자체를 교육과정으로 여기고, 학생들의 지식 습득과 인지적 발달을 부각하여 강조해 왔다. 이러한 입장과는 달리 학생들의 역량 발달에 초점을 둔 교육과정에서 역량은 인지적 측면 이상을 의미하여 단지 알고 생각하는 학습에만 머무르는 것이 아니라 학습의 과정과 결과를 자신의 삶에서 적절히 활용할 수 있는 능력을 함양할 것을 강조한다. 즉, 역량 함양 교육과정은 학생들이 다가오는 사회에 보다 실질적으로 대응할 수 있는 능력을 기를 수 있도록 하는 실제적 유용성 측면에서 의의가 있다.

학교교육에 있어서 지식은 여전히 중요하나 역량을 중심으로 하는 교육과정에서는 전통적 교육과정에서 부여한 지식의 위상, 즉 지식 그 자체의 중요성보다는 역량을 발달시키기 위한 수단으로서의 중요성을 부여함으로써 지식의 위상을 달리한다. 이론적 지식을 실제적 문제 해결의 수단으로 약화시킴으로써 올 수 있는 학력 저하 문제에 대한 우려도 크기 때문에 변화하는 사회에 따른 학력의 재개념화와 이에 대한 공감이 확대되지 못한다면 역량 함양 교육을 구현하는 데 한계 요인이 될 것이다. 또한 역량 함양을 위한 교육에서도 결국 구체적인 내용 지식과의 관련 속에서 학습이 일어나고 의미를 갖기 때문에, 교육과정이 역량을 명시적으로 드러내 강조한다고 해서 실제 학습 상황이 반드시 역량을 중심으로 이루어지는 것은 아니다. 역량에서 강조하는 실제 삶과 연계된 통합적 상황과 맥락이 있는 수업은 교사의 전문성과 교사 간 협력을 기반으로 많은 노력과 시간을 투자함으로써 이루어질 수 있기 때문에 역량교육 구현의 한계로 작동할 수 있다.

제2절 | 교육과정 재구성 방향

교육의 목적과 내용

학생 역량의 함양을 중심에 둔 교육과정은 무엇을 가르쳐야 하는가에 대한 것보다는 학생들은 어떠한 사람으로 성장할 수 있어야 하는가에 우선적인 초점을 둔다. 또한 학생들이 그들이 살아가는 사회에 의미 있고 적극적인 방식으로 참여하기 위해 필요로 하는 능력, 즉 지식의 다량 습득이 아닌 지식의 활용 능력과 창의력, 문제해결력 등과 같은 실제적 수행 능력을 발달시키는 데 목적을 둔다. 따라서 학생들이 함양해야 할 핵심역량을 명료하게 설정하고, 그러한 역량을 중심으로 교육을 구현하게 된다. 학생 역량 함양이 목표가 되는 교육에서 학문적 지식과 같이 미리 결정된 지식이나 교육내용은 역량을 발달시키기 위한 소재로서의 가치에 더 비중이 놓이게 되고, 역량 자체도 가르쳐야 할 교육내용이 될 수 있다. 사실상 역량 함양 교육 실천의 핵심은 교수·학습과 평가에 놓이게 된다.

역량중심 교육에서는 인지적 능력뿐만 아니라 기능이나 정의적 특성까지 포괄하는 총체적 능력을 강조하며, 배움을 삶으로 전이시키는 것을 교육의 효과로 본다. 이렇게 삶과의 연계를 강조하기 때문에 핵심역량 함양을 위한 교육과정 재구성에 있어서는 실제 삶의 장면과 유사한 맥락 속에서의 학습을 고려하여 교과 내, 교과 간, 교과와 창의적 체험활동의 연계·통합을 강조한다. 교과 통합적 학습이 매우 권장되기 때문에 범교과적 주제가 교육과정 내에서 '준교과'(quasi−subject)의 역할을 하기도 한다.

일반적으로 교육과정은 지식을 분과학문적으로 조직하여 제공해 왔지만, 역량 함양에 목적을 둔 교육과정의 경우에는 지식이나 내용이 더 이상 교육과정 설계를 위한 출발점은 아니며, 어떠한 지식이나 내용을 가져올 것인가에 대한 결정도 상당 부분 교사에게 맡겨질 수 있다. 교사들은 자신들의 교수 맥락에서 특정 역량을 가장 잘 발달시키는 방법이 무엇인가에 대한 탐색을 통해 적절한 지식이나 내용 조직 방식을 결정할 수도 있다.

😊 수업 방향과 원리

역량의 관점에서 학습은 실생활과 관련된 실제적 맥락과 상황 안에서 일어나고 지식은 경험을 통해 획득되기 때문에 학생 역량 함양을 위한 교수·학습에서 학생들의 학습 과정과 경험은 매우 중요하게 고려된다. 수업은 학생의 인지적 능력뿐만 아니라 기능이나 정의적 특성까지를 포괄하는 총체적 능력을 발달시키는 것을 목표로 해야 한다. 그리고 그러한 능력이 학교의 학습에서 활용될 뿐만 아니라 학교 밖 일상적 삶에도 전이될 수 있도록 하기 위해 학생이 학습한 것을 삶의 맥락 속에서 적용해 보는 경험을 통해 학생이 배움과 삶을 연계하고, 타인과의 협력을 통해 의미를 재구성해 나갈 수 있도록 하는 방향으로 설계되어야 한다.

학생 역량 함양 수업은 학생 중심 수업의 특징을 모두 공유한다. 예를 들어, 학생들은 자신이 학습할 내용과 방법에 대한 결정권을 가질 수 있으며, 교사와 학생은 수업의 전 과정에서 적극적인 상호작용을 통해 학습하고, 학생이 자신의 아이디어, 지식, 기능, 태도, 가치, 수행을 성찰하는 데에도 적극적인 주체가 될 수 있도록 해야 한다. 또한 학생 학습 경험의 의미를 확장시키기 위해 학부모 및 지역사회와의 협력도 강조하고 있다.

따라서 핵심역량 함양을 위한 수업의 계획과 실천에 있어서는 전통적 학문 중심의 교과 학습의 실천 양상과는 다른 특징을 나타내야 한다. 학생 참여 및 주도, 협력 학습, 실생활이나 삶과의 연계, 자기 성찰(메타인지) 등의 요소를 포함할 필요가 있고, 학생의 자기주도성을 기르기 위해 학생 개인의 흥미, 관심, 학업 수준 등이 적극 고려되는 방식을 적용할 필요가 있으며, 학생들이 수업이나 학습의 계획 및 평가의 과정에도 적극적으로 참여할 수 있도록 하는 것이 좋다. 교사들은 단지 교수자의 역할을 하기보다는 조력자이자 촉진자의 역할을 해야 한다.

2022 개정 교육과정에서는 학습자의 삶과 성장을 지원하는 맞춤형 교육과정 구현을 강조하고 있다. 이 교육과정은 학습자가 주도적으로 교육과정을 설계하고 활용할 수 있도록 지원하고 있는데, 자신의 삶을 주도적으로 이끌어가며 그 속에서 맥락을 재구성할 수 있도록 내러티브를 담아낼 수 있는 특징이 있다. 나아가 교과 교육과정에서는 '핵심 아이디어'를 중심으로 수업을 개발할 때 '교과 간 연계와 통합', '삶과 연계한 학습', '학습과정에 대한 성찰'을 강조하면서 지식·이해, 과정·기능, 가치·태도를 중심으로 '깊이 있는 학습'을 설계할 수 있는 구성의

원리를 제시하고 있다(교육부, 2022).

적용 가능한 수업 모형

학생들에게 핵심역량 중심 학습 내용에 대한 이해의 폭을 넓고 깊게 하기 위한 학습 원리이자 수업 모형으로 OECD 교육 2030 프로젝트가 제시한 예측(Anticipation)－행동(Action)－성찰(Reflection)의 AAR 사이클을 적용할 수 있다. AAR 사이클은 광범위한 상황에 적용가능한 일종의 발견학습 방식으로 이해될 수 있으며, 다양한 유형의 교육과정 접근 방식과 결합될 수 있다.

AAR 사이클은 특히 공동체 내에서 타인과의 상호작용을 통한 수행을 강조한다. 이 사이클을 통해 학생들은 사고력을 지속적으로 향상시킬 수 있고, 책임감 있는 행동을 실천함으로써 자신이 속한 공동체의 웰빙에 기여하는 경험을 하는 과정 속에서 학생 행위주체성과 핵심역량을 함양할 수 있을 것으로 본다.

그림 5.10 AAR 사이클 단계

예측(Anticipation)		행동(Action)		성찰(Reflection)
• 현재의 행동이 어떤 결과를 가져올 것인지 예상해 보는 것이 필요함. • 자신의 의도를 명료히 하고, 타인의 의도를 이해하며, 자신과 타인의 관점을 확대해 볼 수 있음. • 행동의 목표를 정하고 계획하는 단계임.	➡	• 좀 더 가치 있는 결과를 도출하기 위해 나아가는 단계이자 학습자가 이미 알고 있는 것과 알고자 하는 것, 하고자 하는 것, 되고자 하는 것 사이에 다리를 놓는 단계임. • 개인 및 사회적으로 영향을 미칠 수 있는 활동을 포함하는 것이 좋음. • 어떤 행동을 할 때의 의도와 책임을 분명히 인식하도록 하는 것이 중요함.	➡	• 성찰은 학습자의 사고력을 향상시키며, 더 나은 행위로 이끄는 학습의 연속성을 가능하게 하는 단계임. • 성찰 과정을 통해 학생은 선행 경험과 후속된 경험을 연결하고, 학습에 대한 자기주도성과 이후의 학습에 대한 자신감을 얻을 수 있어야 함.

교육과정 재구성 단계

역량중심 교육과정에 있어서는 지식이나 내용 자체를 교육과정 설계나 재구성의 출발점으로 삼지 않는다. 핵심역량 함양을 위한 교육과정 재구성에 있어 가장 우선적으로 결정해야 할 것은 재구성 단원이나 교육 활동을 통해 학생들에게 함양시키고자 하는 핵심역량이 무엇인가에 대한 것이다. 핵심역량을 선정한 후에는 선정된 핵심역량을 중심으로 재구성한 단원을 이끌어 갈 주제와 방향을 결정하고, 핵심역량 및 주제에 따라 교육과정을 분석한다. 핵심역량 함양을 위한 교육과정 재구성에 있어서는 교과 내, 교과 간, 교과와 창의적 체험활동의 연계·통합을 적극적으로 고려할 필요가 있으며, 창의적 체험활동 자체적인 프로그램으로도 구성할 수 있다. 교사 개인 수준에서 교육과정을 재구성 할 수도 있지만, 교육과정의 연계·통합을 위해서는 학교나 학년(군)의 교사들이 함께 협력하여 학년 또는 학교 전체적으로 실행할 수 있는 수준에서의 재구성도 고려할 수 있다. 이번 2022 개정 교육과정에서는 '학교자율시간'이 신설됨에 따라 학교 특성과 학습자의 다양한 필요와 수준 및 요구에 비추어 자율적으로 교육과정을 재구성할 수 있게 되었다. 학교자율시간은 국가 수준에서 주어지는 성취기준과 내용 체계의 재구성 차원을 넘어서 학교 구성원들이 스스로 학습 경험으로서의 교육과정을 만들 수 있도록 제도화하였다는 측면에서 교육과정 재구성의 지평을 넓힌 교육과정 자율화 방안으로 평가되고 있다(이광우, 임유나, 2023).

교육과정 분석을 통해 연계나 통합이 가능한 성취기준을 파악하였다면, 성취기준과 교육과정 재구성 방향을 고려하여 학생 핵심역량 함양을 위한 교수·학습 계획과 평가 계획을 수립한다.

그림 5.11 핵심역량 중심의 교육과정 재구성 단계

◎ 평가 방향

학생 역량은 전통적인 평가 방식을 적용해서는 확인하기가 매우 어렵다. 지필평가는 추가적이고 더 복잡한 결과들을 입증할 수 있는 충분한 범위의 증거를 제공하지 못하고, 많은 전통적 평가들은 지식 습득(때로는 습득한 지식의 적용)을 측정하지만 의미 있는 과제에서 지식을 적절하게 사용하는가를 평가하기는 어렵기 때문이다. 또한 대부분 학습의 개별 측면에 초점을 둔 평가가 이루어지기 때문에 통합적 지식이나 능력을 평가하는 과제 평가가 일반적이지 않으며, 교과 내에서 그리고 그 사이를 관통하는 메타 수준의 학습을 평가한 경험도 많지 않다. 학생 역량 함양 교육에서의 평가는 앞서 살펴본 역량의 개념과 역량 함양 수업의 특징에 근거하여 전통적 평가와는 다른 관점에서의 계획과 실천이 이루어져야 한다.

전통적 평가가 학습의 결과로서 지식, 기능, 태도나 사회 행동적 측면 각각을 확인하는 데 중점을 두었다면, 핵심역량의 도입에 따른 평가는 단순히 지식의 습득과 기능의 숙달이 아닌, 의미 있는 맥락 속에서 새롭고 유연한 방식으로 지식과 기능을 적용하는 능력과 기꺼이 할 수 있는 자율적 성향을 총체적으로 확인하고자 하는 데 중점을 두어야 한다. 따라서 학생 역량 함양을 위한 평가에 있어서는 지식, 기능, 태도와 같은 요소들을 분리하지 않은 형태로 우리의 삶과 관련되고 학생들에게 의미 있는 맥락에서의 평가 과제를 설계함으로써 지식, 기능, 태도 등의 상호작용적으로 발현되는 모습 속에서 학생의 역량을 평가할 수 있어야 한다. 그리고 실제적 맥락의 범위에서 학습자가 역량을 적용하는 모습으로부터 얻을 수 있는 정보를 통해 평가할 수 있어야 한다. 이 외에도 과정 중심 평가와 같이 학습의 과정과 학습하는 방법의 학습(learning to learn)에 대한 평가, 학생들의 자율적 사고와 주도성에 대한 평가, 협동학습에서의 평가, 교과 외 활동 및 학교 밖 학습 등을 더 많이 고려한 평가 방안을 마련할 필요가 있다.

교육과정 재구성 시 고려 사항

교육과정	• 학생의 인지적 능력뿐만 아니라 기능이나 정의적 특성까지를 포함하는 총체적 능력의 발달을 고려 • 교과 내, 교과 간, 교과와 창의적 체험활동의 연계 · 통합 등을 통한 교육과정 재구성 • 실제 삶의 장면과 유사한 맥락 속에서의 교육과정 재구성
교수·학습	• 수업이나 학습, 평가 계획 및 과정에 있어서 학생의 적극적인 참여 고려 • 삶의 맥락 속에서 적용해 보는 경험, 타인과의 협력을 통해 의미를 재구성하는 경험 제공 • 학생 개인의 흥미, 관심, 학업 수준 등이 적극 고려되는 방식 적용
평가	• 지식, 기능, 태도 등의 요소들을 분리하지 않고 삶과 관련되고 학생들에게 의미 있는 맥락에서의 평가 과제를 설계 • 실제적 맥락의 범위에서 학습자가 역량을 적용하는 모습으로부터 얻을 수 있는 정보를 통해 평가 • 과정 중심 수행평가, 동료평가 및 자기평가, 정의적 특성 평가

개요

주제	나눔과 봉사로 우리 마을 사랑을 실천해요!	학년(군)	5~6학년
		바탕이론	핵심역량 중심 교육과정
관련 교과	교과·창의적 체험활동 연계	핵심역량	공동체 역량

성취기준	[6국01–02] 의견을 제시하고 함께 조정하며 토의한다. [6도02–03] 봉사의 의미와 중요성을 알고, 주변 사람의 처지를 공감하여 도와주려는 실천 의지를 기른다. [6사05–04] 민주적 의사결정 원리(다수결, 대화와 타협, 소수 의견 존중 등)의 의미와 필요성을 이해하고, 이를 실제 생활 속에서 실천하는 자세를 지닌다.

	영역	활동	활동 목표
창의적 체험 활동	자율 활동	자치·적응활동	성숙한 민주시민으로 살아갈 수 있는 역량을 함양하고, 신체적·정신적 변화에 적응하는 능력을 길러 변화하는 환경에 적극적으로 대처한다.
	봉사 활동	이웃돕기활동 (선택)	타인을 이해하고 배려할 수 있는 공동체 역량을 함양한다.
		환경보호활동 (선택)	환경을 보호하는 마음과 공공시설을 아끼는 마음을 기른다.
		캠페인활동 (선택)	사회 현상에 관심을 갖고 참여함으로써 사회적 역할과 책임을 분담하고 사회 발전에 이바지하는 태도를 기른다.

교육과정 유형과 재구성 방향	〈교육과정 유형과 수업 접목〉 • 재구성의 바탕이론으로 핵심역량 중심 교육과정을 적용하고, 교육과정 분석을 통해 추출된 관련 성취기준과 활동 내용 등을 고려하여 '공동체 역량'을 함양하기 위한 교육 활동을 계획한다. 5~6학년군의 교과와 창의적 체험활동의 연계를 통해 프로젝트형 단원을 설계하고, 학생들이 프로젝트를 수행함으로써 공동체 역량을 강화할 수 있도록 한다. • 재구성 전체적으로는 도덕과의 봉사 관련 성취기준과 창의적 체험활동의 봉사활동 영역이 중심이 될 수 있으며, 학년의 학생 전체가 참여하는 형태로 프로젝트 단원을 운영할 수 있다. 〈재구성 방향〉 • 미래 사회의 주역이 될 학생들은 크고 작은 공동체 속에서 자신의 능력을 발휘함

	으로써 삶의 개인적 가치를 추구하는 동시에 사회 구성원으로서 요구되는 가치와 태도를 지키며 공동체의 발전에 적극적으로 기여할 수 있는 사람으로 성장해야 한다. 본 재구성은 학생들이 나눔과 봉사의 의미와 중요성을 알고, 자기 생활의 중심지인 마을을 대상으로 한 체험 중심의 나눔과 봉사 활동을 주도적으로 계획하고 수행하는 과정에서 지역사회에 긍정적인 영향력을 미치는 경험을 할 수 있도록 한다. 특히 학생들이 자신이 맡은 역할에 책임감을 가지고 자율적으로 실천할 수 있는 능력과 일상생활 속에서 나눔과 봉사 활동을 지속적으로 실천할 수 있는 능력을 키우는 데 중점을 둔 활동으로 계획한다. • 학생 참여 중심의 특색 있는 활동이 되도록 하기 위해 학생들에게 유의미할 수 있는 수행 과제의 맥락을 설정하여 제시하고, 학생이 자신의 동기와 흥미를 바탕으로 자기주도성을 발휘하여 봉사활동을 계획하고 실천할 수 있도록 활동 선택의 권한을 제공한다.
수업을 통한 기대	본 수업을 통해 학생들은 일정 기간 동안 공동의 과제에 대해 협력하여 목표를 달성했을 때의 보람을 경험할 수 있다. 이를 통해 나눔과 봉사의 가치와 소중함을 알고 공동체적 정신을 실천하는 사람으로 성장할 수 있다. 특히 학생 삶의 반경 속에서 지역 공동체에 긍정적인 영향을 미칠 수 있는 활동을 계획하고 수행을 준비, 실천, 성찰하면서 대화와 토론, 타협, 다수결의 원칙, 소수 의견 존중 등 민주적 의사결정의 원리를 실천하도록 함으로써 성숙한 민주시민으로서의 자질 및 공동체 역량, 역량중심 교육 원리로 강조되는 학생 주도성(student agency)을 함양할 수 있을 것이다.

차시	학습 주제	주요 활동 내용	활동 단계
1	우리 지역 공동체 알기	[학급별 또는 학년 전체 진행] • 공동체와 봉사활동에 대한 이해 　- 공동체와 공동체 정신, 봉사활동의 의미, 필요성 등에 대한 이해 　- 지역사회 봉사활동에 대한 이해와 사례 탐색 • 프로젝트 안내 및 사전 교육	
2 (수업 예시)	우리 지역 공동체를 위해 할 수 있는 일	[학급별 진행] • 지역 공동체를 위해 우리가 할 수 있는 일 모색 　- 지역 공동체를 위해 할 수 있는 활동과 각 활동의 필요성에 대한 토의 　- 학급별로 3~4개 정도의 활동 아이디어 도출(예: 노인정 방문 활동, 캠페인 활동, 환경정화 활동, 기부 장터 활동 등)	프로젝트 계획 (Anticipation)
3~4	나눔과 봉사 프로젝트 계획	[활동팀별 진행] • 활동팀별 　- 활동에 참여하게 된 동기, 각오 공유 　- 프로젝트 팀명 설정 • 수행할 활동 계획 　- 민주적 의사결정 원리를 지키며 수행할 활동을 구체적으로 계획	
5	나눔과 봉사 프로젝트 준비 점검	[활동팀별 진행] • 활동 계획 및 준비사항 점검 　- 활동 계획에 따른 준비가 잘 되었는지 점검 　- 수행 활동에 대한 연습 • 현장 교육 　- 봉사활동 현장의 상황과 활동상의 유의사항 이해 　- 안전 교육	프로젝트 수행 (Action)
6~7	나눔과 봉사 프로젝트 수행	[활동팀별 진행] • 팀별 활동 수행 　- 각 팀별로 계획한 장소로 이동하여 활동 수행	

차시	학습 주제	주요 활동 내용	활동 단계
8	나눔과 봉사 프로젝트 활동 정리	[활동팀별 진행] • 활동에 대한 반성 및 발표 준비 　– (학생 개인별) 자신의 수행 활동에 대한 점검 및 반성 　– (팀별) 활동 경험 및 소감 발표	프로젝트 성찰 (Reflection)
9	돌아봄의 날	• 활동 경험 발표 및 시상 　– 활동팀별로 활동 경험을 발표하고 공유 　– 활동팀별 선생님의 소감 및 평가 　– 우수한 수행, 봉사정신, 팀 내 공동체 의식 등을 보인 학생들 시상	

평가 계획

핵심역량	활동 단계	평가 내용 및 요소(교과 및 창체)	평가 방법	평가 시기
공동체 역량	프로젝트 계획	• 민주적 의사결정의 원리에 따라 지역 공동체가 필요로 하는 일, 지역 공동체를 위해 할 수 있는 봉사 등에 대해 적극적으로 의견을 개진하고 조정하여 방안을 모색하는가? [6국01–02], [6도02–03], 자율활동(참여와 책임의식)	수행 관찰 기록, 학생 워크북 점검	2~4차시
	프로젝트 수행	• 팀 프로젝트 활동의 원활한 수행을 위해 민주적 의사결정 원리를 실천하며 협력적 자세로 준비하고 참여하는가? [6사05–04], 봉사활동(협동과 협업 능력) • 지역 공동체를 위한 나눔과 봉사 활동에 책임 있는 자세로 진심을 다하여 임하는가? [6도02–03], 봉사활동(나눔과 배려)	수행 관찰 기록, 동료 평가, 학생 워크북 점검	5~7차시
	프로젝트 성찰	• 지역 공동체를 위한 나눔과 봉사 활동 경험에 대해 보람을 느끼고 지역 공동체에 대해 긍정적인 감정과 책임감을 느끼는가? [6도02–03], 봉사활동(참여와 책임의식)	수행 관찰 기록, 자기 평가, 학생 워크북 점검	8~9차시

평가 루브릭

핵심역량	활동 단계	평가 요소	평가 척도		
			상	중	하
공동체 역량	프로젝트 계획	[6국01–02] [6도02–03] 🎯참여와 책임의식	민주적 의사결정의 원리를 지키며 지역 공동체가 필요로 하는 일, 지역 공동체를 위해 할 수 있는 봉사 등에 대한 의견을 적극적으로 개진하고 방안을 모색함.	민주적 의사결정의 원리를 무시하지 않으며 지역 공동체가 필요로 하는 일, 지역 공동체를 위해 할 수 있는 봉사 등의 의견 수렴 과정에 관심을 가지고 경청함.	민주적 의사결정 원리를 지키지 않고 지역 공동체가 필요로 하는 일, 지역 공동체를 위해 할 수 있는 봉사 등을 모색하는 활동에 관심이 없음.

핵심역량	활동 단계	평가 요소	평가 척도		
			상	중	하
공동체 역량	프로젝트 수행	[6사05–04] ㉧ 협동과 협업 능력	나눔과 봉사 활동의 원활한 수행을 위해 팀 내에서 민주적 의사결정 원리를 실천하며 협력적 자세로 준비하고 참여함.	민주적 의사결정 원리를 무시하지 않으며 나눔과 봉사 활동이 원활히 수행될 수 있도록 어느 정도 역할을 맡아 참여함.	민주적 의사결정 원리를 지키지 않고 팀 내에서 협력적이지 못하며 나눔과 봉사 활동의 원만한 수행을 방해함.
		[6도02–03] ㉧ 나눔과 배려	지역 공동체를 위한 나눔과 봉사 활동에 책임 있고 적극적인 자세로 즐겁게 임함.	지역 공동체를 위한 나눔과 봉사 활동에 즐겁게 참여함.	지역 공동체를 위한 나눔과 봉사 활동 참여에 매우 소극적임.
	프로젝트 성찰	[6도02–03] ㉧ 참여와 책임의식	지역 공동체를 위한 나눔과 봉사 활동 경험에 대해 보람과 지역 공동체에 대해 긍정적인 감정. 책임감을 보임.	지역 공동체를 위한 나눔과 봉사 활동 경험에 보람을 보이며 지역 공동체에 대해 긍정적인 감정을 지님.	지역 공동체를 위한 나눔과 봉사 활동을 수행하는 것에 대해 부정적임.

▶▶ 수업 개요

본시 주제	우리 지역 공동체를 위해 할 수 있는 일
성취기준	[6국01-02] 의견을 제시하고 함께 조정하며 토의한다. [6사05-04] 민주적 의사결정 원리(다수결, 대화와 타협, 소수 의견 존중 등)의 의미와 필요성을 이해하고, 이를 실제 생활 속에서 실천하는 자세를 지닌다. [창의적 체험활동_자율활동] 성숙한 민주시민으로 살아갈 수 있는 역량을 함양하고, 신체적·정신적 변화에 적응하는 능력을 길러 변화하는 환경에 적극적으로 대처한다.
학습 목표	민주적 의사결정 원리에 따라 우리 지역 공동체를 위해 할 수 있는 활동을 모색하며 프로젝트를 계획한다.
수업 의도	2차시의 수업은 학급별로 지역 공동체를 위해 학생들이 할 수 있는 활동들을 논의함으로써 지역 공동체에 대한 관심을 높이고 자신의 역할을 실천하기 위해 준비하는 나눔과 봉사 활동 프로젝트의 계획 단계이다. 본 수업은 문제 해결을 위한 협력적 계획의 과정에서 사회과 교육 내용으로 제시되고 있는 대화와 토론, 타협, 다수결의 원칙, 소수 의견 존중 등 민주적 의사결정의 원리를 실천하도록 함으로써 성숙한 민주시민으로서의 자질과 공동체 역량, 역량중심 교육 원리로 강조되는 학생 주도성(student agency)을 함양할 수 있는 활동으로 구성한다.

▶▶ 수업 활동

주요 학습 활동 순서

프로젝트 미션 제시 ▶ 민주적 의사결정의 원리 떠올리기 ▶ 우리 지역 공동체의 문제나 과제 토의하기 ▶ 지역 공동체를 위한 나눔과 봉사 활동 아이디어 도출하기

■ **학습 문제 제시**

> 우리 마을에서 해결이 필요하다고 생각하는 문제에는 무엇이 있는가(예: 주차 문제, 통학로 문제, 소음 문제, 쓰레기 문제 등). 해결해야 할 문제는 아니지만 지역 공동체 구성원들의 풍요로운 삶과 행복을 위해 우리가 할 수 있는 나눔과 봉사 활동에는 무엇이 있는가(예: 노인정 방문 활동, 기부 장터 활동 등). 민주적 의사결정의 원리를 준수하며 우리 지역사회를 위해 할 수 있는 프로젝트 활동 아이디어를 도출해보자.

■ **민주적 의사결정의 원리 떠올리기**
- 공동의 의사결정에 있어서 갈등이 일어났을 때 해결할 수 있는 민주적인 방법 상기하기
- 대화와 토론, 타협, 다수결의 원칙, 소수의 의견 존중 등

■ **지역 공동체에서 해결이 필요한 문제나 과제에 대해 모둠별로 토의하기**
- 우리 지역 공동체에서 해결이 필요하다고 생각하는 문제에는 어떤 것이 있는지 이야기 나누기
- 지역 공동체 구성원들의 보다 행복한 삶을 위해 우리가 해볼 수 있는 나눔과 봉사 활동에는 무엇이 있을지 이야기 나누기
- 민주적 의사결정의 원리를 적용하며 지역 공동체의 문제나 발전을 위해 우리가 할 수 있는 일 의논하기(안건: 우리 지역 공동체를 위해 할 수 있는 일)
- 모둠별로 두세 가지 가능한 방안과 그 이유 토의하기

■ **지역 공동체에서의 나눔과 봉사 활동 아이디어 공유 및 도출**
- 모둠에서 도출한 우리 지역 공동체에서의 나눔과 봉사 활동 아이디어 발표하기
- 민주적 의사결정의 원리에 따라 합리적이라고 생각하는 방안을 서너 가지로 정리하기

평가 및 피드백

이번 차시에는 학생들이 민주적 의사결정 원리에 따라 공동의 의사결정 과정에 참여하는 모습을 통해 성숙한 민주시민으로서의 자질과 공동체 역량을 함양하고 있는가를 확인하고 피드백 한다. 교사는 사전에 평가 내용, 평가 방법, 평가 관점 등 평가에 대한 전반적인 사항을 학생들에게 안내해 주는 것이 좋으며, 평가 내용과 관련한 학생 수행의 특징을 누적적으로 기록해 나가야 한다. 이 외에도 학생의 자기 평가, 동료 평가 등을 활용할 수 있으며, 사전에 자신의 활동 수행과 경험을 기록해 나갈 수 있도록 하는 학생 워크북을 개발하여 학생들이 자신의 수행 경험을 누적적으로 작성해 나갈 수 있도록 하고 워크북을 평가 대상으로 포함시킬 수 있다.

수업 Tip

이번 차시의 수업에서는 공동체 역량 함양을 위한 나눔과 봉사 활동 프로젝트를 계획하는 과정에서 민주적 의사결정의 원리를 적용하여 의사결정에 이르는 경험을 하도록 하는 것에도 주의를 기울여야 한다. 따라서 수업의 도입부에 사회 시간에 다루는 민주적 의사결정의 원리에 어떤 것들이 있는지 이야기를 나누어 보고, 학생들이 민주적 의사결정 원리를 의식하며 프로젝트 계획에 참여하도록 할 필요가 있다. 지역 공동체를 위해 학생들이 할 수 있는 활동에 대한 아이디어를 다양하게 도출하고 논의해 볼 수 있도록 하며, 최종적으로 3–4개의 아이디어로 수합함으로써 다음 차시에 희망하는 활동 선택으로 이어질 수 있도록 준비하도록 한다.

제1절 ┃ 기본 관점

😄 IB 교육

　IB(International Baccalaureate)는 스위스 제네바에 기반을 둔 비영리 교육 재단인 IBO(International Baccalaureate Organization)에서 1968년부터 개발·운영하고 있는 국제공인 교육과정이다. 초기에는 외교관과 주재원, 상사원 자녀 등을 대상으로 했으나, 최근에는 해당 국가의 공교육에도 확산되고 있다. 서로 다른 문화 간 이해와 존중을 바탕으로 공정하고 평화로운 세계 구현에 기여할 수 있는 탐구적이고, 지적이며, 배려할 줄 아는 인재 양성을 목적으로 하고 있는 IB 교육과정은 세계 여러 나라 학교에서 채택하고 있는 것이다. 무엇보다 IBO는 교육을 통해 궁극적으로 기르고자 학습자상(The IB Learner Profile)을 다음과 같이 제시하고 있다(IBO, 2008). 이는 우리나라 교육과정이 추구하는 인간상을 설정하여 학교교육의 지향점이자, 학교교육을 통해 기르고자 하는 학생 능력과 자질을 제시해 온 것과 같은 맥락이다.

표 5.17　IB 학습자상

학습자상	내용
탐구하는 사람 (Inquirers)	• 타고난 호기심 개발 • 조사·연구 수행에 필요한 기술 습득 및 학문의 독립성 제시 • 능동적으로 평생학습 수행
지식이 풍부한 사람 (Knowledgeable)	• 지역·세계적인 개념, 아이디어, 쟁점 탐구 • 이를 통한 심층적 지식 습득 및 광범위하고 균형적 범위의 학문에 대한 이해 발전
사고하는 사람 (Thinkers)	• 복잡한 문제를 인식하고 다가가기 위해 비판적·창의적 사고 기능 적용 • 이성적, 윤리적 결정에 있어 주도적 역할 수행
소통하는 사람 (Communicators)	• 하나 이상의 언어와 다양한 의사소통 방식으로 정보와 아이디어 이해 및 표현 • 타인과 협력하여 기꺼이 효과적으로 일함
원칙을 지키는 사람 (Principled)	• 개인, 집단, 공동체의 존엄성에 대해 공정성, 정의감, 존중을 가지고 정직·성실하게 행동 • 자신의 행동과 그에 수반되는 결과에 대한 책임감이 강함
개방적인 사람 (Open—minded)	• 문화와 개인사를 이해하고 감사하며, 타인과 공동체의 관점, 가치관, 전통에 대해 열려 있음 • 다양한 관점을 찾고 평가하는 데 익숙하고 그 경험으로부터 성장
배려하는 사람 (Caring)	• 타인의 필요와 감정에 대해 공감, 동정, 존중 • 봉사에 대하여 개인적 몰두, 타인의 삶과 환경에 긍정적 변화를 주기 위해 행동
도전 정신을 지닌 사람 (Risk—takers)	• 낯선 상황과 불확실성을 용기와 선견지명으로 접근, 새로운 역할, 아이디어, 전략을 독립적으로 탐구 • 용감하고 분명하게 자신의 신념 수호
균형잡힌 사람 (Balanced)	• 자신과 타인을 위한 개인적 복리를 이루기 위한 지적, 신체적, 정서적 균형의 중요성 이해
성찰하는 사람 (Reflective)	• 자신의 학문과 경험에 대한 사려 깊은 배려 • 학습의 발전과 개인적 성장을 위해 자신의 장점과 한계를 평가·이해

출처: IBO(2009).

　　IB 교육은 이와 같은 학습자상을 통해 세계시민 육성을 추구하면서, 학생들이 학업 및 개인적 성공에 필요한 태도와 기술을 개발할 수 있도록 돕는다. 또한 세계적 맥락 안에서 학생들이 언어와 문화를 이해하고 인간과 세상과 관련된 중요한 아이디어와 이슈를 탐구할 수 있도록 광범위하면서 균형 잡힌 개념기반 교육과정을 제공하고 있다(IBO, 2009).

　IB는 PYP(유·초등학교 교육과정), MYP(중학교 교육과정), DP(진학계 고등학교 교육과정), CP(직업계 고등학교 교육과정)의 네 개 프로그램을 제공하고 있어, 학생들은 3세부터 19세까지 유기적으로 연계된 교육과정을 이수할 수 있다. 다음은 IB가 제공하는 네 개 프로그램의 주요 특징을 정리한 것이다.

표 5.18　IB PYP, MYP, DP, CP 비교

구분	PYP	MYP	DP	CP
도입 시기	1997년	1994년	1968년	2012년, 2014년 재출시
연령	3-12	11-16	16-19	16-19
목적	국제적 소양과 개인적 가치에 초점을 둔 학생들의 학문적·사회적 정서적 웰빙과 성숙	적극적 학습자와 타인과 공감할 수 있는 국제적 마인드의 인재 양성, 삶의 목적과 의미 추구	지식의 폭과 깊이 향상, 신체적, 지적, 정서적, 윤리적 성장	엄격한 학습과정 참여와 응용지식, 비판적 사고, 의사소통 및 다문화 참여에서의 전이가 높고 전생애적인 기술 습득
방향	6개 초학문적 주제를 살펴보고 그 사이의 연관성 고려	간학문적 주제를 중심으로 지역, 국가 및 전 세계적으로 다양한 문제와 개념 집중 탐구	6개 과목군의 심층적 탐구, 소논문 작성 및 발표(Theory Of Knowledge) 과정을 통한 지식의 본질 탐구	진로관련 DP와 CP의 네 가지 핵심 요소와의 결합

출처: IBO(2017)과 IBO 사이트를 참고하여 재구성.

　IB의 프로그램들은 학문 간 관계 탐구, 인간과 세상에 대한 탐구 학습의 중요성을 강조하면서 학교에서 배운 것을 주변 세상과 연결시킬 수 있는 기회를 제공하는 데 초점을 맞추고 있으며, 개별 과목(subject)들의 범위를 넘어서는 방식으로 구성되어 있다.

　IB의 각 프로그램은 이와 같은 원리를 공유하지만 강조점은 단계별로 다르다. PYP에서는 전통적인 교과 간 경계를 넘어서는 것을 목표로 하여 여섯 가지 초학문적 주제를 탐구하고, MYP에서는 PYP에서 발전·확대된 6개의 세계적 맥락을 탐구하도록 한다. DP는 6개 과목군과 3개의 핵심 요소들로 구성되는데, 핵심

요소 중 Theory of Knowledge(TOK)는 학생들로 하여금 그들이 알고 있는 것을 어떻게 아는가에 대한 근본적 질문에 대한 탐구를 통해 자신의 관점과 가정을 인식해 나가도록 하는 역할을 한다. CP는 이론을 위한 프로그램 과정과 진로 관련 연구 및 프로그램들의 요소를 결합하여 학생들이 직장에서 직면할 수 있는 다양한 상황을 효과적으로 탐색하고 준비하는 데 초점을 맞추고 있으며, 온라인으로 이수가능한 과목과 시험을 지정하고 있다.

IB는 IB 프로그램에서 중요하게 고려해야 할 교수 방식(Approaches to Teaching)과 학습 방식(Approaches to Learning)을 기본적인 원리의 형태로 제시하여 교사들이 맥락과 학생들의 요구를 고려해 적절한 전략을 선택할 수 있도록 안내하고 있다. 다음은 IB 프로그램에서 강조하는 교수 방식이다(IBO, 2017).

- 탐구기반: 각자 필요로 하는 지식과 정보를 찾고 자신의 이해를 구성해나가는 것을 강조함.
- 개념적 이해: 개념은 학문적 이해의 심화와 학생들이 학습을 새로운 맥락에 연결시키고 전이하도록 돕기 위해 탐구됨.
- 지역과 세계적 맥락으로 확장: 실생활의 맥락과 예시를 사용하며, 학생들이 새로운 정보를 자신의 경험 및 주변 세계와 연결시킴으로써 정보를 처리하도록 함.
- 효과적인 팀워크와 협력에 집중: 학생들 간의 팀워크와 협력 증진을 포함하며 교사와 학생 간의 협력 관계를 의미하기도 함.
- 학습에서의 장벽을 제거하는 방향으로 설계: 포괄성과 다양성을 중시함. 학생들의 정체성을 확고히 하고 모든 학생들이 적절한 개인적 목표를 개발하고 추구할 수 있는 학습 기회를 만들어주는 것을 목표로 함.
- 평가에 따른 피드백: 평가는 학습 수준의 확인뿐만 아니라 지원, 즉 효과적인 피드백을 제공하는 데 있어 중요한 역할을 함.

학습 방식 또한 교수 방식과 마찬가지로 모든 IB 프로그램에 적용되는 사항이다. 무엇보다 학습 방식은 IB에서 제시하는 5개의 기능(skills) 및 하위기능(sub-skills)을 습득하는 것과 연계된다. 이와 같은 기능을 통해 IB 교육을 받는 모든 학생들이 좋은(good) 질문을 할 수 있고, 효과적인 목표를 세우며, 자기주도적이면서도 소속감을 갖고, 비전을 추구해가는 능동적인 학습자가 될 수 있도록 하는 것에 주안점을 두는 것이다(IBO, 2017).

☺ IB PYP

IB 초등교육프로그램(International Baccalaureate Primary Years Programme, 이하 PYP)의 핵심은 학습을 위해 구조화된 탐구(inquiry)를 수행한다는 것이다. PYP에서는 이를 위해 다음과 같이 6개의 초학문적 주제(transdisciplinary themes), 6개의 교과 영역(언어, 사회, 수학, 예술, 과학, 체육 및 생활지도), 5개의 필수요소(지식, 개념, 기능, 태도, 행동)를 제시하고 있다.

그림 5.12 Model of the IB PYP (IBO, 2009)

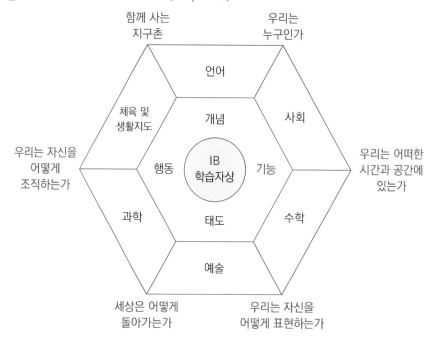

위의 교육과정 모델에서도 드러나듯이, PYP는 지식과 기능 습득, 개념 이해, 바람직한 태도와 책임감 있는 행동이 균형적으로 이루어질 수 있는 교육을 지향한다. PYP는 이를 구현하기 위해 필수적인 요소(essential elements)를 다음과 같이 설정하고, 학습을 구성하는 틀(framework)로 제공하고 있다.

표 5.19 IB PYP의 필수 요소(essential elements)

구분	용어 정의
지식(Knowledge)	선 경험과 이해 정도를 고려하여 학생들이 탐구하고 알기를 바라는 유의미하고 적절한 내용, 6개 교과에서 제공
개념(Concepts)	교과 영역(subject areas)과 관련성이 있지만 이를 초월하여 학생들이 일관성 있고 심도 깊은 이해를 발전시키기 위해 탐구 및 재탐구해야 하는 핵심 아이디어(powerful ideas), 7개 핵심 개념
기능(Skills)	학생들이 도전적인 세상에서 성공하기 위해 함양해야 할 필요가 있는 능력들, 특정 교과의 경계를 넘는 간학문적 또는 초학문적 기능, 5개 기능
태도(Attitudes)	학습 환경과 사람에 대한 근본적 가치, 신념, 감정, 성향, 12가지 태도
행동(Action)	책임 있는 행위로서의 심층적인 학습의 시연, 다른 필수 요소들의 실천으로서의 표현

출처: IBO(2009).

IB PYP에서 지식은 전통적인 교과의 학문적 지식과 초학문적 지식으로 구분되며, 초학문적 지식은 초학문적 주제들을 중심으로 구성된다. 6개 교과 영역과 6개 초학문적 주제가 실제적 맥락에서 통합된 방식으로 구성되어 있으며, 각 교과와 초학문적 주제에 대한 학생들이 능동적 탐구에 초점을 맞추고 있는 것은 IB PYP의 뚜렷한 특징이다. PYP의 초학문적 주제와 주제에 따른 탐구내용은 다음과 같다.

표 5.20 IB PYP의 초학문적 주제와 탐구 내용

초학문적 주제	탐구 내용
우리는 누구인가 (Who we are)	자아, 가치, 신념, 신체, 정신, 건강, 사회, 다양한 인간관계, 권리와 책임 등에 대한 탐구
우리는 어떠한 시간과 공간에 있는가 (Where we are in place and time)	개인사, 가정사, 인류의 탐색과 발견, 탐험 및 이주, 지역적·세계적 관점에서의 개인과 문명의 관계 등에 대한 탐구

초학문적 주제	탐구 내용
우리는 자신을 어떻게 표현하는가 (How we express ourselves)	아이디어, 감정, 자연, 문화, 신념과 가치 등을 발견하고 표현하는 방식에 대한 탐구를 통해 창의성 및 심미성을 형성하고 향유
세계는 어떻게 돌아가는가 (How the world works)	자연계의 원리, 자연계와 인간계의 상호작용, 사회와 환경에 대한 과학기술의 영향 등에 대한 탐구
우리는 자신을 어떻게 조직하는가 (How we organize ourselves)	조직의 구조 및 기능, 사회적 의사결정, 경제활동과 그것이 인류와 환경에 미치는 영향 등과 같이 인간이 만든 시스템과 공동체의 상호 연관성에 대한 탐구
함께 사는 지구촌 (Sharing the planet)	한정된 자원을 다른 사람 및 다른 생명체와 나누는 데 따르는 권리와 의무 등에 대한 탐구

출처: IBO(2012)를 바탕으로 재구성.

또한 PYP 프레임워크의 개념은 다음과 같이 '형태, 기능, 원인, 변화, 연결, 관점, 책임'의 일곱 가지로 구성되고, 이는 MYP에서 16개로 확장되며, 각 개념과 관련한 핵심 질문을 제시함으로써 중심 아이디어에 대한 교사의 이해와 교육과정 계획을 지원하고 있다.

표 5.21 IB PYP의 핵심 개념

핵심 개념	핵심 질문	내용	연관 개념의 예시
형태 (Form)	어떻게 생겼는가	모든 것은 관찰, 식별, 묘사 및 분류할 수 있는 인식 가능한 특징을 가진 형태를 지니고 있음.	특성, 구조, 유사성, 차이, 패턴
기능 (Function)	어떻게 작동하는가	모든 것은 목적, 역할 또는 조사할 수 있는 행동 방식이 있음.	행동, 의사소통, 패턴, 역할, 체계
원인 (Causation)	왜 그런 것인가	어떤 일은 그냥 일어나는 것이 아니고, 인과관계가 있으며, 행동에는 결과가 따름.	결과, 계열, 패턴, 영향
변화 (Change)	어떻게 변하는가	변화는 한 상태에서 다른 상태로의 이동과 정임. 변화는 보편적이고 필연적임.	적응, 성장, 주기, 계열, 변환
연결 (Connection)	다른 것과 어떻게 연결 되었는가	우리는 개별 요소의 행동들이 다른 요소들에 영향을 미치는 상호작용 체계에서 살고 있음.	체계, 관계, 네트워크, 항상성, 상호의존성

핵심 개념	핵심 질문	내용	연관 개념의 예시
관점 (Perspective)	여러 관점들은 무엇인가	지식은 관점에 따라 구성되며, 서로 다른 관점은 다른 해석, 이해, 발견으로 이어짐. 관점은 개인, 집단, 문화, 또는 과목의 특징에 따라 달라질 수 있음.	주관성, 진실, 신념, 의견, 편견
책임 (Responsibility)	우리의 의무는 무엇인가	사람들은 각자의 이해, 신념, 가치관을 바탕으로 선택하고, 그 결과로서의 행동은 차이를 만듦.	권리, 시민권, 가치관, 정의, 자주성

출처: IBO(2018a).

기능은 탐구 단원에서 뿐만 아니라, 학교 안에서 일어나는 학습에서도 유용하게 적용될 수 있는 것으로, '알고 있는 것'을 '할 수 있는 것'에 초점을 맞추고 있다. 〈표 5.22〉는 IB PYP에서 제시하는 기능과 기능별 하위 기능의 예시이다. 이는 MYP에 가서 4개 대영역에 10개 기능으로 분화된다.

표 5.22 IB PYP의 기능(skills)과 하위 기능(sub-skills)의 예시

기능(skills)	하위 기능(Sub-skills)
사고 기능 (Thinking skills)	• 비판적 사고 기능(이슈와 아이디어를 분석·평가) • 창의적 사고 기능(새로운 아이디어 창출 및 새로운 관점 고려) • 전이 기능(다양한 맥락에서 기능과 지식 사용) • 성찰/초인지 기능(학습 과정 성찰/재성찰)
조사 기능 (Research skills)	• 정보 해득 기능(구성과 기획, 데이터 수집 및 기록, 통합 및 해석, 평가 및 전달) • 미디어 해득 기능(아이디어와 정보를 사용하고 생성하기 위한 미디어와 상호작용) • 미디어/정보의 윤리적 사용(사회적이고 윤리적인 기능의 이해와 적용)
의사소통 기능 (Communication skills)	• 교환 정보 기능(듣기, 해석, 말하기) • 문해 기능(정보 수집과 전달을 위한 읽기, 쓰기, 그리고 언어 사용) • ICT 기능(정보 수집, 조사, 전달을 위한 기술의 사용)
사회적 기능 (Social skills)	• 긍정적인 대인관계와 협업 기능 개발(자기통제, 차질 관리, 동료지원) • 사회적-정서적 지능 개발
자기관리 기능 (Self-management skills)	• 조직 기능(시간과 과업의 효과적 관리) • 마음 상태(관심, 인내, 정서적 관리, 자기 동기 부여, 회복력)

출처: IBO(2018a).

위의 지식, 개념, 기능이 중요하긴 하지만 이러한 요소만으로는 국제적으로 열린 소양을 가진 사람이 되는 것은 아니다. 개인과 사회의 행복(잘 삶)에 기여하는 태도, 사람·환경과 학습에 대한 태도 개발에도 초점을 맞추는 것이 필요하기 때문에 PYP에서는 '감사, 헌신, 자신감, 협력, 창의성, 호기심, 공감, 열정, 자립, 청렴, 존중, 관용'의 열두 가지 태도 요소 또한 강조하고 있다. 이러한 태도 요소는 해석되고 모델링할 필요가 있는데, 모델링은 메타인지적 틀로써 학생들이 실제적 맥락 속에서 자신의 가치관을 성찰하고 발전시키도록 돕는다(IBO, 2009).

제2절 ┃ 교육과정 재구성 방향

☺ IB PYP의 탐구 단원

IB PYP를 도입하는 학교는 IB의 교육 철학과 방향, 앞서 언급한 다섯 가지 필수 요소들(지식, 개념, 기능, 태도, 행동)을 반영하여 학교의 상황에 따라 교육과정을 탄력성있게 편성해야 한다. 학교 교육과정을 개발하는 데 있어서 IB PYP는 교과 영역에 따른 학습 범위와 계열(IB scope and sequence)을 제공하되, 그에 따라 국가나 지역(주) 수준의 기준을 차용하여 적용할 수 있도록 하고 있다(임유나 외, 2018). 즉 IB의 프레임과 우리나라 교육과정 성취기준과의 접목 등 국내 학교에서의 IB 적용 방안을 마련할 필요가 있다.

앞서 언급한 바와 같이, PYP의 핵심은 학습을 위한 수단으로 활용되는 구조화된 탐구(structured Inquiry)이다. 구조화된 탐구는 교사 혹은 동료 학생과의 상호작용을 통해 한 단계 더 깊은 수준의 이해로 이끄는 데 필수적인 과정이다. PYP에서는 모든 교과가 Program of Inquiry에서 초학문적으로 다루어지도록 하고 있는데, Program of Inquiry는 일종의 학교 교육과정으로, 여섯 가지 초학문적 주제가 학년에 걸쳐 수직적으로, 학년 내에서 수평적으로 구성된 탐구 단원(Unit of Inquiry)의 매트릭스이다(IBO, 2012). 보통 탐구 단원은 초학문적 주제, 핵심 주제, 탐구 질문, 교과, 핵심 개념, 학습 경험 등을 포함하고 있으며, 학교마다 다소간의 차이는 있으나, 유사한 형식을 취하고 있다. 다음은 학년에 걸쳐 초학문적 주제 단원이 편성된 예이다. 초학문적 주제는 학년 단위 또는 학년군 단위로 편성되며, 학년이 올라감에 따라 같은 주제에 대한 내용이 심화될 수 있는 나선형 구조로 되어 있다.

표 5.23 초학문적 주제 단원 예시(ISR, 2019)

학년	1–2	3–4	5–6
초학문적 주제	**우리는 자신을 어떻게 표현하는가:** 아이디어, 느낌, 자연, 문화, 신념과 가치를 발견하고 표현하는 방법에 대한 탐구; 창의성, 미학적 감상 등을 성찰, 확장하고 즐기는 방법에 대한 탐구		
중심 아이디어	예술은 우리가 창조적으로 표현하도록 한다.	세계의 사람들은 자신을 표현하기 위해 창의성을 활용한다.	사람들의 외모는 지각과 오해로 이끌 수 있다.
탐구 목록	• 예술형식 • 서로 다른 예술형식의 연계 • 서로 다른 예술형식을 통해 창의성 표현하기	• 세계의 사람들이 그들을 표현하는 방법 • 창의적 과정 • 다양한 방법으로 창의적 표현에 반응하기	• 외모와 정체성 • 사람의 외모에 대한 가정 • 외모에 대한 오해를 극복하는 방법
핵심 개념	형태, 연결	관점, 기능, 연결	연결, 관점, 책임감
관련 개념	양식, 표현	성, 문화, 과정, 해석	정체성, 자기표현, 다양성, 편견
기능	사고, 자기관리	자기관리, 의사소통	사회적/의사소통, 사고
관련 교과	예술, 사회	예술, 언어	예술, 사회

제3절 | 교육과정 재구성 사례

IB PYP에 따른 교육과정 재구성은 5–6학년을 대상으로 IB에서 제시한 학습자상, 초학문적 주제, 탐구학습 등 기본적인 프레임워크를 따르는 한편 2015 개정 교육과정의 성취기준과 연계하여 수행하였다. IB PYP에 따른 재구성에 따른 프로그램의 개요, 탐구 학습 과정, 수업의 개요, GRASPS 수행과제, 수행과제 평가 기준, 교수학습 흐름을 제시하면 다음과 같다.

초학문적 주제	우리는 자신을 어떻게 표현하는가?		
학년군	1~2학년 (2학년)	3~4학년 (4학년)	5~6학년 (6학년)
중심 아이디어 (central idea)	다른나라의 문화는 서로의 소통을 돕는다.	이야기는 사람들의 생각과 느낌을 표현하는 수단이다.	예술가와 관객은 생각과 감정을 소통한다.
핵심 개념	기능, 연결, 관점	형태, 인과, 변화	관점, 연결, 책임
2015 개정교육과정 성취기준	[2바07–02] [2슬07–03] [2슬07–04] [2즐07–03] [2즐07–04] [2국05–04] [2국05–05]	[4도04–02] [4국03–02] [4국03–03] [4국03–05] [4국05–02]	[6도01–01] [6음01–01] [6음01–02] [6음01–05] [6미02–05]
관련 개념	놀이, 문화	형식, 창의성, 소통	은유, 감상, 비평, 민감성, 유창성
탐구 목록	•다른 나라의 문화와 상징 •다른 나라의 작품이나 공연 감상 •다른 나라의 놀이 즐기고 느낌 표현	•이야기 속 인물의 삶 이해 •다양한 관점으로 이야기 탐색 •작품에 대한 생각과 느낌 공유	• 생각과 감정을 표현하는 방법 • 전시회나 공연 조직 • 올바른 관객이 되는 법 • 작품이나 공연을 비평하 는 법
기능	의사소통기능 조사기능	의사소통기능 사고기능	의사소통기능 사고기능 사회적기능 자기관리기능
학습자상	개방적인 사람 소통하는 사람 탐구하는 사람	개방적인 사람 소통하는 사람 사고하는 사람	소통하는 사람 도전하는 사람 성찰하는 사람
관련 교과	통합교과(바른생활, 슬기로운 생활, 즐거운 생활), 국어	국어, 도덕	음악, 도덕, 미술

IP PYP의 탐구과정은 다음과 같이 진행된다(Gordon, 2012).

- 준비하기(Tuning in): 학생들에게 탐구 관련 사진, 영상을 주고 사전 지식과 연결짓는 준비 단계
- 찾아내기(Finding out): 주제에 대해 궁금증을 갖고 질문을 하고 자료를 탐색하는 단계
- 분류하기(Sorting out): 발견한 내용을 연결짓고, 종합하는 단계로 그래프나 차트로 나타내면서 탐구 문제에 대한 답을 찾았는지 점검하는 단계
- 더 나아가기(Going further): 자료를 찾는다는 점에서 '찾아내기'와 비슷하게 보이지만 학생들의 지식의 깊이가 깊어진 상태에서 하기때문에 새로운 시각에서 탐구 문제를 바라볼 수 있는 단계
- 일반화하기(Making conclusion): 리포트 쓰기, 프리젠테이션 준비하기, 토론하기, 이야기 쓰기 등의 활동을 주로 하는 단계
- 행동하기(Taking action): 나의 탐구가 다른 사람들의 삶이나 배움을 어떻게 도울 수 있는지 등을 고민하는 단계

준비하기	찾아내기	분류하기	더 나아가기	일반화하기	행동하기
• 탐구질문 생성하기 • 탐구계획 세우기	• 감정의 종류 및 감정의 발생 원인, 감정의 예술적 표현 방법 탐색하기(예)	• 표현 방법 선택하기 • 전시회나 공연 설계하기	• 개인별/모둠별 표현하기 • 올바른 관객이 되는 법 탐구하기 • 작품이나 공연을 비평하는법 탐구하기	• 발표회가 우리에게 주는 시사점 성찰 하기	• 다양한 방법으로 발표회 및 전시회 하기

성찰하기
• 자기 성찰 및 동료 평가 • 교사의 피드백

차시	탐구단계	학습내용 및 탐구질문	관련 교과	자료 및 유의점
1~2	준비하기	• 주제 (눈에 보이지 않는 감정을 어떻게 표현할 수 있을까?)에 대한 생각 나누기 • 탐구 질문 목록 작성하기	음악 미술 도덕	포스트잇
3~4	찾아내기	• 탐구 계획하기 – 최종 결과물과 전략은 무엇인가? • 감정의 발생 원인 이해하기 • 감정의 종류 알기 • 예술작품에서 감정 찾기(명곡이나 명화 등) • 다양한 예술적 표현요소 탐색하기	음악 미술 도덕	상황쪽지 감정카드 음원 예술작품
5~6	분류하기	• 표현방법 선택하기 • 표현방법에 알맞은 작품 설계과정 기획하기 – 이 작품과 나의 삶과 관련성은 무엇인가?	음악 미술	다양한 악기 미술도구 설계를 위한 학습지
7~10	더 나아가기	• 개인 작품으로 표현하기 • 여러 사람이 협동작품으로 표현하기 • 올바른 관객이 되는 법 탐구하기 • 작품이나 공연을 비평하는 법 탐구하기 – 예술가와 관객이 가지는 작품에 대한 책임은 무엇인가?	국어 음악 미술	
11~12	일반화하기	• 발표회가 우리에게 주는 시사점 성찰하기 – 발표회를 준비하면서 더 연구하고 싶은 것은 무엇인가?	국어 음악 미술	
13	행동하기	• 발표회 계획하고 준비하기	음악 미술	
14		• 발표회 개최하기		
15		• 감상 후 소감을 나누며, 공감하기		

성취기준	평가 내용	평가 시기	평가 방법
[6도01-01] [6음01-01] [6음01-02] [6음01-05] [6미02-05]	탐구 질문은 초학문적 주제, 학습자상을 반영하고 있나?	준비하기	체크리스트
	감정의 표현 방법을 탐색하고 작품을 구상할 수 있는가?	찾아내기	체크리스트
	이 작품과 나의 삶과 관련성은 무엇인가?	범주화하기	구술평가
	예술가와 관객이 가지는 작품에 대한 책임은 무엇인가?	더 나아가기	서술평가
	공연을 준비하면서 더 연구하고 싶은 것은 무엇인가?	종합하기	자기평가
	공연의 형태로 감정을 표현하는 작품을 발표할 수 있는가?	행동하기	체크리스트 자기/동료평가

수행과제

■ **수행기준에 의한 수행과제 문항**

> 여러분들은 예술가들로, 우리의 목표는 공연에 온 관객을 대상으로 감정을 예술작품으로 표현
> 하여 발표하는 것입니다. 표현하고 싶은 감정이나 그 감정을 가졌던 순간을 정하고, 감정 표현
> 을 위한 작품 구상에 따라 개인별, 모둠별로 연습하여, 예술적으로 표현하며 발표해 봅시다.

■ **GRASPS 요소별 내용**

목표 (G)	감정을 예술작품으로 만들어 발표한다.
역할 (R)	여러분은 감정을 예술작품으로 만들어 발표할 예술가이다.
청중 (A)	여러분이 목표로 하는 대상은 교사와 친구들이다.
상황 (S)	여러분은 감정을 예술적으로 표현해야 하는 예술가로 섭외되어 발표회에서 공연 을 해야 한다.
수행 (P)	이미 구상한 작품제작과정 설계를 바탕으로 개인별, 모둠별로 작품을 만들어 연 습하고, 발표회를 위해 필요한 것들을 준비하여, 발표회를 개최해야 한다.

기준 (S)	공연을 하기 위해 다음과 같은 조건이 필요하다. • 감정을 예술적 방법으로 표현하기 • 발표회 및 전시회 준비하기 • 공연하기

■ 평가기준

영역 수준	예술적 방법으로 감정 표현하기	발표회와 전시회 준비하기	공연하기
가중치	30	30	40
매우 잘함	감정을 창의적이면서 예술적인 방법으로 표현한다.	발표회와 전시회를 위한 자신의 역할을 알고, 자기주도적이면서 협력적으로 준비한다.	바른 자세와 자신감 있는 태도로 공연한다.
보통	감정을 예술적인 방법으로 표현한다.	발표회와 전시회를 위해 협력적으로 준비한다.	바른 자세로 공연한다.
노력 요함	교사의 도움을 받아 감정을 예술적인 방법으로 표현한다.	발표회와 전시회를 준비하는 과정에 소극적으로 참여한다.	교사의 도움을 받아 공연한다.

차시	학습 활동	주요 교수-학습 활동 내용	시간	자료
1~2 차시	준비하기	• 핵심 아이디어와 관련한 질문 만들기 　– 눈에 보이지 않는 마음이나 감정을 어떻게 　　표현할 수 있을까? • 탐구 질문 목록 작성하기	40′	포스트잇
3차시	찾아내기	• 탐구 계획하기 　– 최종결과물과 전략은 무엇인가? • 여러 상황에 대한 나의 감정 파악하기 　– 상황 쪽지를 뽑아서 읽고, 상황에 대해 느껴 　　지는 감정 이야기하기 • 감정의 발생 원인 이해하기 　– 최근에 느꼈던 감정들 세 가지와 그 감정을 　　느끼게 된 원인을 떠올리기 　– 감정의 원인과 결과 이해하기 　– 감정을 표현하는 다양한 형용사에 대해 이야 　　기 나누기 • 감정의 종류 알기 　– 감정 표현 단어 알고, 감정 카드 놀이하기: 　　기쁘다, 슬프다, 설렌다, 화가 난다, 부끄럽다, 　　두렵다, 억울하다, 신난다 등	40′	상황쪽지 감정카드
4차시	찾아내기	• 예술작품에서 감정 찾기 　– 음악을 들으면서 느껴진 감정 이야기 나누기 　– 명화를 보며 느껴지는 감정으로 제목 정하기 • 표현요소 탐색하기	40′	음원(사랑의 기쁨, 사랑의 슬픔 등) 명화(뭉크의 '절규', 세잔의 '붉은 조끼를 입은 소년' 등)
5차시	분류하기1 (개인별)	• 감정의 표현 방법 선택하기 전 차시에 탐색한 내용을 바탕으로 개인적으로 감정을 표현할 예술방식을 선택한다. • 감정의 표현 과정 설계하기	40′	표현 과정 설계를 위한 학습지
6차시	분류하기 2 (모둠별)	• 모둠 구성하기 　– 자신이 표현하고 싶은 감정을 적고, 비슷한 　　감정끼리 모둠을 구성한다. • 감정의 표현방법 선택하기	80′	

차시	학습 활동	주요 교수-학습 활동 내용	시간	자료
		– 모둠별로 감정을 표현할 예술방식을 선택한다. • 감정의 표현과정 설계하기 • 개인별, 모둠별로 설계한 내용 발표하기 　– 개인별, 모둠별로 설계한 내용을 발표하고, 나머지 학생들은 기획자의 입장에서 듣고 질문 또는 비평한다.		
7~10 차시	더 나아가기	• 자신의 감정을 개인작품으로 표현하기 　– 5차시에 설계한 내용을 바탕으로 개인작품으로 표현하고 연습한다. • 여러 사람이 공감한 감정을 협동작품으로 표현하기 　– 6차시에 설계한 내용을 바탕으로 개인작품으로 표현하고 연습한다. • 올바른 관객이 되는 법 탐구하기 • 작품이나 공연을 비평하는 법 탐구하기 　– 예술가와 관객이 가지는 작품에 대한 책임은 무엇인가?	160′	다양한 악기, 미술도구, A4용지 등
11~1 2차시	일반화하기	• 발표회가 우리에게 주는 시사점 성찰하기 　– 발표회를 준비하면서 더 연구하고 싶은 것은 무엇인가?	80′	여러 가지 악기, 미술도구, A4용지 등
13차시	행동하기1	• 발표회와 전시회 계획하고 준비하기 • 전체 프로그램을 작성한다. • 발표회와 전시회를 위한 역할을 정한다. 　: 홍보 담당–포스터와 초청장 만들기 　: 무대 담당–무대장치 꾸미기 　: 진행 담당–리허설 진행하기 　: 전시 담당–전시회장 꾸미기 • 각자 맡은 역할을 수행하고 최종 리허설을 진행한다.	40′	포스터와 초청장 만들 도구, 무대장치 꾸밀 도구, 각자 표현을 위해 필요한 악기 등
14차시	행동하기2	• 발표회와 전시회 개최하기 　– 개인별, 모둠별로 준비한 작품을 발표한다. 　– 서로의 청중이 되어 감상하고 평가한다.	40′	각자 표현을 위해 필요한 악기 등
15차시	행동하기3	■ 발표회 및 전시회 활동 소감 나누기 • 자기 성찰 　– 발표회 과정에서 느낀 점, 새롭게 배운 점, 아쉬운 점에 대한 소감을 나눈다. • 상호 성찰 　– 친구들의 발표를 듣고 느낀 점, 새롭게 배운	40′	자기 평가지, 상호 평가지

차시	학습 활동	주요 교수-학습 활동 내용	시간	자료
		점, 아쉬운 점에 대한 소감을 나눈다.		
		• 핵심 아이디어 만들기		

참고문헌

제 1 부 교육과정 재구성

제 1 장 서론: 교사는 교육과정 재구성을 통해 수업을 시작한다.

강현석(2012). **현대교육과정 탐구**. 학지사.

김대현(1994). 초등학교 저학년 수준의 교육과정 재구성을 위한 방법, **초등교육연구**(4), 57-72.

김평국(2005). 중등학교 교사들의 교육내용 재구성 실태와 그 활성화 방향, **교육과정연구**, **23**(4), 91-130.

박윤경, 정종성, 김병수(2016). 초등학교 교사들이 교육과정 관련 인식이 교육과정 재구성에 미치는 영향, **초등교육연구**, 29(2), 105-128.

이윤미, 조상연, 정광순(2015). 교육과정 실행 관점 국내 연구에 대한 문제 제기, **교육과정연구**, **33**(3), 79-100.

조석훈(2018). 학교 자율화 20년의 성찰과 미래 방향, **교육정책포럼**(301).

홍후조(2018). **알기 쉬운 교육과정**. 2판. 학지사.

Dewey, J.(1902). *The Child and the Curriculum*. 박철홍(2002)(역). **아동과 교육과정**. 문음사.

Eisner, E. W.(1985). *The Educational Imagination*(2nd ed.). New York: Macmillan.

제 2 부 교과를 중심으로 한 교육과정 재구성

제 2 장 교과중심 교육을 위한 교육과정 재구성

김종서, 이영덕, 정원식(1988). **최신 교육학개론**. 교육과학사.

양미경(2020). **교육과정 및 교수방법**. 4판. 교육과학사.

오천석(1979). **경험과 교육**. 풍국학원.

이경섭(1991). **교육과정 유형별 연구**. 교육과학사.

이경섭(1996). 한국 교과 중심 교육과정의 교과 편제와 시간 배당 특징 연구. **과학교육, 20,** 1-24.

장인실, 한혜정, 김인식, 강현석, 손민호, 최호성, 김평국, 이광우, 정영근, 이흔정, 정미경, 허창수(2007). **교육과정(기초, 원리, 쟁점).** 학지사.

한국교육과정학회(2017). **교육과정학 용어 대사전.** 학지사.

한국교원연수원(2011). **좋은 수업 최적의 수업모형.** 교원연수교재.

함종규(1983). **한국 교육과정 변천사 연구.** 숙명여자대학 출판부.

홍후조(2018). **알기 쉬운 교육과정.** 2판. 학지사.

http://ncic.go.kr/mobile.kri.org4.inventoryList.do(국가법령정보센터, 제1차 교육과정기, 문교부령 제35호)

제 3 장 학문중심 교육을 위한 교육과정 재구성

교육부(2015). **2015 개정 교육과정 총론 해설-초등학교-.**

문교부(1973). **제3차 국민학교 교육과정.** 문교부 고시 제310호.

이홍우(2006). **지식의 구조와 교과**(개정 증보판). 교육과학사.

홍후조(2018). **알기 쉬운 교육과정.** 2판. 학지사.

Bruner, J. S.(1960). *The Process of education.* Cambridge, Mass.: Havard University Press. 이홍우 역(1990). **브루너 교육의 과정.** 배영사.

제 4 장 성취중심 교육을 위한 교육과정 재구성

교육부(2015). **2015 개정 교육과정 총론 해설-초등학교-.**

김종윤, 이승미, 박선화, 임윤진, 배선화(2018). **성취기준 질 제고를 위한 국제 비교 연구.** 한국교육과정평가원 연구보고 CRC 2018-15.

변영계, 전성연(1977). 새 **교육체제의 현장 적용에 관한 의견조사.** 한국교육개발원.

홍후조(2018). **알기 쉬운 교육과정.** 2판. 학지사.

한국교육연수원(2011). **좋은 수업, 최적의 수업모형.** 연수교재.

Bloom, B. S.(1956). *Taxonomy of Educational Objectives, Handbook: The Cognitive Domain.* New York: David McKay.

Gagne, R, M.(1974). *Principles of Instructional Design*. 김인식 외 역(1989). **수업 설계의 원리**. 교육과학사.

Keller, J. M.(1983). Motivational design of instruction. In C. M. Reigeluth(Ed.), *Instructional-design theories and models: An overview of their current status*. Hillsdale, NJ: Lawrence Erlbaum Associates.

Skiner, B. F.(1938). *The Behavior of Organisms: An Experimental Analysis*. Cambridge, Massachusetts: B.F. Skinner Foundation.

Tyler, R.(1949). *Basic Principles of Curriculum and Instruction*. 진영은 역(1996). **타일러의 교육과정과 수업지도의 기본 원리**. 양서원.

제 3 부 학습자를 중심으로 한 교육과정 재구성

제 5 장 경험중심 교육을 위한 교육과정 재구성

강현석(2012). **현대 교육과정 탐구**. 학지사.

박숙희(2007). **교수학습과 교육공학**. 학지사.

박철홍 역(2002). **아동과 교육과정. 경험과 교육**. 문음사.

이경섭(2004). '교육과정 구성 이론의 발전', **교육과정사 연구**(미간행자료).

이귀윤(1996). **교육과정 연구**. 교육과학사.

진영은(2002). **교육과정과 교육평가의 탐구**. 학지사.

홍후조(2018). **알기 쉬운 교육과정**. 2판. 학지사.

Aikin, W. M.(1942). *The Story of the Eight-Year Study : With Conclusions and Recommendations*. New York: Harper & Brothers.

Alberty, H.(1947). *Reorganizing the high school curriculum*. New York: Macmillan.

Caswell & Campbell(1935). *curriculum development*. New York: American book.

Dewey, J.(1938). *Experience and education*. New York: Macmillan.

Hopkins, L. T.(1930). *Curriculum Principles and Practies*. New York: Benj. H. Saborn & Co.

Sizer, T. R.(1973). *Horace's compromise: The dilemma of the American high school*. Boston: Houghton Mifflin.

Stratemeyer, F. B., Forkner, H. L., & McKim, M. G.(1947). *Developing a curriculum for modern living*. New York: Bureau of Publications, Teachers College, Columbia University.

제 6 장 인간중심 교육을 위한 교육과정 재구성

유정민(2014). 로저스 인본주의 교육론의 실천적 의미. 석사학위논문, 경인교육대학교 교육대학원.

임규혁, 임웅(2007). **학교학습효과를 위한 교육심리학**. 학지사.

홍후조(2018). **알기 쉬운 교육과정**. 2판. 학지사.

Maslow, A. H.(1943). A theory of human motivation. *Psychological Review*, *50*(4), 370-396. 소슬기 역 (2018). **매슬로의 동기이론**. 유엑스리뷰.

Rogers, C.(1980). *A way of being*. 오제은 역 (2007). **칼 로저스의 사람-중심 상담**. 학지사.

제 7 장 인지중심 교육을 위한 교육과정 재구성

문교부(1981). **제4차 국민학교 교육과정**. 문교부 고시 제442호.

문교부(1987). **제5차 국민학교 교육과정**. 문교부 고시 제87-9호.

변정아(2018). 사고의 자발성: 존 듀이의 관점. 석사학위논문, 서울교육대학교 교육전문대학원.

홍후조(2018). **알기 쉬운 교육과정**. 2판. 학지사.

Atkinson, R. C., & Shiffrin, R. M.(1968). Human Memory: A proposed system and its control processes. In K. W. Spence(Ed.), *The psychology of learning and motivation: Advances in research and theory*. New York: Academic press.

Dewey, J.(1960). *The Quest for Certainty*. New York: Capricorn Books.

제 4 부 사회를 중심으로 한 교육과정 재구성

제 8 장 생활적응 교육을 위한 교육과정 재구성

서울대학교 교육연구소(2011). **교육학용어사전**. 하우동설.

이윤미(2015). 1930년대 미국의 중등교육개혁 '8년 연구'의 재조명, **한국교육사학**, 37(4),

131-161.

정광순(2019). 삶으로서 통합교과 교육과정 개발에 대한 논의, **통합교육과정 연구, 13**(1), 1-27.

최정희(2017). 서구 교육과정 이론의 수용과 배제의 역사 - 제1차 및 제2차 국가교육과정의 재평가, **한국교육사학, 39**(2), 129-151.

홍후조(2018). **알기 쉬운 교육과정**. 2판. 학지사.

제9장 직업 교육을 위한 교육과정 재구성

교육과학기술부(2009). **초·중등학교 교육과정 총론**. 고시 제2009-41호.

교육부(1997). **초·중등학교 교육과정**. 고시 제1997-15호 [별책 1].

서유정, 김승보, 고재성(2011). **중학교 단계 진로교육현황 분석과 운영체계 연구**. 한국교육 개발원·한국직업능력개발원 연구보고 CR 2011-55-3.

송인섭, 김봉환, 조대연, 임언(2006). **교과통합형 진로지도 모형개발과 적용**. 한국직업능력 개발원.

임언, 정윤경, 최동선, 김나라, 장명희, 정연수, 장석민(2008). **교육과정 연계된 진로교육 운영 모델 구축(총괄보고서)**. 한국직업능력개발원 경제·인문사회연구회 협동연구총서 08-21-01.

임재일(2020). **초등학교 교사 수준 교육과정기준개발 연구**. 박사학위논문, 고려대학교 대학원.

장명희, 김선태, 박윤희, 김동선(2010). **2009 개정 교육과정에 따른 진로교육 교육과정 개선 방향 탐색**. 한국직업능력개발원.

장소영, 임유나, 홍후조(2014). 관련 집단 의견조사에 기초한 중학교 진로교육과정기준의 개선 방향에 관한 연구. **한국교육학연구, 20**(2), 5-33.

조현영, 손민호(2017). 진로교육은 언제 역량교육이 되는가?. **교육과정연구, 35**(1), 199-219.

한국교육과정학회(2017). **교육과정학 용어 대사전**. 학지사.

홍후조(2006). **중·고교생을 위한 직업·진로 탐색자료 개발 연구보고서(1차년도)**. 한국고용정보원.

홍후조(2018). **알기 쉬운 교육과정**. 2판. 학지사.

Bailey, L. J., & Stadt, R.(1973). *Career education: New approaches to human development*. Bloomington: Mcnight.

Bobbitt, F.(1918). *The curriculum*. Boston: Houghton Mifflin.

Hoyt. K. B.(1974). *An introduction to career education*. U. S. Office of Education Policy Paper: Washington, DC: The office.

제10장 사회개조 교육을 위한 교육과정 재구성

동아일보(2006.01.18.). 1995년 빈민교육과정 '클라멘트 코스'를 만든 미(美) 얼 쇼리스.

백선영, 구정화(2020). 해럴드 러그(Harold Rugg)의 사회과 교육과정 구성과정에 대한 고찰과 그 함의. **사회과교육, 59**(2), 99-112.

이귀윤(2000). **교육과정 연구**. 교육과학사.

최원영(2003). Kilpatrick의 교육과정 이론, **교육연구, 12**(1), 45-60.

한승희(1986). 사회과 교육모형의 탐색. **인천교육대학교 논문집, 20**(1), 661-733.

홍후조(2018). **알기 쉬운 교육과정**. 2판. 학지사.

Shane, H. G.(1977). *Curriculum Change Toward the 21st Century*. National Education Association.

Shorris, E(2000). *Riches for the poor: The Clemente Course in the Humanities*. W.W. Norton & Company. 이병곤, 임정아, 고병헌 역(2006). **희망의 인문학 클레멘트 코스 기적을 만들다**. 이매진.

제5부 최근 강조되는 교육과정 재구성

제11장 중핵 교육을 위한 교육과정 재구성

강현석(2011). **현대 교육과정 탐구**. 학지사.

김대현(2017). **교육과정의 이해**. 2판. 학지사.

박소영(2017). "중핵 교육과정," 한국교육과정학회 편, **교육과정학 용어 대사전**. 학지사. 502-503.

한국교육연수원(2011). **좋은 수업, 최적의 수업모형**. 연수교재.

함수곤(2000). **교육과정과 교과서**. 미래엔.

홍후조(2018). **알기 쉬운 교육과정**. 2판. 학지사.

Hopkins, L. Thomas(1941). *Interaction: The Democratic Process*. Boston, D.C: Heath and Company.

Oliva, P. F.(2005). *Developing the Curriculum*(6th ed). Boston, MA: Pearson Education, Inc.

Oliva, P. F.(2009). Curriculum. 강현석, 이원희, 유제순, 신영수, 이윤복, 전호제 공역(2014). **최신 교육과정 개발론**. 학지사.

제12장 구성중심 교육을 위한 교육과정 재구성

강인애(1995). 인지적 구성주의와 사회적 구성주의에 대한 간략한 고찰. **한국교육공학회**, 11(2), 48-63.

곽영순(2001). 구성주의 인식론의 이론적 배경. **한국지구과학회지**, 22(5), 427-447.

곽영순(2016). **구성주의 인식론과 교수학습론**. 교육과학사.

오만록(2019). **교육과정론**. 동문사.

임규혁, 임웅(2007). **학교학습효과를 위한 교육심리학**. 학지사.

정상준(1995). 미국사회의 지적 흐름; 미국 문화의 단일성과 다양성: 포스트모더니즘, 실용주의, 그리고 다문화주의. **미국학**, 20, 323-342.

홍후조(2018). **알기 쉬운 교육과정**. 2판. 학지사.

Allen, B.(1992). Constructive criticisms. *In Constructivism and the technology of instruction*. Hillsdale, NJ: Lawrence Erlbaum Associates.

O'Brient, T.(1989). Some thoughts on treasure-keeping. *Phi Delta Kappan, 70*(5), 360-364.

제13장 개념기반 교육을 위한 교육과정 재구성

교육부(2015). **2015 개정 교육과정 총론 및 각론 확정·발표**. 보도자료(2015.09.23.).

교육부(2021). **2022 개정 교육과정 총론 주요사항 발표**. 보도자료(2021.11.24.).

이상은(2009). 미국 기준중심 교육개혁(Standards-Based Reform)의 동향과 시사점. **한국교육**, 36(4), 151-170.

이홍우(2007). **교육의 목적과 난점**. 서울: 교육과학사.

임유나(2022). 교육과정 개발과 실행에서 개념적 접근의 교육적 의의와 과제. **교육학연구**, 60(2), 31-61.

한혜정, 이주연(2017). 학문중심 교육과정 및 이해중심 교육과정과의 비교를 통한 역량기반 교육과정의 이해. **교육과정연구, 35**(3), 203-221.

Bransford, J. D., Brown, A. L., & Cocking, R. R. (2000). *How people learn.* Washington, DC: National Academy Press.

Bruner, J. S. (1960). *The process of education.* Cambridge: Harvard University Press.

Erickson, H. L. (1995). *Stirring the head, heart, and soul: Redefining curriculum and instruction* (1st ed.). Thousand Oaks, CA: Corwin.

Erickson, H. L. (2002). *Concept-based curriculum and instruction: Teaching beyond the facts.* Thousand Oaks, CA: Corwin.

Erickson, H. L., Lanning, L. A., & French, R. (2017). *Concept-based curriculum and instruction for the thinking classroom* (2nd ed.). Thousand Oaks, CA: Corwin.

Giddens, J. F., & Brady, D. P. (2007). Rescuing nursing education from content saturation: The case for a concept-based curriculum. *Journal of Nursing Education, 46*(2), 65-69.

Lanning, L. A. (2013). *Designing a concept-based curriculum for English language arts: Meeting the common core with intellectual integrity, K-12.* Thousands Oaks, CA: Corwin.

Murphy, A. (2017). *A quick guide to concept-based learning and curriculum.* Retrieved February 9, 2022, from https://www.onatlas.com/blog/concept-based-learning-curriculum

Schmidt, W. H., McKnight, C. C., & Raizen, S. A. (1997). *A splintered vision: An analysis of US mathematics and science curricula.* TIMSS International Study Center, Boston College, Chestnut Hill: MA.

Sousa, D. (2011). *How the brain learns.* Thousand Oaks, CA: Corwin.

Stern, J., Lauriault, N., & Ferraro, K. (2018). *Tools for teaching conceptual understanding, elementary.* Thousands Oaks, CA: Corwin.

Sylwester, R. (2015). *How to explain a brain: An educator's handbook of brain terms and cognitive processes.* New York: Skyhorse Publishing.

Wiggins, G., & McTighe, J. (1998/2005). *Understanding by design.* Alexandria, VA: ASCD.

제14장   이해중심 교육을 위한 교육과정 재구성

김경자, 온정덕(2014). **이해중심 교육과정**. 교육아카데미.

박일수(2017). 백워드 설계 모형을 활용한 간학문적 통합 단원 설계. **통합교육과정연구**, 11(2), 47-66.

조재식(2005). 백워드 교육과정 설계 모형의 고찰. **교육과정연구**, 23(1), 63-94.

Wiggins, G., & McTighe, J. (2004). *Understanding by Design Professional Development Workbook Professional Development Workbook*. Heinle & Heinle Publishers.

Wiggins, G., & McTighe, J. (2005). *Understanding by Design* (2nd ed.). Alexandria, VA: Association for Supervision and Curriculum Development ASCD.

제15장   역량중심 교육을 위한 교육과정 재구성

교육부(2016). **2015 개정 교육과정 총론 해설: 초등학교**.

교육부(2021). **2022 개정 교육과정 총론 주요사항(시안)**. 교육부(2021.11.24.).

교육부(2022). **2022 개정 교육과정 총론**. 교육부(2022.12.22.).

소경희(2018). **교육과정의 이해**. 교육과학사.

이광우, 임유나(2023). 2022 개정 교육과정 '학교자율시간'의 성격 및 편성 · 운영에 관한 시론적 논의. **교육과정연구**, 41(1), 161-184.

임유나, 홍후조(2017). 역량기반 교육을 위한 교육과정 개선 과제: 평가 측면을 중심으로. **교육학연구**, 55(3), 33-61.

임유나(2017). 역량기반 교육목표 개발과 분석을 위한 Hauenstein 신 교육목표분류학의 재조명. **학습자중심교과교육연구**, 17(21), 771-797.

조용(2020). **초 · 중등학교 핵심 프로젝트 교육과정기준 개발 연구**. 박사학위논문. 고려대학교 대학원.

최수진, 김은영, 김혜진, 박균열, 박상완, 이상은(2019). **OECD 교육 2030 참여 연구: 미래 지향적 역량교육의 실행 전략 탐색**. 연구보고 RR 2019-06.

한혜정, 장경숙, 김기철, 이주연(2017). **2015 개정 교육과정의 핵심역량 함양을 위한 초 · 중학교 교육과정 설계 방안 연구**. 한국교육과정평가원 연구보고 RRC 2017-2.

황규호(2022). **2022 개정 총론 시안 개발 연구**. 총론 시안 공청회(2022.10.8.).

OECD(2018). *The future of education and skills: Education 2030.*

OECD(2019). *OECD future of education and skills 2030, conceptual learning framework: Learning compass 2030.*

OECD(2019). *OECD future of education and skills 2030, concept note: Anticipation-Action-Reflection cycle for 2030.*

제16장 IB PYP 교육을 위한 교육과정 재구성

백경선, 민부자, 홍후조(2008). IBO의 PYP와 우리나라 초등 교육과정의 비교 연구. **교육과정연구, 26**(2), 143-166.

임유나, 김선은, 안서헌(2018). 국제공인 유·초등학교 교육과정(IB PYP)의 특징과 시사점 탐색. **교육과정연구, 36**(2), 25-54.

조호제, 김유신, 김자영, 양미정, 윤서영, 조선형, 채은경, 최은아(2020). **IB PYP 프레임워크의 적용을 통한 서울형 PYP 모델 구축 방안 연구.** 서울특별시교육청교육연구정보원.

Carol A. Gordon(2012) Thinking Through the Inquiry Cycle for Young Learners. Synergy, 10(1).

IBO (2008). *IB learner profile booklet.*

IBO (2009). *Making the PYP happen: A curriculum framework for international primary education.*

IBO (2012). *Developing a transdisciplinary programme of inquiry.*

IBO (2017). *What is an IB education?*

IBO (2018a). *Learning and teaching.*

IBO (2018b). *Programme standards and practices.*

IBO (2018c). *The learner.*

International School of Poznam (2009). *ISOP PYP arts: music scope and sequence.*

인명 색인

용어 색인

[저자 약력]

홍후조 ─────────────────────────────

현 고려대학교 교육학과 교수
전 인하대 교수
　　한국교육개발원·한국교육과정평가원 연구위원
　　한국교육과정학회 제25대 회장
　　와세다대 교환교수, 이화학원 이사

학력 U. of Wisconsin–Madison, 교육과정학(Ph.D)
　　고려대학교 대학원 교육학(석사)
　　고려대학교 사범대학 교육학과(학사)

저서 및 연구실적 알기 쉬운 교육과정(2018) 등
　　국가 수준 교육과정 연구 개발의 패러다임 전환(Ⅰ)(Ⅱ)(Ⅲ)(Ⅳ) 등
　　서울·경기·경북·대구 교육청 진학계 고교 진로별 교육과정 편성과 운영 방안 등

국가교육과정기준 연구 개발, 대상별·주제별 교육과정기준 연구 개발, 교육실제에 기초한 교육이론 및 교육정책 개발 등에 관심을 가짐.

조호제 ─────────────────────────────

현 고려대학교 겸임교수
　　숭실대학교 겸임교수
　　국가교육위원회 교육과정 전문위원

학력 고려대학교 대학원 교육학과 교육과정학(박사)
　　한국교원대학교 대학원 초등체육교육학(박사)
　　한국교원대학교 대학원 교육학과 교육과정학(석사)
　　한국교원대학교 대학원 초등체육교육학(석사)
　　서울교육대학교 초등교육과(학사)

저서 및 연구실적 체육과 교육과정(2008)
　　사람이 힘이다(공저)(2009)
　　ON 교육과정 재구성(공저)(2020)
　　진학계 고교의 진로별 교육과정에 관한 학생요구 조사 분석(2017)
　　초·중학교 수학, 영어 학습부진 학생을 위한 교육과정 개선 방안 탐색(2019) 외 50여 편

교육과정 성취기준 및 수업과 평가, 학교 교육과정 개발과 운영, IB PYP, 고교 진로탐색과정 운영 등에 관심을 가짐.

김자영 ─────────────────────────────

현 서울잠원초등학교 수석교사
　　경인교육대학교 강사

학력 이화여자대학교 대학원 초등교육학(박사)
　　이화여자대학교 교육대학원 초등교육학(석사)
　　인천교육대학교 초등교육과(학사)

저서 및 연구실적 ON 교육과정 재구성(공저)(2020)
　　예술가의 창작과정에 나타난 창의성 요소를 중심으로 한 창의교육 콘텐츠 개발(2020)
　　회복탄력성 신장을 위한 음악중심 창의예술교육 프로그램 개발(2018) 등

교사의 실천적 지식, IB 교육, 음악 및 수학교육에 관심을 가짐.

민부자

현	서울숭인초등학교 교사 고려대학교 겸임교수

학력	고려대학교 대학원 교육학과 교육과정학(박사) 서울교육대학교 교육대학원 사회과교육학(석사) 서울교육대학교 초등교육과(학사)

저서 및 연구실적 교육과정학 용어 대사전(공저)(2017)
초등학교 교과용도서 개발 체제 개선 방안 연구(공저)(2017)
교육과정 100년사(공역)(2011) 등

교육학의 다양한 측면을 포괄하는 교육과정을 공부하였으며, 특히 학교교육과정 개발과 운영에 관심을 가짐.

임유나

현	대구교육대학교 교육학과 교수
전	한국교육과정평가원 교육과정·교과서본부 부연 구위원 Teachers College, Columbia University 박사후 연구원 서울 금동초, 금산초 교사

학력	고려대학교 대학원 교육학과 교육과정학(박사) 서울교육대학교 교육대학원 초등과학교육학(석사) 서울교육대학교 초등교육과(학사)

저서 및 연구실적 교육과정학 용어 대사전(공저)(2017)
교실로 ON 최신 교육과정 재구성의 이론과 실제(공저)(2021)
개념기반 교육과정과 수업: 개념적 이해와 전이를 위한 전략과 도구(공역)(2022)
교육과정 개발과 실행에서 개념적 접근의 교육적 의의와 과제(2022) 등 다수

미래형 교육과정 연구 개발, 교육과정 정책, 국가교육과정기준, 역량기반 교육, 개념기반 교육, IB 교육에 관심을 가짐.

임재일

현	용인서원초등학교 교사 한국교원대학교 겸임교수, 단국대학교 겸임교수

학력	고려대학교 대학원 교육학과 교육과정학(박사) 한국교원대학교 대학원 초등교육학(석사) 경인교육대학교 과학교육과(학사)

저서 및 연구실적 교사 교육과정을 디자인하다(공저)(2020)
학교자치 2(2019), 학교자치 1(2018)
교사학습공동체(2017) 등 다수

교육과정기준 개발 연구, 교사 교육과정 개발, 학교교육과정 개발, 미래형 교육과정 연구 및 교육과정 정책에 관심이 많음.

최은아 ─────────────────────────────

현 전주교육대학교 음악교육과 조교수
전 서울신미림초등학교 수석교사
　　 University of Hawaii 연구교수

학력 한국교원대학교 대학원 음악교육학(박사)
　　 한국교원대학교 대학원 음악교육학(석사)
　　 서울교육대학교 초등교육과(학사)

저서 및 연구실적 ON 교육과정 재구성(공저)(2020)
　　 미래를 향한 새로운 음악교육(공역)(2020)
　　 베넷 리머의 음악교육론에 관한 국내 연구 동향 분석(2019)
　　 미국 국가핵심음악기준과 연계된 평가도구 MCA 내용 고찰(2018) 등 다수

음악과 교육과정 및 교수법, 음악교육철학, 예비교사교육에 관심을 가짐.

[이상 대표 및 총괄 저자 외 가나다 순]

교실로 ON
유형별
최신 교육과정 재구성의 실제

초판발행   2023년 8월 31일

지은이   홍후조·조호제·김자영·민부자·임유나·임재일·최은아
펴낸이   노 현

편 집   배근하
기획/마케팅   김한유
표지디자인   권아린
제 작   고철민·조영환

펴낸곳   ㈜ 피와이메이트
            서울특별시 금천구 가산디지털2로 53, 한라시그마밸리 210호(가산동)
            등록 2014. 2. 12. 제2018-000080호
전 화   02)733-6771
f a x   02)736-4818
e-mail   pys@pybook.co.kr
homepage   www.pybook.co.kr
I S B N   979-11-6519-451-2   93370

copyright©홍후조 외 6인, 2023, Printed in Korea

정 가   22,000원

박영스토리는 박영사와 함께하는 브랜드입니다.